藏书 ABC

ABC

FOR

BOOK COLLECTORS

藏书 ABC

［英国］ 约 翰 · 卡 特 著

［英国］ 尼古拉斯 · 巴克
西姆兰 · 撒达尼 修订

余 彬 恺 蒂 译

译林出版社

此书献给

约翰·海沃德

前　言

Preface

和所有优秀的参考书一样，1952年首版的《藏书ABC》也体现出小体量大容量的特点，全书的主题设定在一个范围内，对词条的诠释兼具个性和权威，行文风格简洁、直率且充满机智。简而言之，这是一部杰作，六十多年来从未间断的再版就是证明。

本书作者约翰·卡特（John Carter）出生于1905年5月10日，1975年3月18日去世。他是伊顿公学和剑桥大学国王学院的奖学金学生，他非常了解，作为优等生，学术生涯才是正道，但他却在1927年选择去纽约著名书商小查尔斯·斯克里布纳（Charles Scribner's Sons）的店中工作，并一直待到1953年，其间只因服兵役而离开过一段时间。离职后到1955年间，他任职于华盛顿的英国大使馆，之后加入苏富比拍卖行，主要负责开拓美国新市场，1972年退休。他也是一位藏书家，收藏的A. E. 豪斯曼（A. E. Housman）的作品蔚为可观，他的另一无与伦比的收藏是伊顿公学校长及诗人威廉·科里（William Cory）的作品。

因此，他能从各个角度观察藏书界，并能马上进行记录，富有洞见且平静客观。不过，尽管他长期是该行业的一员，但却从未真正融入。有些书商前辈不喜欢他的举止态度，感觉他傲气、高冷、不投入，其实了解他的人都知道他把每一档交易都处理得一丝不苟且诚信体面。而且，他对年轻人毫无偏见，无论是面对行业内的“小书虫”或蹒跚起步的收藏者，还是刚刚入门的书志学新手，他的慷慨和鼓励从来不带一丝自命不凡。

我就是受益者之一，我永远不会忘记他的友善和帮助，尤其是当约翰·海沃德（John Hayward）突然去世，不久我即出任《藏书家》（*The Book Collector*）杂志的主编，他给了我很多支持。现在回想起那些日子，有种奇怪的感觉，这个世界真的很小，而且越变越小。那时，古籍书商很少，而且多数是老人。他们的记忆可以追溯到大萧条时期甚至更远，他们说起那个年代，旧书和藏家都很常见，难处在于卖书。渐渐地，旧书和藏家都逐渐减少，几乎踪影难寻。他们认定自己是最后的一代：珍本古籍很快都会被锁进机构图书馆中，而他们所熟悉的珍本书交易也将随之结束。

然而，1952年《藏书ABC》出版时，人们能感觉到一种抵抗，来自那些被人断言即将遗忘的元素和价值。页面之间，有对二战前的迈克尔·萨德利尔（Michael Sadleir）和《书目》系列的回忆，与之呼应的是藏书小圈子的中心人物斯坦利·莫里森（Stanley Morison）的观点及其犀利的风格。而且变化不期而至，在1972年本书出第五版时，已露端倪。那时，莫里森调皮地说："可能有戏了。"很难具体地说出变化是从哪一天开始的，时隔十年，菲利普斯收藏（Phillipps Collection）的余脉和艾比收藏（Abbey Collection）同时重现江湖，它们令人垂涎的目录分别由安德里斯·马约尔（Andreas Mayor）和安东尼·霍布森（Anthony Hobson）编制，这无疑是一个转折点。

然而，真正的变化更为重大，同时也更为微妙。房地产的升值迫使书商们重估书店的租金，于是，开在城市商业主街上的书店越来越难以为继。明智的书商搬到乡村宅邸，编制书目通过邮购方式来操作，这样还省去了因营业时间、非购买型翻书客和商业房税所带来的困扰。当然，找货源要花时间（只要有时间，找书并不难），还需要敏锐的目光将好书录入，以更准确地定义市场。唯一困难的是客户数量不见增加，针对这个问题，珍本书展会是个答案。不必仅仅盯着伦敦书展，乡村酒店或其他公共建筑的书展也可以考虑，拉去一车书就能摆满一个展位，再带一些富余的，以补给良好的销售。

起初，我怀疑买卖只局限在圈内人之间（也算是印度绳索戏法的一种吧，其中的经济原理我始终不甚了解），但逐渐发现最初出于好奇心的大众买家也成了回头客。为什么？部分原因是，1970年代和1980年代初经济相对繁荣，大家手头都比较宽裕；另一原因是出于“不信任货币”的心理，觉得把钱换成价值稳定的实物更能抵御金融波动；还有一个原因，是由于现代书籍生产水平的下降，尤其是装订的低劣，平装本的书页片片脱落，在书店的地板上铺了一层，厚得就像漂浮在瓦隆布罗萨溪流上的落叶。

所有这些都重新唤醒了人们对书籍的兴趣，无论是古籍还是不那么古的书籍。人们的兴趣不再局限于老套的文学和经典的范畴：艺术和戏剧也占据了专业收藏的一席之地；工业的衰退使得以前无人问津的技术手册获得了新的溢价；日益平价的旅行催生了偏远地区旅行指南的追捧者，尤其是那些至今依然难以抵达的地方。初出茅庐的收藏家原本被看作濒临灭绝的物种，如今却比比皆是了。新生代的古董书商出现了。曾经属于小众兴趣的珍本图书管理工作，如今已然成为一种职业，这得归功于特里·贝朗格（Terry Belanger）教授创立的珍本学校（Rare Book School）；该校原属哥伦比亚大学，现属弗吉尼亚大学，也为本书的早期版本做出了慷慨的贡献。

所有这些，相信都会让约翰·卡特倍感欣慰，我也一样。还有一种变化，也曾让他不无悲哀，那就是传统装帧工艺的衰落，其主要功能已被机械化的工业装订取代。然而，这项工艺并没有消亡，而是转化成为古籍保护者和艺术装帧师的蓬勃新世界。很久以前，大英博物馆的霍华德·尼克松（Howard Nixon）与桑戈尔斯基和萨特克利夫装帧坊（Sangorski and Sutcliffe）的肯尼斯·霍布森（Kenneth Hobson）就讨论过，许多与装帧材料及实践相关的陈旧术语，因其不确定和不精准，已经过时并且弃用了，除了偶尔会出现在书商书目里。这些词我们也收入此书中，因为这些目录已属历史文献，供人查阅，这些词自然也有其存在的合理性。也许相较于书籍装帧的外观，其仍被忽视的内部结构的历史会有一次复兴，给人们带来新的兴趣。

最后，要感谢所有提供了改进建议和热情鼓励的人，是你们减轻了我对卡特文本进行第一次完整修订的重担。修订以经典和简洁风格书写的文字并不容易，但必要的更改不可避免。最初似乎无须解释的单词，如今必须为读者加注。当初做梦都想不到的新词新事，必须添加进去。1952年一些日常的商业活动如今已成历史，有些连定义都不够明确（未注明的引文通常来自《简明牛津英语词典》）。我要特别感谢特里·贝朗格先生和G. 托马斯·坦瑟勒（G. Thomas Tanselle），他们逐字逐行通读全文并加以评论注释，与我分担责任。我希望这些给予我帮助的人对本书永远抱有挑剔的兴趣，改进的空间总是存在。我保留了原书的致献人，因为他让我和原作者一样，受益匪浅。

尼古拉斯·巴克

Nicolas Barker

第九版说明

Ninth Edition

作为一部成为经典的著作，对新增修订版的需求已经不容忽视。书籍性质的变化，以及读者对书籍态度的变化，促使编纂者们对第八版进行重新阅读并字斟句酌，调整了许多条目并增加了更多内容。过去的十年，见证了诸如Kindle之类电子阅读器的兴衰，与之呼应，预言“书籍已死”的书籍（和作者）的数量也呈现相应的升降。但是，每年出版的新书数量一直在持续增长，城镇的书店数量可能有所减少，但是，如果算上纯网络书商，书商的总数却在增加。尽管书商和拍卖行都在抱怨书源短缺，但事实上书籍却以更快的速度返回流通市场，图书馆也在哀叹资金的紧缩削弱了收购重要书籍的能力。所有这些变化和抱怨以前都有过，但迄今为止，无论新旧，供收藏者购买和书商出售的书籍都是充裕的。

尽管细节已经发生变化，但是，约翰·卡特在1952年首次提出的建议，对今天的收藏者和书商依然有着同样的指导意义。首字母缩写词的盛行，造成了“缩写词”部分大扩容，而对图像需求的普遍增长，促进词条必须涵盖与书面及印刷文字同步扩大的图像艺术。还有书虫、审查、书衣和木刻字母等内容，需要新的解释，但是，此书普遍的指导意义及其本质并未改变，对清晰度、敏锐性以及（有节制的）覆盖面的追求一如当初。

从一开始，《藏书ABC》就是合作的成果，卡特在最初的汇编中借鉴了许多朋友的建议和经验。从第三版开始，我就有幸成为其中的一分子，并从1972年开始重点参与。四十年来，我也幸运地获得各种帮助，珍本学校就慷慨地向我敞开了资源，这所学校曾隶属于纽约哥伦比亚大学，现隶属于位于夏洛茨维尔的弗吉尼亚大学。而且，学校也为我提供了理想的合作者，西姆兰·撒达尼（Simran Thadani）原是该校的夏季员工，她和我一起通读了全书，找出了需要填补的空缺以及需要更改的内容，并分担了这些修订任务。此外，因为她对数码世界资源的熟悉，扩展了这部分内容的输入。对于来自珍本学校众多员工朋友及其学生以至于广大书友社区的帮助，我们都深怀感恩，难以回报。

若论此版与以前版本的最大区别，当然在于插图，第九版是首次添加，以前的版本仅仅依靠文字。然而，用图像和文字来共同展示与古书相关的事例和理念，我们不求面面俱到，但求反映上一千年中书籍及其各部分所采用的材料形式的多样性。这在很大程度上取决于西姆兰的个人专业知识，但是如果没有珍本学校提供的资源，也是不可能实现的。本书中采用的所有图像，都以某种方式依赖于这些资源。曾在珍本学校工作过的罗杰·威廉姆斯（Roger Williams）和斯科特·埃尔伍德（Scott Ellwood）分别提供了图表和照片，这些都来自珍本学校的教学资料和其他资源。无比感激校长迈克尔·F. 苏亚雷斯（Michael F. Suarez），以及学校的芭芭拉·赫里蒂奇（Barbara Heritage）及特丝·古德曼（Tess Goodman），不仅给予鼓励，还提供实在的帮助。其他的新朋旧友都一如既往的慷慨大方，特别是特里·贝朗格（现已从珍本学校退休），他的丰富多彩的藏品极大地满足了我们的需求。

最后要感谢《藏书家》杂志，我在五十年前接手于约翰·海沃德。因为它的撰稿人、订阅者、广告商，更因为编辑部的同事们，我坚持做到了现在。更重要的是，约翰·卡特在此书中首次呈现的关于书籍的过去、现在和未来的理想、愿望和信念，将一如既往地引导着我们。

N. B.

初版序言

Preface to the Original edition

各行各业都有一套自己的行话，外行人听上去却云里雾里。例如初审法庭、光船租赁、条状切割、馅饼面皮式桌边、强迫球门区得分、人声删除、等值A6、微弱损耗、高难度倒退单脚结环形，这些专业词语，普通人有几个能说出是什么意思呢？[1]书籍收藏也不例外，虽然已有大容量的著作为众多专业术语下了定义，比如格莱斯特（G.

1 这些专业术语分别属于以下行业：法律，海上运输，宝石，家具，伊顿足球，留声机唱片，外交，葡萄酒，花样滑冰。

A. Glaister）的《书籍术语汇编》（*Glossary of the Book*，1960年出版），另有其他一些术语，散见于更为基本的收藏家手册。但据我所知，至今还没人尝试着在一本书内就藏书做一个全面的术语汇总。此书是这种尝试的结果，同时这也是对一位圈外朋友的回应，数年前他说过，尽管他在阅读《泰晤士报文学增刊》正文之前，习惯上总是先看一遍底页，但还是很恼火总是遇到普通字典中定义不明的术语。

因此，我的目标就是对藏书常用词句进行区分和定义，有时加以注释；即使是受过良好教育的读者，初次在书商或拍卖行目录里碰上这些词句也难免会困惑不解。当然，对收藏家来说，其中绝大部分都是他们理解的，专业人士用起这些词句来可以不假思索，熟悉程度如同速记员使用皮特曼或格雷格打字机。但是，随着时间的流逝（书籍收藏有着悠久的历史），藏书界的私人语言渐渐也结上了技术术语、具有特殊含义的普通单词以及各种行话的硬性的外壳。

这类术语很多是从书志学及目录学语言中借用的，其他来自印刷商、造纸商、装帧师或出版商的行话。但是到了藏书家和为之服务的书商的口中，这些词句又被赋予了他们自己的注释和特殊含义。另外还有不少词语对于古籍圈子里的人来说就像母语一样自然，但圈外人就如同读希腊文一样一头雾水。

这不是一部百科全书，这是一本按字母顺序排列的词语汇编。这也不是书目汇编，抑或书籍印刷或装订或书籍生产的术语汇总，尽管其中有很多来自这方面的词汇。这是《藏书ABC》，给圈内新人，给潜在的收藏者，给那些对我们的圈子有兴趣但并不一定身在其中的读者。如果这本书能为古籍书商的年轻助手提供帮助的话，那么这将是对我二十多年来受益于专业人士的一个小小回报，毕竟，即使是伯纳德·夸瑞奇（Bernard Quaritch）或卡尔·希尔泽曼（Karl Hiersemann）这样的大家，也是需要一个起点的。

这里要解释一二。本书中出现的拉丁文和法文术语，仅限于那些已被普遍使用的词语，或者是因为没有可替代的对应英文术语。例如，装帧方面的词汇中散布着法语单词；因为专家们太喜欢这些词汇了，所以，至今都没能被英文化。本书没有收入参考书，也没有开列参考书单，除了几本编目人员经常引用但却不知深浅的参考书之外（例如STC，HAIN，MCKERROW，WING）。与打印机、印刷机、出版商、装帧师等相关的条目已被减少到最低限度，因为一旦开始就刹不住车了。某些编目人员的常用词是不言而喻的，比如：新的，干净的，褪色的，磨损的，染污的，变褐色的，破碎的，破旧的，抛光的，翻新的，生锈的孔，对齐的，等等。还有，像“匿名”之类的单词似乎需要注释，但我觉得为它定义的话，那就侮辱了读者的智慧。

最后，必须清楚地意识到这只是一本可怜的不列颠岛国之书。欧洲大陆书籍收藏的品位[1]、技巧和术语与英国和美国在很多方面都存在差异，因此，想要满足那些在不懂外语的情况下阅读国外书商目录的藏书家的广泛要求，是徒劳无功的，所以，在此书中，我就完全没有收入欧洲大陆的词汇。[2]而且，尽管英美的藏书家使用的语言大致相同，但当我对书籍的出版发行历史做出陈述或提供日期或进行大胆概括时，仅以英国为准。

本书条目的排列按字母顺序，但有时会将一组同源

---

1 关于法国的藏书癖，欧内斯特·海明威曾经记录过一段对话，对方是一位在巴黎开旧书店的老太太。
问:“您如何判别有价值的法语书籍?”
答:“首先要有图片，然后是图片的质量，再然后就看装帧。如果是本好书，装帧就会用心。英语书籍虽然都是装帧过的，但装帧质量不行，无可判断。”

2 由门诺·赫兹伯格（Menno Hertzberger）编纂，被译成八种语言的《古籍交易词典》，由国际古籍书商联盟出版。如果在这方面有更多的需求，可参考伯纳德·M. 罗森塔尔（Bernard M. Rosenthal）的《德国意大利古书商及拍卖行常用缩略语词典》（I.L.A.B., 1993），此书是简明而睿智的指南。

术语组合在一个条目之下。例如，关于书的品相，有众多的形容词，都被列入“书品”词条。所有的缩写词都罗列于本书的开头，其中大多数也以它们的原形出现在主词条中。词条之间的索引是通过使用小字体的大写字母来实现的（有一定程度的明显不一致）；例如，在“配页、核对”的词条中，提到了“修正页”，不知此词的读者就可以翻阅到“修正页”的词条。再如在“殖民地版”的词条中，提到了“出版商布装本”，这是将读者从意义比较特定的词条指向比较广义的词条。

身为专业人士，在买卖双方各持己见的情形中，虽然我力求保持公正，但偏见依然难免。何况我并不想掩饰自己的观点，绝对的不偏不倚就过于强人所难了。但是我不无欣慰地发现，在帮我审阅初稿的朋友中，一位书商认为我对图书交易不够尊重，一位藏家认为我的藏书观念过于商业化，一家著名拍卖行的前雇员认为我对拍卖师不公平。这些反映表明，我的偏见虽然令人遗憾，但至少还是均匀分布的。

很明显，完成这样一本书，从一开始就必须在很大程度上依赖专家们的友好协助。我的出版商，尤其是理查德·加尼特（Richard Garnett）先生，不仅给了我精神上的鼓励，而且也给我提出了很多实用的建议。我的夫人、丹尼斯·普罗克特爵士（Sir Dennis Proctor）和爱德华·普莱费尔爵士（Sir Edward Playfair）（本书就是因他而起）担当了非专业技术顾问，经过他们之手，第一稿就清理了切口和晦涩之处。霍华德·尼克松先生在有关皮革装帧方面建言甚多，这是一个艰难而专业的话题，我发现自己的知识储备不足以应对从容。布鲁克·克鲁切雷（Brooke Crutchley）先生对与印刷和造纸技术有关的条目进行了细化。达德利·马西（Dudley Massey）、珀西·缪尔（Percy Muir）、阿诺德·穆海德（Arnold Muirhead）、A. N. L. 蒙比（A. N. L. Munby）、西蒙·诺威尔-史密斯（Simon Nowell-Smith）、格雷厄姆·波拉德（Graham Pollard）、约翰·斯巴罗（John Sparrow）和已故的迈克尔·萨德利尔先生（在我眼里就是第十军团）都在日理万机中挤出时间，认真审阅检查，可以说，本书中几乎没有一个段落没有留下他们帮助的痕迹。

对于所有这些，我表示衷心的感谢。但还有一位老朋友，他不仅塑造了这本书的雏形，而且自始至终倾力而为。对此我无以回报，但至少我可以让他的名字独占一页。

约翰·卡特

缩写词

ABBREVIATIONS

缩写词在书商目录中的出现频率决定于目录对书籍的描述方式。描述详尽的目录很少使用缩写词，但大多数编目员会使用常见的缩写词，在短标题或清仓目录中缩写词更会高频出现，有时在目录的开始会做个解释，但通常这一步就被省略了。

即便是常用缩写词也并非完全标准化，以下列表难以做到详尽。虽然有些缩写词不那么一目了然，但大部分条目的未缩写形式按字母顺序在后文中出现。

AACR	《英美图书编目规则》
ABA	英国古旧书商协会
ABAA	美国古旧书商协会
ABPC	《美国古旧书行情》
A.D.	亲笔文件
A.D.s.	亲笔文件，有签名
Ads., advts., adverts.	广告
A.e.g.	所有书口均烫金
A.f., aq., aqua., aquaf.	蚀刻
A.L.	亲笔书信，无签名
A.L.s.	亲笔书信，有签名
A.Ms.s.	亲笔手稿，有签名
A.N.s.	亲笔便条（比书信短），有签名
APDR, APR. Avec privilège du roi;	国王特许
Art.	人工的
BAL	参见布朗克
BAR	图书拍卖记录
B.A.T. *Bon à tirer*;	适合印刷
Bd.	已装帧
Bdg.	装帧
Bds.	封板，简装硬板
Bkpl.	藏书票
BL	大英图书馆
B.L., b.l.	黑体字
BM	大英博物馆
BMC	《大英博物馆十五世纪图书目录》

BN(F)	法国国家图书馆
BPC	《古旧书行情》
C., ca.	约，大约
C. & p.	校勘完整
CABS	科罗拉多古旧书研讨会
Cæ., cæl. Cælavit,	由……刻
Cat.	目录
CBEL	《剑桥英语文学书目》
Cent.	世纪
Cf.	犊皮
Cl.	布料
Col(d).	彩色
Comp.	作曲
Cont.	同时代的
CPCSM	在神圣罗马帝国享有出版特许
CPES	在威尼斯享有出版特许
CPR	在法国享有出版特许，直到 1792 年
Cr. 8vo.	王冠裁八开本
DAB	《美国传记辞典》
Dec.	经装饰的
Del., delin.	由……素描，由……绘制
Deping., depingeb.	由……画，由……描绘
Desig.	由……设计
D-j., d-w.	书衣，护封
DNB	《英国传记辞典》
Doc.	文件，文献

DPLA	美国数码公共图书馆
EAAC	根据美国国会法案收入
ECCO	《十八世纪藏品在线目录》
EEBO	《早期英语书籍在线目录》
Ed.	版本，主编，由……编辑
E.D.L.	豪华版
E.f.	至上精品
Effig.	由……素描，由……绘制
Endp., e.p.	环衬
Eng., engr.	雕刻的，木口木刻
ESTC	《十八世纪英国或海外英语书籍短标题目录》
Ex., exc., exct., excud.	由……出版，由……印刷
Ex-lib.	前图书馆本
F., ff.	对开本，对开页
F., *fec., fect.*	由……制作
f.	完美
FABS	美国爱书者协会，其自定义为由几十个美国和欧洲的爱书者协会组成的松散组织，亦即所有这些协会的最大组织
Fac.	由……制作
Facs.	仿真本
Fcp.	大页
Fig.	由……素描，由……绘制
Fo., fol.	对开本

Fp., frontis.	卷首插图
Fr	尚可
G.	尚好
G., gt.	烫金
G.e.	书口烫金
Gedr. zu	印刷于
Gez.	由……素描，由……绘制
GKW, GW	《维根德拉克摇篮本总目》
G.L.	哥特字体
G.t.	书顶烫金
H.C.	不供出售
Hf.	半（例如，hf. cf. 半犊皮）
Hf. bd.	半皮装帧
IGI	《意大利图书馆藏摇篮本目录》
ILAB / LILA	国际古籍书商联盟
Ill., ills.	插图本，插图
Imp.	帝国的
Imp.	由……印刷
Impft.	不完美
In., inv.	由……印刷
Inc., incid.	由……雕刻
Index	《禁书索引》
Inscr.	由……题，题词
Introd.	介绍
ISTC	《摇篮本短标题目录》
Ital.	斜体字

Lev.	黎凡特摩洛哥皮
Lge.	大
Lith., litho., lithog.	由……平版刻制
Ll.	叶，页
L(o)C	美国国会图书馆
L.P.	大纸
L.s.	非亲笔信件，带签名
M.	精美
Mco., mor.	摩洛哥羊皮
M.e.	大理石纹书口
MS(S).	手稿，抄本
NA	国家档案馆
NCBEL	《新剑桥英语文学书目》
N.d.	无日期
N.f.	近完美
N.p.	无出版地，无印刷商，无出版商
NUC	《国家联合目录》
N.y.	无出版年代
Ob., obl.	长方形
OCLC	线上计算机图书馆中心
Oct.	八开本
O.p.	绝版
Or., orig.	原版的
P.	差本（这种情况很少见）
P., pp.	页，页码
Ph sc.	由……拍摄

Pict.	书封绘图
Pinx., pingebat, pinxit, ping., pins., pinx., pinxt.	由……画
Pl(s).	全页插图，印版
PMM	《印刷与人类思想》
Pol.	抛光的
Port.	肖像
P.P.	私人印制
Prelims.	前页
Pres.	馈赠
PRO	公共记录办公室，现为国家档案馆
Pseud.	笔名
Pt.	部册
Ptd.	印刷
Pub(d).	出版
Q.	引述
Qto.	四开本
RBS	珍本学校，这是一家非营利教育机构，由此领域中重要的学者和专业人士授课,内容为书写、印刷、数码资料的历史，课程为期一周
RDA	《资源描述及获取规则》
R.e.	红色书口
Rev.	修订版
RLIN	研究图书馆信息网络
Rom.	罗马字母

S.a. *Sine anno,*	无日期
Sc., sculp., sculps., sculpt.	由……雕刻，由……刻蚀
Scrip., scr.	文字由……雕刻
Sgd.	签字
Sig.	书帖
S.l.	无出版地
Sm.	小
S.n.	无印刷师或出版商
SOED	《简明牛津英语词典》
Spr.	洒绘
Sq.	正方形（形状）
STC	《短标题目录》
Swd.	缝缀
T.e.g.	书顶烫金
Thk.	厚
T.L.s	打字信函，有签名
TLS	《泰晤士报文学增刊》
T.p.	书名页
TS.	打字稿
Unb., unbd.	无装订本
V.d., v.y.	不同日期、年份
V.f.	非常完美
V.g.	良好
Vol(s).	卷，部
W.a.f.	如有瑕疵，概不退货
Wing	韦因《英语书籍短标题目录

	1641—1700》
Wr., wraps.	纸封平装
Y.e.	黄色书口

书籍尺寸缩写【参阅：版式FORMAT】

Fo., Fol., 2°	对开
Qto.,. 4to, 4°	四开
Oct., 8vo, 8°	八开
12mo, 12°	十二开
16mo, 16°	十六开
24mo, 24°	二十四开
32mo, 32°	三十二开
64mo, 64°	六十四开

A

《英美图书编目规则》

| AACR |

从语言和结构上规范图书馆目录的《英美图书编目规则》(*The Anglo-American Cataloguing Rules*)现在已出第二版(简称为AACR2)。该规则确定了对所有图书馆藏品和资源的描述，包括书籍、期刊、音频或视频媒体。AACR2有印刷版本和在线版本，由美国图书馆协会、加拿大图书馆协会和英国特许图书馆及信息专业人士协会联合出版。2010年，AACR2被《资源描述及获取规则》(*Resource Description and Access*，通常称为RDA)替代，后者是基于《书目记录功能需求》(*Functional Requirements for Bibliographic Records*，FRBR)概念模型的新代码。

ABE旧书交易网

| ABEBOOKS |

原名Advanced Book Exchange，是买卖二手旧书、珍本和绝版书籍的主要在线市场之一。该公司自1995年开始营业，于2008年被亚马逊收购。卖家可自行设定价格及运费，但每次销售都要向网站支付固定或浮动的佣金。

亚当斯目录

| ADAMS |

亚当斯（H. M. Adams）的《1967年版剑桥图书馆馆藏：1501—1600年间欧洲大陆出版目录》(*Catalogue of Books Printed in the Continent of Europe, 1501–1600, in Cambridge Libraries*)，尽管标题看似很有限定性，但它仍是十六世纪欧洲书籍最完整的目录，从书商以常用语“未收入亚当斯目录”表示稀缺性就可见一斑。当然，剑桥图书馆不可能网罗所有十六世纪书籍，其他线上和线下的目录都可以提供补充，但这么说就无趣了。

补遗

| ADDENDA |

印刷过程中通常添加于空白页或页面空白处的附加内容。

预发校对本

| ADVANCE |

用以描述校样或装订本，意味着在出版过程中具有

某些优先权。出版商会习惯性地散发一些预发校对本（可能就是早批次的简装本）。预发校对本可能是装帧师交付出版商用于确认封面面料和图案印烫事宜，也可能是出版商在正式出版之前送给作者或有关书商的普通本。该术语的定义并不精确，明智的收藏家会追究其优先的程度。

预发本

| ADVANCE COPY |

二十世纪开始，出版商会让推销员带着新书预发本去交易会上“预售”，此外，还会向书评家、特定书商及读书俱乐部的评审等提供预发本，通常是最终的校样或是最早开印的书页，多用白纸或印刷纸包装。但有些也可能是装订好的，这些装订中会偶尔多出一些正式版本中没有的特征，或者缺少某些最终的细节，甚至是不同的颜色或材质【参阅：样本装帧TRIAL BINDING】。

这些预发本可能在内容或装帧上有别于正式版本，自然成为精明的藏书家追逐的对象。即使和正式版本无任何明显差异，从本质上来讲，它们也见证了此书印刷初期的形式和状态【参阅：形式和状态ISSUES AND STATES】，对正式版本存疑的书志学家可用来对照。但是，并不能像有些人那样仅从字面做判断，认定这些预发本为第一或最早的版本。一种书，即使有五十本预发本，依然不能改变正式出版的当天初版本拔得头筹的事实。

广告

| ADVERTISEMENTS |

和书籍收藏中的任何其他因素一样，广告也是争议的热点。首先，要区分两种不同的广告页面：

（a）和书页一起印刷、印在相同的纸上并且和书页一起装订的广告页面，它们常常是出版商自己的广告（虽然并不完全是），是一沓书帖整体的一部分。

（b）和书页分开印刷且通常采用不同纸质的广告页面，是出版商、批发商、分销商或其他人的广告，并无特别之处，但偶尔这类广告也会与书页装订在同一本书内。

书内原生广告页（integral leaves）的历史可追溯到十六世纪，在十七、十八世纪的英国书籍中很普遍，对读者来说，没有这些广告页（可能在装订过程中被丢弃或之后被撕掉），就和没有空白页或前扉页一样，不会影响到文字内容。但从书志角度来说，有些则可能很重要，而且，它们也是书的一个组成部分，按照出版者的意图，由印刷商执行完成，从这个意义上来说，没有广告页的书就不能算作一本完整的书。值得一提的是，在手工印刷时代，会加印一些标题页，供书商书店广告之用，可惜，这种广告页都是短效印刷品，留存于世的少而又少。

而插入式广告页（inserted leaves）通常是出版商的清单或书目，在十八世纪末之前并不常见，盛行于十九世纪和二十世纪初，1915年之后开始退潮。此类广告页是书籍批量发行的衍生品，属于采用硬板、纸质或布面批量装订书籍的年代。通常的做法是，由出版商（在1840年代以前或许是批量发行商，而不是出版商）向装订师提供一些广告页，并附有在装订时将广告页插入哪些书籍的说明。如果装订师开始装订时广告页还没到，他会舍弃广告页照常开工；如果广告页用完了，他也不会停工等待，而是继续装订；或者，如果他还有同一出版商先前提供的广告页，那么他不会考虑是否过期而直接采用。因而失误和偏差往往不计其数，产生的后果也难以估算。

而且，除了标题页上出现的出版商之外，还有其他对这种批量装订有责任的人士，这些装订可能是纸板、半布面或较少见的全布面装帧。无论是某个省级代理批发商、某个殖民地市场的出口商、某个爱丁堡或都柏林的代理商或购买了该版本滞销存书的临时出版商，这些人都可以成刀地批量买入书帖，并且自行安排装订【参阅：批发商装帧 WHOLESALER'S BINDING和滞销存书装订REMAINDER BINDING】，同时插入自己的目录广告。如果有人想了解首批装帧本中这种外来目录广告出现的频率，尤其是在硬板装帧的时代，他只需翻查迈克尔·萨德利尔的《十九世纪小说》（*XIX Century Fiction*，1951年版），从中便可找到许多例子。

自十九世纪初以来，在这种出版商的目录上标注时间成了一种惯例，因此，此举有时在评估两个版本的时序优先方面便成为有用的证据［例如，1855年发行的特罗普洛的《典狱长》（*The Warden*），如果有1858年的目录，显然就不可能是最早的版本］，但必须谨慎使用这些证据以判断版本的先后；如果仅凭两本书有着相差一个月标注时间的目录，除此之外都一模一样，且没有其他更有力的证据，那么就不能据此推断哪个版本更早，这和仅凭没有广告页就断定另一本为不完整的是同一道理。H. G. 威尔斯的《托诺·邦盖》（*Tono Bungay*，1909年版）就是一个误导型目录广告的实例，这在珀西·缪尔的经典书志著作《版本独有特征：1874—1930》（*Points: 1874–1930*）

第23和24页上已经得到了充分的分析。如果有个藏家坚持说他的1915年版毛姆的《人性的枷锁》（*Of Human Bondage*）中有出版商目录广告，他必须记住，这个目录广告曾出现在海尼曼出版社当时同季出版的五六本现在不是那么受到尊崇的书中，他应该仔细检查一下是不是有人利用这批书移花接木来糊弄他，因为此书的许多早期版本中，并没有目录广告出现。

而分册发行的书籍则另有一个特殊问题，因为，和批量装订经常会随性地在布装本中插入目录一样，对流行于十九世纪中期的分册发行来说，装订流水线一定是一场噩梦，经验表明，操作人员必须心胸开朗，才能减轻这种痛苦。目录和书目编制者［比如，可参考哈顿和克利弗（Hatton & Cleaver）的《狄更斯小说分册发行书目》（*Bibliography of Dickens's Novels Issued in Parts*）］仔细地记录了各种规范和不规范补充的杂页、活页和插页等，人们已经把这些看作任何一本分册书的常态，例如，《妈妈问》（*Ask Mamma*）或《大卫·科波菲尔》（*David Copperfield*）。那么，这个常态是如何形成的呢？专家们并不总是能意识到，插页越稀少，就越没有理由成为必要的组成部分，但与其他类别的书籍相比，分册书制作的自由度更高，也被更广泛地认可。分册书的出版商通常会通过代理将数千份插页卖给雨衣和护发素的广告商，他们也会把活交给十几家不同的印刷厂装订厂，引发无数的混乱、随意、缺货和谬误。一个世纪之后，要确认基本要素的难度增加了一百倍，最早的或绝大部分的分册书中应该有哪些插页？该由谁来做鉴定？可信度又有多少？

收藏分册书有其独特的魅力和规则（这些规则更多是凭借热情而非理性制定的），想收集分册出版书籍的藏家可以钻牛角尖，坚持要找一套有石楠花枝或是第十九章中有自行车广告插页的；或者，他也可以抱着更为轻松的态度，在过去的六十五年中，这种态度已被更多的人接受，前提是文字内容、插画和包装都无误，或可再加上在整个发行过程中稳定出现的发行商目录广告，至于其他附属杂项都是可有可无而非必不可少。这些当然与作者没有任何关系，而且与布装书中的广告不同，除了能多赚点钱，其实和出版商也没多大关系。但必须承认，许多广告内容着实有趣。

希腊风

| ALLA GRECA（源于法语 À LA GRECQUE）|

这是一种用厚木板做封面的装帧方式，木板的边缘

上开槽并与裁切后的书页齐平，因此书根和书头的堵头布会突出于木板的上下两端，这些绳线缝进书帖的深处，是其结构的重要组成部分，但并不承担封板的重量。搭扣通常是用皮革编成，末端做成环状，该环套在另一侧书封突出的销钉上。这种独特的风格在中世纪及之后的希腊出现，通常用于修道院或宗教团体，在十六世纪为了迎合某些知名藏家对高端精装的需求，也有仿制于希腊印刷的书籍上。采用这种装帧方式的书籍不方便放在书架上，原本是设计成放在木盒子里的【参阅：书架 BOOK-SHELVES】，书前口朝下，取出时需抓住书头书根的绳线提起。

阿尔定版

ALDUS, ALDINE

伟大的威尼斯印刷师阿图斯·马纽夏斯（Aldus Manutius，又名Aldo Manuzio，1452—1515），发起了印刷希腊经典读物和口袋书经典系列，他也因此成名。他的“海豚和锚”图标被广泛模仿，尤其是十九世纪的威廉·皮克林（William Pickering），以及他印刷的类似的英国文学名著系列《阿尔定经典名著》（*Aldine Classics*）。

现代修复的希腊风装帧 →

友书

| ALBUM AMICORUM |

友书是现代签名留言簿的前身，书中包含了主人的朋友及相关人士的笔记、诗歌、祝愿和插图。这些书在早期的现代学生和学者中很受欢迎，他们在旅行时随身携带，以累积越来越多的题词来记录他们不断认识的新朋友。

阿里布里斯旧书交易网

| ALIBRIS |

阿里布里斯珍本网是一个在线书市，买卖二手、稀有和绝版图书。

全部出版

| ALL PUBLISHED |

尽管外观不同或是原始出版意图各异，但该套书或系列不再继续出版。虽然其结束通常会在意料之外，但该套书或系列仍可被认为是完整的。

《年鉴》

| ALMANAC |

一种日历，通常是袖珍书的形式（较少见的是书页形式），融合了圣徒日、集市日以及天文和气象数据；从一面世就成为畅销书，并受到严格的专利保护，十七世纪以不同的标题出现的热门竞争版本最终都纳入弗朗西斯·摩尔（Francis Moore）博士的*Vox Stellarum*，即著名的《老摩尔年鉴》（*Old Moore's Almanack*）。

《美国古旧书行情》

| AMERICAN BOOK PRICES CURRENT |

自1895年以来每年出版一次，最初由卢瑟·S. 利文斯通（Luther S. Livingston）主编，之后多年由爱德华·拉扎尔（Edward Lazare）主编，现在由凯瑟琳·凯斯（Katharine Kyes）和丹尼尔·J. 里伯（Daniel J. Leab）主编。目前分为两部分：（1）印刷的书籍、地图、图表和大单张出版物。（2）亲笔签名信件和手稿。每册（每年1月出版，ABPC为此类记录中最及时且最准确的）包括所有记录在案的拍品的销售，但不包括成交价低于五十美元的拍品。自1958年以来，这部通常被简称为ABPC的目录涵盖的不仅是美国市场，也有伦敦和欧洲主要拍卖行的图书售价（比英国同行多出了抄本部分），最近又增加了澳大利亚的信息（尚未觉得需要更改书名）。从1994年1月开始，ABPC又出了CD-ROM版本，包括了从1975年以来超过50万条信息，之后又被ABPC优盘取代，如今，ABPC 在线是这项业务的最新版本，继续通过互联网提供优良服务。由于书面拍卖记录的消亡，这是唯一留存的销售记录，而且是非常出色的记录【参阅：拍卖AUCTIONS（3）】。

与美洲相关（美洲文档）

| AMERICANA |

关于美洲、与美洲相关或在美洲印刷的书籍等，但不仅限于美国或北美，或仅与个别美国人有关，这与美国作家作品是不同的概念（虽然如今误解已经难以避免，但理应澄清）。《哥伦布信件》（*Columbus Letters*）就是一份与美洲相关的文档，它讲述的是发现美洲的故事；《海湾圣诗》（*Bay Psalm Book*）是在当今美国土地上印刷的第一本书；潘恩（Thomas Paine）的《常识》（*Common*

Sense）是一份关于独立战争的有影响的文档；然而，爱伦·坡的《乌鸦》（*The Raven*）就不能算作美洲文档，海明威的《永别了，武器》（*A Farewell to Arms*）也不算，马克·吐温的《哈克贝利·费恩历险记》（*Huckleberry Finn*）或梭罗的《康科德和梅里麦克河上的一周》（*A Week on the Concord and Merrimack Rivers*）可能被视为处于灰色地带的作品，因为它们是美国文学的主要代表作，同时它们也是有关乡村和民众生活的经典描述。

值得一提的是当下相当流行的一个子类别：与西部美洲相关（Western Americana），这里包括了任何记载或源自十九世纪美国大西迁的手稿或印刷品，从刘易斯和克拉克（Lewis & Clark）、路易斯安那（Louisiana）、盖兹登购地（Gadsden Purchases）、水牛比尔（Buffalo Bill）到弗雷德里克·雷明登（Frederic Remington），更多的本土热情反映在其他新词中，例如与得克萨斯相关（Texana）或与加利福尼亚相关（Californiana）。

由于加拿大、墨西哥、中南美洲与美国同属一个半球，并且同样有热衷于此的收藏家，所以，像“与拉丁美洲相关”这种词语中的隐含边界开始被打破。从约翰·奥尔登（John Alden）编辑《欧洲的美洲》（*European Americana*）开始，这种包容宽泛的观点得到了加强，这是一份开明慷慨的出版目录，在罗得岛州普罗维登斯的约翰·卡特·布朗图书馆（John Carter Brown Library, Providence, R.I.）里得到了应用。

“与……相关”（……文档）

| ANA |

一个集合名词，意思是“与……相关”的逸事、闲话、秘史、文献资料等。骚塞（Southey）将博斯韦尔（Boswell）的《约翰逊传》（*Life of Johnson*）称为“文档之王”。然而，人们最熟悉的还是以拉丁语后缀组词的原始用法，由此组成的名词表示与之相关的资料，比如，与博斯韦尔相关（Boswelliana）、与铁路相关（Railroadiana）、与伊顿相关（Etoniana）。和其他此类后缀一样，即使加上一个i来连接，和英语词汇的连接有时依然不够自然，比如与萧伯纳相关（Shaviana）、与哈维相关（Harveiana）和与狄更斯相关（Dickensiana）还不错，但与哈代相关（Hardyana）就有一股讨厌的拉丁语气，与克拉夫相关（Cloughiana）和与菲尔丁相关（Fieldingiana）读起来很拗口，至于与怀斯相关，Wiseiana、Wiseana还是Wisiana，到底哪种写法更好呢？

年刊

| ANNUALS |

在每年出版一册的系列书刊中，有两个类别是藏家特别感兴趣的：（1）散文和/或诗歌的选集，通常配有钢版画插图，具有摄政时代晚期和维多利亚时代早期英国出版的鲜明特征，最初是模仿德国和法国模板，代表作如《纪念品》（*The Keepsake*）、《书香》（*The Book of Beauty*）、《友情奉献》（*Friendship's Offering*）、《文学纪念》（*The Literary Souvenir*）。这些就是当时的礼品书或“餐桌书”，其中许多包含著名作家的首版作品，通常是匿名的。（2）十九世纪后期由流行或时尚杂志发行的圣诞节年刊，如《贝尔格拉维亚》（*Belgravia*）、《槲寄生枝》（*The Mistletoe Bough*）、《廷斯利》（*Tinsley's*）和《劳特利奇》（*Routledge's*）等。这些年刊中通常会包含一篇当代畅销作家或前景看好的黑马作家的短篇小说，有时甚至全刊只发这一篇小说。

匿名

| ANONYMOUS |

有一种正式的匿名书，尽管作者的名字没有明示，但大家都知道（如《格列佛游记》、《韦克菲尔德牧师》或《理智与情感》），从编目的角度，为了区别于类似的用笔名发表的作品（如《爱丽丝漫游仙境》或《简·爱》），有些书商通常会使用方括号（或圆括号），也有干脆不用的。

但是，还有一种“作者未知”的真正匿名书，有时会让编目人员束手无策。在其他条件相同的情况下，作者不明的书籍销售难度超过作者明确的书籍，因此可以肯定编目人员已经查询过哈尔科特和莱恩编写的《匿名及笔名英国文学词典》及其他参考书了。然而作者不明（缩略词为Anon.）条目在目录中很少出现，因为实际上没有很多作者不为人所知的书籍，编目者通常会明智地把它们按主题或类别编排。“旧小说”类别中经常会有一些，而更多则会出现在“经济”类或“内战”类的条目里。

古旧书商

| ANTIQUARIAN BOOKSELLER |

“珍本”、“旧书”和“二手书”之间的分界从未也不可能被明确定义，此类书商们的身份也难以界定。英国古旧书商协会面向此行业的所有人员，他可能专门经营摇篮本，或是现代初版本，或是植物学书籍，也可能就是普通二手书商，唯一的前提是他的业务主要与旧书有关。最全面的业内名录是伦敦谢泼德出版社（Sheppard Press）出版的以下几种：《英国二手书及古旧书商》（*Dealers in Secondhand and Antiquarian Books in the British Isles*）（现已出到第十版）、《欧洲书商》（*European Book Dealers*）和《北美书商》（*Book Dealers in North America*）（按地区和专业划分），值得一提的还有它出版的《藏家名录》（*Directory of Book Collectors*）。在美国，有大卫·S.（David S.）和苏珊·西格尔（Susan Siegel）的《二手书爱好者指南》（*The Used Book Lover's Guides*），共有七个地区版本。

英国古旧书商协会（国际）

| ANTIQUARIAN BOOKSELLERS' ASSOCIATION (INTERNATIONAL) |

一个成立于1906年的英国行业协会，在很多书商的目录中都可以看到它的徽章，可向协会申请获取会员名单。地址：ABA, 6 Bell Yard, London, WC2A 2JR。电子邮箱：admin@aba.org.uk。

美国古旧书商协会

| ANTIQUARIAN BOOKSELLERS' ASSOCIATION OF AMERICA |

美国古旧书商协会成立于1949年，申请获取会员名单的地址：ABAA's headquarters, 20 West 44th Street, New York, NY 10036-6604。电子邮箱：inquiries@abaa.org。

古风

| ANTIQUE |

（1）这个词在字面上容易令人误解，它特指走古风路线的现代装帧（多数是用犊皮或半犊皮），追求早期书籍的装帧风格，也可被称为“旧式犊皮”，或“时代风格半犊皮”。

古风犊皮有时也用来称谓神学书籍的暗褐色犊皮或牛津犊皮。

真的古代装帧，如果不能确定年代，会被称为原版、同时期或早期装帧，也可能仅仅冠以古旧二字。

（2）一种布纹或直纹的纸张，表面粗糙，未经研光处理。

腐蚀制版

| AQUATINT |

一种凹版技术，先用松香粉末在版上做出图案，再用酸液腐蚀掉要印刷的区域，印刷时油墨会留在这部分被腐蚀掉的区域内，然后在纸张通过高压机时把油墨印到纸上。腐蚀制版是一个调色过程，酸液暴露的程度决定了明暗区域【参阅：彩色全页插图本 COLOUR-PLATE BOOKS 和插图过程 ILLUSTRATION PROCESSES】。

阿伯

| ARBER |

爱德华·阿伯（Edward Arber，1836—1912）教授是一位学者、书志家和编辑，他对英国早期现代印刷研究的贡献凝聚在两部庞大而重要的文献之中：《伦敦出版同业公会书目录》（*A Transcript of the Registers of the Stationers' Company*，*1553–1640*，共5卷）和《分期目录》（*The Term Catalogues*，1668—1709/11年，共3卷）。前者复制并索引了伦敦出版同业公会（Worshipful Company of Stationers）的文献和记录，这是一家规范和保护书籍交易

工作的同业公会；后者则重印了新书及再版书的季度清单。

纹章

| ARMORIAL |

作为形容词，用于（1）印有初始或后继藏家镀金纹章的装帧；（2）依据藏家纹章而制成的藏书票。作为名词，口语中指有纹章装饰的书。

艺术

| ART |

当用于描述纸张时，此形容词表示纸张表面有光泽或有“涂层”。当用于描述封面材料时，如art vellum和art leather，它是人造（artificial）的商业用语缩略词，人造犊皮和人造皮革的意思。

艺术家手制书

| ARTIST’S BOOK |

译自法文“livre de peintre”，原指一本书中艺术家所

创作的图像比文字分量更重，后延伸并被广泛接受为以书籍为载体呈现的图像艺术品。

如原始状态

| AS ISSUED |

这是一个强调所描述书籍的原初形式的用语，尤其常用于当个例特征与普遍预期有出入之时，例如："书边裁剪，如原始状态"；"缝合，无包封，如原始状态"；"半软皮装，如原始状态"【参阅：预发本 ADVANCE COPY】。

如常

| AS USUAL |

这是书商在编目中最喜欢陈述的一种状态，承认会有普遍存在的缺陷或瑕疵，几乎所有书本都无法完全避免，是正常的存在。比如，"有斑点，如常"；"缺失前扉页，如常"；"Q4 为修正页，如常"；"书脊褪色，如常"。

关联本

| ASSOCIATION COPY |

该术语常被圈外人嘲笑，它指的是曾经属于作者或由作者注释的书籍，或曾经属于与作者相关人士或某个有意思的人物的书籍；也许最有趣的是，它曾属于某个与书中内容相关的人物。延伸意思是指某个名人曾经拥有过的任何书籍，但必须能够出具实证，口说无凭。

目录中的说明通常会解释“关联”的性质，从证据确凿到牵强附会的都有，前者的一个例子是赫尔曼·梅尔维尔（Herman Melville）所拥有的一本蔡斯（Owen Chase）所著《记最超凡绝伦又令人痛心的“埃塞克斯号”捕鲸船失事事件》（*The Narrative of the Most Extraordinary and Distressing Shipwreck of the Whaleship Essex of Nantucket*，纽约，1821年版），有他18页的亲笔笔记；比较微妙的是休·沃波尔（Hugh Walpole）私人图书馆所藏毛姆的《寻欢作乐》（*Cakes and Ale*，1930 年版），他通常被认为是书中人物之一。但是，只有急于要出售诺曼·盖尔（Norman Gale）或F. W. 贝恩（F. W. Bain）初版本的编录者，才会因为扉页上有约翰·德林瓦特（John Drinkwater）的签名而称其为“关联本”。

关联本一种 →

This copy of the

ABC

FOR

BOOK COLLECTORS

is the property of the

RARE BOOK SCHOOL

Garde à qui la touche!

Nicolas Barker

9 June 2004

[HALF-TITLE]

如果某书商的整本目录专用于“关联本”，则通常会包括题赠签字本，但属于这个具有自洽性和实用性的术语的宽松应用。

收藏家必须坚决抵制的是那种子虚乌有的假“关联本”，经由不知谁人之手在一本不重要的书中插入一封重要的名人书信。比如，最近有一本藏家手册把一本旧布道书描述为“王尔德文档的重要史料”，因为有人在书中粘贴了一封奥斯卡·王尔德的手信，其实这两者毫无关联。这种所谓的“关联”已突破可接受的底线。

国际爱书人协会

| ASSOCIATION INTERNATIONALE DE BIBLIOPHILIE |

该协会主要由一群法国爱书人创办，成立于1963年，目前在全球拥有约八百名成员。该协会每隔一年会在某个具有藏书兴趣的中心举行为期一周的大会，另外的年份中则会举办相对短期的“学术讨论会”。参会文献集册出版，部分发表在会刊《爱书报》（*Bulletin du Bibliophile*）上。

拍卖

| AUCTIONS |

以拍卖方式销售书籍的历史可以追溯到中世纪，而通过印制目录以提升销售量的行为则始于十七世纪下半叶。传统上，拍卖师承诺拍卖，向卖家收取一定佣金作为报酬。在1980年代，英国和美国的拍卖行学习欧洲方式，同时向买卖双方收取附加费用。在互联网上（尤其是在ebay上）进行的拍卖有其自身的规定和风险。该主题可分为四部分：(1)目录；(2)竞价；(3)价格；(4)术语。

(1)拍卖目录中对书籍、手稿、高端精装等的描述在完整性、准确性和权威性方面差异很大。毫无疑问，以前最华丽的目录都来自欧洲大陆，巴黎所产最为豪华。但近年来，苏富比和佳士得相互竞争，特别是针对有着重要意义或特殊兴趣的拍卖，目录都是认真制作，力求描述精准，一扫之前那种缄口少言的习惯。伦敦宝龙拍卖行（Bonham）、布鲁姆斯伯里图书拍卖行（Bloomsbury Book Auctions）以及纽约的司韦恩拍卖行（Swann）等，也会出版简洁优雅的目录。相比之下，大多数（虽然不是全部）地方拍卖行经常会把图书和其他物品一起拍卖，他们的目录通常缺乏信息，尤其是打包拍卖的物品。法律对拍卖业务整体有严格管制，以保证拍品描述的准确性，目录中缺少专家意见自然会让拍卖现场更为活跃。而打算在没有专业意见的情况下竞拍的藏家们应该考虑的不仅是成本（现在的目录中通常会有估价），也要仔细阅读目录中所列出的拍卖条件，这在每个拍卖行都不一样，就是同一个拍卖行的不同场次的拍卖也会不一样；还必须记住，除非拍品不完整或描述明显有误，想要退货并不是买家的权利，而更仰赖于拍卖行的恩典。

当然，好的拍卖行会尽量准确地描述其拍品，因为退货对他们和购买者来说同样麻烦【参阅：不予退货 NOT SUBJECT TO RETURN】。尽管偶尔会出现一些失误，但编目人员会尽全力遍览书志研究，对重要拍品的注释通常透彻且具学术性。如苏富比对早期高端装帧的描述，感谢霍布森父子的鉴赏经验，在他们的指导下已臻权威性，没有几家书商能够做到，这家拍卖行在过去四十年中对手稿的编目也达到同样的水准。确实，著名图书馆的拍卖目录已成为书架上必不可少的参考书，不仅对书商和藏家是这样，对学者和图书馆员也是如此。

（2）然而，任何拍卖中的竞价都会发生很多险情，如同老生常谈告诉我们的，无知旁观者不假思索乱点头，无意中就购买了昂贵但无用的物品。这样的风险，可以通过将竞拍委托给拍卖行工作人员来避免，他们会以保密的方式执行，无须提供额外保证金，或行使任何特殊的处置权，这和聘用代理是一样的。

这里有心理上的风险，竞价现场会使人头脑发热失去理性。还有经济上的误解，认为在拍卖行购得的书籍肯定是合算的，这个误解基于的假设是：拍卖行的价格是批发价，在那里买书就是跳过了中间商（书商）。还有个风险，就是没有意识到书商能为他的产品提供保证，但拍卖行的规则是一旦木槌落下，这些东西就是买主的了，如果你回家后才发现有些书被重新壳封，有些不是初版，有些因为事先没彻底检查而品相不如预期，那么为时已晚，要让自己满意是买主的责任，而不是拍卖商的责任。

经验丰富的藏家可以且常常自行竞价而不至于出现上述问题，他们会仔细检查拍品，知道每本书值多少钱以及他们该付的价钱，这两者往往不是一回事，并且准备好用自己的储备知识和拍卖策略与书商过招。少数藏家喜欢享受令人兴奋的现场拍卖过程，但对大多数有经验的藏家来说，如果将竞价委托给选定的书商，他们更有可能用合理的价格获得拍品。许多藏家和机构图书馆员在各个城市都有固定的代理为他们执行拍卖业务，他们也会为特定拍卖或特定拍品选择代理商，他们不仅要考虑代理商的知识和判断力，而且也是借此机会消除潜在的竞价对手，在更为专业的领域中尤其如此。

委托书商竞价的正常佣金是拍卖价格的百分之十，这对于一本众所周知、书目简单、市场价值昂贵但稳定的书来说似乎有点贵，因为此类书籍不需要太多的专家审查或估值。但是，在一系列委托交易中，书商很可能为了客户的利益要运用许多专业技能并付出大量的时间，是值这百分之十的佣金的。当然，只有竞价成功后才支付佣金，对于不成功的拍品，他也提供了同样全面的服务：建议可能的成交价格、材料的整理和评估，实时出席拍卖会（通常在拍品之间还有令人厌烦的等待时间）以及实际竞价这项高度技术活。

新手藏家应该认识到，在书店里，柜台内外洋溢着浓厚的共同利益和爱好，但是，在拍卖行里，除了拍卖师之外，其他每一个人的手都是拦在他前面的。如果是一个心态积极的人，他可能会喜欢这种挑战，希望在和这些专业人士的比赛中击败他们，并准备在此过程中付出一点学费。但如果他同时也是一个理智的人，就应该在仔细观察之后才出手，同时要擦亮双眼，全神贯注。

（3）除非经过仔细解释，否则年度记录中列出的拍卖价格可能会产生误导。对于一本相对普通的书，即每年都会在拍卖会上出现一两本的书，这些记录能提供其价格水平或趋势。但当价差太大时，很可能是因为一本品相极好，而另一本过于残旧，这一至关重要的信息在简短的价格记录中可能未被提及。对于罕见的书籍，偶尔的拍卖可以成为它价格的标尺，但是书籍越常见，就越需要考虑到这些潜在的因素。影响书价的因素众多，首先要看书的品相，还要看这是不是一次价格会相应抬高的重要的拍卖会；抑或拍品出现在杂项拍卖快结束之际，此时即使是书商也已疲倦而且兴味索然；也许在场有两位志在必得的藏家看中了同一件拍品，可能因此支付了高出预期的佣金；或反之，是一个精明的书商买入做库存；是否有一些和这本书有关的信息没被写入销售目录中，这些信息的存在与否会直接影响到价格的高低。

当然，还必须考虑拍卖时的经济指数，在1812年拿破仑战争的通货膨胀时期，很多书籍在罗克斯堡拍出高价，在1820年代下跌，到了1830年代中期，希伯拍卖则显示出更为严重的萧条。举一些近期的例子，在1920年代某些类别的图书（如十八世纪文学、浪漫文学、现代初版本）的价格很高，在1930年代初期和中期，全面的价格走低。在过去的六十年中，很多类别图书的价格一直在稳步上涨（如科学和医学、以花鸟为主题的彩色全页插图本、现代文学手稿和书信），虽然近期在估价的影响下价格有所稳定。此外，英国和美国的买家在看英镑和美元的价格记录时，都应记住英镑/美元的汇率经常会突然波动。

简而言之，拍卖记录的主要功能是查询价格，但使用时需十分小心，至于它所提供的书目信息，就应更加谨慎对待，因为它是根据拍卖目录中的注释缩写而成，这些目录信息本身就有各种来源：有时会引用松散的书志学理论，也会有藏家在扉页用铅笔写下对心仪之书稀有度的乐观估计。应该牢记，即使是最负责任的拍卖师，也只能做出有限的承诺，而不管多么专业的编目专家，工作起来都是赶时间的。

有关适用于1927年之前（甚至之后）的英国拍卖行价格的进一步规定【参阅：（拍卖）团伙RINGS】。

关于年度记录的详细信息【参阅：《美国古旧书行情》AMERICAN BOOK PRICES CURRENT和《图书拍卖记录》BOOK AUCTION RECORDS】。

（4）最后，再介绍几个拍卖行术语，它们有自己的行话。拍卖中的贵重拍品的所有权通常是会说明的，但伦敦和纽约主要拍卖行的拍品层次不同，其中很多倾向于匿名，这种所有权的隐去掩盖了书籍的出处，有时是出于卖家的低调（如“海外贵族的财产”、“一位女士的财产”，或最模糊的说法“已故者遗产”），或因某个知名藏家不想让人知道是他出手的书，更常见的原因是因为拍品的规模既不大也不重要（或者委托人没有足够的新闻价值），而没必要单独列出。

但这些匿名拍品中有一部分可能来自书商的库存，通常被标示为其他拍品。书商可能收购了一个藏书量很大的图书馆，其中大批书在他的经营范围之外；另一位书商的库存可能很久没能卖掉，并且厌倦了没有客户；还有一位断定某些书在拍卖会上会比在他的店中得到更高的价格。这位可能希望他的目录能抵达更多的客户；那位可能是因为看中了某个喜欢拍卖行而不喜欢书商的藏家。

然后，必须认识到，除了少数例外，所有拍品都会有个底价，低于底价就不会出售，底价必须由卖家和拍卖行达成一致，并且与估价有关。在这两种情况下，拍卖师都需要一定程度的灵活性，如果在拍卖台上他判断有潜力的竞价人达到或超出了他自己的能力时可以行使。（在英国，由卖家自己或通过经纪人竞过底价是非法的。）未达底价的拍品会由卖家回购，卖家通常会以较小的比例支付拍卖行佣金。拍卖中最后一次失败的竞价者被称为出价不足者

（under-bidder）或第二高竞价者（runner-up）。

作者装帧

| AUTHOR'S BINDING |

从最早开始，由作者赠送给朋友或公众人物的书籍，有时会按他们的要求制作更为精致的装帧，但非常不易分辨（在十七和十八世纪，摩洛哥羊皮是作者装帧的常见的样式，而在十六世纪则是犊皮纸及镀金），因此，在没有题词或其他证据的情况下，要谨慎声称一本皮革装帧书是作者装帧，也要谨慎相信或假设这样的书是致献本。霍华德·尼克松曾经说过，如果作者赠给致献人未经装帧的书，必定会附信说明理由，是因为疾病、外出旅行或希望受赠人尽快得到此书。

在出版商布面装帧时代，作者可能偶尔会做十几本特殊样式或不同颜色的版本，以送给他或她的朋友，刘易斯·卡罗尔（Lewis Carroll）、韦达（Ouida）和亨利·伍德夫人（Mrs Henry Wood）都有很多这种情况。但因为被认证的例子很少，所以，如果无法证明与作者确实有关联，更为安全的假设是出版商为了礼品市场而做的特殊版本【参阅：礼品装帧GIFT BINDING】。

作者更正

| AUTHOR'S CORRECTIONS |

作者在排版之后交付印刷之前对其作品所做的较大更改，相应成本由印刷厂向出版商收取，以示与印刷错误之区别。有些作者甚至在印刷之后仍继续在改写，因此整次印刷会被注销（印刷厂将为此另附账单）；如果作者的愿望得到了满足，那么他可能会要求进一步的修订。

印刷厂（或出版商）可能会对此感到厌倦，但藏书家们会对其版次、印次、形式和状态的多样性感到高兴。如今，作者能以电子方式生成和更改文本，减轻了时间和金钱上的负担，但这种现象并没完全消除。

授权版

| AUTHORISED EDITION |

当初版本收藏者有必要做出解释和捍卫时，他往往会强调最早真实文本的重要性以及对藏家情感上的吸引力，但是，当他在目录中看到“第一授权版本”的描述时，他就会屈服于对时间顺位的偏好，因为他会就这个描述推断出该授权版本之前应该还有未授权版本，尽管他可能会抓

住机会收购前者，但同时他会更加渴望获得后者。

许多十六、十七和十八世纪的书籍是在未经作者许可的情况下印刷出版的，著名的例子有1642年版布朗（Thomas Browne）的《一个医生的宗教信仰》（*Religio Medici*）、1707年版普莱尔（Matthew Prior）的《诗选》（*Poems*）和1664年版拉罗什福科（François de La Rochefoucauld）的《箴言录》（*Maximes*）。而1772年伍德福（Henry Woodfall）授权版的《朱尼厄斯信件》（*The Letters of Junius*）之前则有数十种未经授权的版本。这些版本有些是依照正确的手稿印成，但有些是出自混乱的手稿，是由朋友间传阅的手稿流出去的。十九世纪时，在杂志上连载的流行作品尤其容易被盗版，无论是出现在纽约的萨克雷、伦敦的爱默生，还是出现在布鲁塞尔的巴尔扎克，都有早于其认可的出版商。

对于法国人来说，合法性是神圣的，是根植于传统的，所谓的édition originale（原版）用在本土作者的作品上时，不是代表初版本，而是在法国印刷的第一授权版。在英国和美国，收藏家和业界通常会更看好国内出版的第一未经授权版本，其价格要比随后的第一授权版本高得多。国外的作品，无论是翻译的还是更为少见的原版，对于热衷此道的作者与藏家来说都具有特殊的吸引力【参阅："跟随国旗”“FOLLOW THE FLAG”，盗版PIRACY】。

亲笔

| AUTOGRAPH |

在藏书界，这是一个形容词（最好不要用作名词），适用于手稿、信件或文件，由藏家心仪的作者或就藏家心仪的主题亲笔书写，最好也有签名；或在书中亲笔注释，不必计较签名与否。前者的描述通常是缩写词，请参见缩写词列表。要记住，若没有重要的字母“A”，则必须假定“L.s.”是另一个人的手迹，只有签名是作家亲笔的。现在已经很少用到的“Q”代表亲笔签字的部分文件，通常是活页，例如作曲家的乐谱、作家的笔记，也可能是签字的唱片或照片。此字被用作名词时往往仅代表作者的签名，这类签名经常是签名收藏家剪刀下的无辜受害者，面对此类集册，不由得使人为那些被野蛮剪切的信件和文件的命运而悲哀，A. N. L. 芒比（A. N. L. Munby）的《英格兰的亲笔签名崇拜》（*The Cult of the Autograph Letter in England*，1962年版）一书是有关该话题的经典著作【参阅：亲笔的HOLOGRAPH】。

B

背衬

| BACKED |

（1）有背衬的书页，不论是文字页还是插图页【参阅：装裱MOUNTED（2）】。

（2）有背衬的装帧，指书背处覆盖了和封板上不同的材料，如，“大理石纹湿拓纸封板皮革背衬”或“原封板布面背衬”。在没有其他说明的情况下用到背衬这个词，几乎都是指书背在后来用别的材料重新修补过，这与重做背衬不完全一样，同样在没有其他说明的情况下，后者意味着新的书脊与被替换的书脊使用的是相同的材料，有时样式也大致相同。

书背、书背条

| BACK, BACKSTRIP |

书背是古书交易中的常用词，和英国出版商及出版商装帧师所说的书脊是一个意思，美语中也称backbone或shelfback。这个词适用于皮革装帧、布面装帧、硬板装帧或是纸质平装。早期装帧是将书帖背部进行粘贴，形成柔背。到了十八世纪，烫印技术的优化改进和经济条件的提

升使得腔背成为装帧艺术的主流。

书背条通常指封板装帧的书籍【参阅：封板，硬板简装BOARDS（2）】上覆盖书背的纸条，与覆盖封板的纸不同。书背这个词用于“镀金书背”（皮革装帧的书籍）或“硬质封板，布质书背”【参阅：半布装帧HALF CLOTH】等术语中，但在任何情况下都应避免将其与装帧中表示封底的back cover相混淆。

墨球

| BALLS |

印刷时，铅字用成对的墨球上墨，墨球用生皮制成，里面塞满羊毛，包好收紧后用钉子将其松松地固定在木柄上。印刷工拿着墨球在墨盒（与印刷机相邻的小木桌）上滚动，直到墨球被油墨均匀覆盖，然后用同样滚动的动作将油墨敷施到印版上。印刷完成之后，将墨球拆开，清洁毛皮，并将羊毛填充物梳理得绵软柔韧。敷施油墨的动作很容易拉出印版中没有锁定的铅字，尤其是在油墨比较黏稠的冬天。印工可能一时没有注意到少了铅字，等看到后再重新将铅字放入印版，这一去一来就形成三种不同状态的书页，能大大满足那些过度关注版本、装帧、内文用纸等书志特点的版本独有特征收藏狂（POINT-MANIAC）【参阅：印版 FORME，形式和状态 ISSUES AND STATES】。

绳线

| BANDS |

在欧美常见的装帧工艺中，书帖是缝在结实的书带上，然后再系到封板上的（如果已有布面精装的书封，那就简单地粘上去）。直到1700年左右，这些书带都是由鞣制或硝制的皮革制成，十六世纪开始用麻绳，十九世纪开始用亚麻书带。从十七世纪开始（或许更早），较粗的书绳可嵌入书槽，以加快缝订速度【参阅：法式缝订 FRENCH-SEWN】，这就为腔背装的出现打下了基础，而不是反过来先有腔背。但是，传统品位的藏家依然喜欢看到竹节，也就是书脊部凸起的绳线【参阅：竹节 RAISED BANDS】。

这些绳线是书背的脊椎，它们承受了使用书籍时产生的大部分压力（如果是厚重的对开本，即使只是竖放在书架上就承受了很大压力），铰合部受到磨损，最终断裂，而在此之前，封板与书帖的接合处也会破损。那么，破裂的书应该重新接合吗？又该如何接合？【参阅：缝合 TACKET】

栎鞣羊皮革

| BASIL |

一种重度上釉的羊皮，通常为暗红色，曾经主要用于制作分类账簿等，现已过时。

简略标题（页）

| BASTARD TITLE |

【参阅：副标题页（前扉页）HALF-TITLE】

固定字模

| BEARER TYPE |

在十五和十六世纪的印刷过程中，如果印版整页空白，或页面上部分空白，那么空白处就要用别的字模填满，可以用之前印书用过的字模，或可以用随便找来的字模，也能用尺寸合适的木块，这样垫框能够平整地放在印版上。这些铅字就是沾上了油墨也不会被印出来，因为纸框上相对于这些空白的部分是没有开口的。但有时还是能在印好的纸上看得见一些无色印痕，这能为后人了解印刷

的顺序或印厂中同时进行的其他工作提供很好的证据。

最佳版本

| BEST EDITION |

曾经是个常用词，指书商最爱的版本，有别于经过严格校对的最新版本。这种版本的特征更多在于外表之华丽，而不在于内容之精确，当然，后者也是不言而喻的。十九世纪，这个词进入书商词汇表，随之流行的是磨光犊皮或树纹犊皮的书籍装帧。

印刷机台板

| BED OF THE PRESS |

这种台板是一块金属或石质平板，用来稳住印版，放在压印盘下方的轨道上，压板下压时就会产生印迹。

斜切边或斜切边封板

| BEVELLED EDGES or BEVELLED BOARDS |

一种装帧方式，通常是指当采用特厚封板做书封时，

有斜切边封板的书

在包覆前先将封板的边缘切成斜角。

书目，书志学

| BIBLIOGRAPHY |

这个词主要有两重含义，区别相当大，不过在某些情况下可能会有重合。第一种意思，书目，也就是更为大众所熟悉的阅读书单，为进一步学习提供指南，或作者参考

过的书籍；它通常不会对所列的书目提供详细说明。另一种意思是收藏家所熟悉的，书志学，就是把书籍作为物化的研究对象。

书志学家就是后一种意义的实践者，他们可能是图书馆员、藏家、书商、研究某一作家或特定文学的专家。但他们也可能什么都不是，以上人物也可能并不是书志学家。书志学（目录学）是对书籍的系统描述，依据主题、类别、时期、作者、国家或地区，也可依据特定印刷厂或出版社的出品。书志学可以是枚举的、分析的或描述的，其范围和方法【参阅：递减书目 DEGRESSIVE BIBLIOGRAPHY】涵盖甚广，可以是一份简略的简明参考目录，也可以是一份注释详尽的博大书目。

在书商目录中，引用最多的参考书是作者书目，也就是关于某一位作家所有著作的目录，可简单可详细。人们引用这类书目时，只需要写出书目编者的姓氏，例如，读者读到关于邓恩（John Donne）的著作时，文中的注释只是简单的“Keynes 27”［指 Geoffrey Keynes 所著《邓恩书目》（*A Bibliography of Dr John Donne*）］；关于吉本（Edward Gibbon），肯定是诺顿的《吉本书目》，用“Norton 12”表示即可；或者凯瑟（Willa Cather）的《莎菲拉与女奴》（*Sapphira and the Slave Girl*，1940年版）的书目会用克莱恩（Joan Crane）的，例如“Crane A22”。从这些姓氏可推断这些作家的标准书目的编目者。除了有特别提示，读者还能发现相关版本的核实和材料等细节都会和书目中的描述相符（除了约1830年之前的装帧状态）。

然而，并非所有的作者书目都具有同等的价值，而且，很多已经过时。也有一些书，威望甚高的专家们也难以达成统一的意见，无良的编目者很可能只引用对他手中版本有利的书目。明智的藏家很快就能意识到，白纸黑字印出来的判断并不一定正确无误；所谓“拉图首发”（Latour’s first issue）其实暗示了露维利（Léoville）的不同看法；而“未收入拉菲（Lafite）名单”的论断，只能用在该名单完整且具有准确声望的情况之下。但是，只要藏家仍然表现出对差异版或被名家加持过的版本的癖好，无视该名家实际能力的低下，那么书商就会持续引用一些不称职的书志学家的（只要对他们有利）意见，聊胜于无。

藏书狂

| BIBLIOMANIA |

从字面就可看出对书籍的疯狂痴迷，一位爱书如命的藏书狂是眼神略带野性的藏书家。

书迷

| BIBLIOPHILY |

心怀热爱的书籍痴迷者称为书迷。

对折页

| BIFOLIUM |

一对共轭的合页【参阅：对开本FOLIO（3）】。

定制布面装帧

| BINDER'S CLOTH |

指的是非出版商批量装订的零散的布面装帧本，它们可新可旧，但每本都不相同。这种装帧通常用于手册集本、法国小说或其他纸面书，因为书的主人认为这些书配不上郑重其事的皮革装帧。从藏家的角度来看，定制布面装帧着实是哪头都不讨好，因为它既不是原始状态，装帧也不上档次。

从装帧风格的角度，一眼就能看出定制布面装帧和出版商布面装帧的区别的，因为后者所用字模都是标准字体（非特制），如果有任何装饰，样式肯定也是常规甚至随意的。在出版商用布面批量装订的早期（约1830年之前）

稍有例外，那时的材质和样式都比较原始。而到了后期的滞销存书装订和图书馆装帧，风格更是严重退化，一眼看上去就无异于定制布面装帧了。

装帧师和书商的标签

BINDER'S AND BOOKSELLER'S TICKETS

这类标签有三种形式：

（1）在十八世纪的后四分之三和十九世纪的前四分之一这百来年中，一些装帧师会用刻印的小标签来作为签名，标签通常贴在前环衬外侧的上方，因此，目录注释中常简单注明“德罗姆制”（by Derome le jeune）、“斯特哥梅尔制”（by Staggemeier）或“赫润制”（by Charles Hering），意味着编目员有足够的信心相信这本书是某位大师的装帧作品，如果能添一句“有标签为证”的话，就表明其归属确切无疑（价格也会相应上涨）。在过去的两个世纪中，这些标签已大部分被取代，装帧师首先使用了盖在环衬上的烟熏章，然后又用有装帧师名字的压模在包边处做烫金印、墨印或是盲印，这种签名通常靠着书根，有时候也出现在书背下方。从藏家的角度看，这种现代签名方式更好，可防止无良书商或上位藏家做手脚，因为书票可从无趣的书上被挪移，这种挪动带来的困惑尤其体现于德罗姆父子的装帧作品。

【参阅：签名装帧 SIGNED BINDINGS】

（2）在十九世纪中后叶，另有一种相似但通常是印刷的装帧师标签，用在一些数量更大的出版商装帧上，比如韦斯特利（Westley）、伯恩（Burn）、埃德蒙兹（Edmonds）和瑞姆南特（Remnant）的作品，几乎全部都是贴在后贴衬的内下角。这些标签作为首次（或后续）装帧的证据，对编目人来说具有一定的证明价值，始终应该记录下来。

（3）作为一种低调的广告，书商标签的目的无异于装帧师标签；它们也差不多始于同一时代，直到最近才消

典型书商的标签

亡。对于藏家来说，它们是书籍发行的索引，并且，在保持谨慎的前提下，如果有时在书商的名字后面紧跟着“行业公会和装订师”一词，那么，即使不能确定具体装帧师，也可确定装帧出自何处【参阅：压模PALLET】。

空白装帧样书

| BINDER'S DUMMY |

一沓空白书页，分量和材质与将要印刷的书页一模一样，由出版商交给装帧师，让他按要求装帧成册，然后送回出版商处确认；有别于推销员样本。装帧样书在完成其任务后有时会转送给作者，任其使用。

装帧

| BINDING, BINDINGS |

这是书商和拍卖商目录中常见的主题标目。高端精装长期以来活跃在收藏界，因此往往价格昂贵。但是直到威尔（Weale）和戈特利布（Gottlieb）的年代，也就是大约1890年到1910年间吧，对装帧历史的研究开始，才有了对匠人及其客户的关注，这种热情的滞后表现说明在

1920年之前的任何有关装帧的说法都要打个问号。

然而，在过去的一个世纪中，关于书籍装帧的历史及学术研究风起云涌。如果出版的（或私人印刷的）参考资料对于普通藏家来说太昂贵，那么附近的资金雄厚的图书馆或可以提供帮助，可按以下姓名查找图书馆目录：斯特里克兰·吉布森（Strickland Gibson）、E. Ph. 戈尔德施密特（E. Ph. Goldschmidt）、G. D. & A. R. A·霍布森（G. D. & A. R. A. Hobson）、J. B·奥尔德姆（J. B. Oldham）、厄恩斯特·基里斯（Ernst Kyriss）、塔马罗·德·马里尼斯（Tammaro de Marinis）、L. M. 米琼（L. M. Michon）、查尔斯·拉姆斯登（Charles Ramsden）、H. M. 尼克松（H. M. Nixon）、米里亚姆·富特（Mirjam Foot）、亚诺什·西尔毛伊（Janos Szirmai）、克里斯·克拉克森（Chris Clarkson）或尼古拉斯·皮克伍德（Nicholas Pickwoad），以及其他学者对于十九世纪之前欧洲书籍装帧艺术的研究，现在都已有序在录。

还有西摩·德·里奇（Seymour de Ricci）和高登·达夫（Gordon Duff）所做的贡献，以及惠特尼·霍夫夫人（Madame Whitney Hoff）、J. W. 希利·哈钦森（J. W. Hely Hutchinson）和J. R. 艾比（J. R. Abbey）上校等收藏家的目录，更有1957年到1958年间在巴尔的摩艺术博物馆和1971年在皮尔庞特·摩根图书馆（Pierpont Morgan

Library）举办的特展，都可资参考。如果对装帧的功能和装饰的发展充满好奇，必须参考格雷厄姆·波拉德的论文《1550—1830年间装订风格的变化》（“Changes in the Style of Book-binding，1550–1830”，*The Library*，1956年版），该文献已被现在的目录手册随意引用。还有伯纳德·C. 米德尔顿（Bernard C. Middleton）的《英国手工艺装订技术的历史》（*A History of English Craft-Bookbinding Technique*，1963年版，1982年重印）。在美国，威尔曼·斯鲍恩（Willman Spawn）的著作传播了有关装订装帧的多方面知识。

最后，对出版商装订感兴趣的人必须从迈克尔·萨德利尔1930年出版的先驱作品《出版商装订风格的演变》（*The Evolution of Publishers' Binding Styles*）入手，然后再转向鲁阿里·麦克莱恩（Ruari McLean）、道格拉斯·鲍尔（Douglas Ball）和埃德蒙·金（Edmund King）的著作，而苏·艾伦（Sue Allen）则是美国公认的出版商布面装帧方面的权威。

【参阅：希腊风À LA GRECQUE，古风ANTIQUE，纹章ARMORIAL，作者装帧AUTHOR'S BINDING，定制布面装帧BINDER'S CLOTH，空白装帧样书BINDER'S DUMMY，装帧师和书商的标签BINDER'S AND BOOKSELLER'S TICKETS，可供重新装帧本 BINDING COPY，装帧材料

BINDING MATERIALS，装帧术语BINDING TERMINOLOGY，装帧变异BINDING VARIANTS，剑桥风（装帧）CAMBRIDGE STYLE，大教堂装帧CATHEDRAL BINDINGS，乡村（装帧）风格COTTAGE STYLE，神学犊皮DIVINITY CALF，合装式（背靠背）装帧DOS-À-DOS BINDINGS，哈利法克斯的爱德华兹EDWARDS OF HALIFAX，刺绣装帧EMBROIDERED BINDINGS，伊特鲁里亚（装帧）风格ETRUSCAN STYLE，礼仪装帧FANFARE BINDINGS，高端精装FINE BINDINGS，礼品装帧GIFT BINDING，古塔波胶（或橡胶）装帧GUTTA-PERCHA BINDING，哈雷风格HARLEIAN STYLE，詹森尼斯特（装帧）风格JANSENIST STYLE，法律犊皮LAW CALF，图书馆装帧LIBRARY BINDINGS，“里昂风格”LYONNAISE，米尔恩MEARNE，马赛克装帧MOSAIC BINDINGS，斑驳MOTTLED，犊皮（小牛皮）CALF，首批装帧PRIMARY BINDING，滞销存书装订 REMAINDER BINDING，浪漫风格 ROMANTIQUE STYLE，罗克斯堡风格ROXBURGHE STYLE，皇家装帧ROYAL BINDINGS，二次装订SECONDARY BINDING，签名装帧SIGNED BINDINGS，西班牙犊皮装饰SPANISH CALF，行业装帧TRADE BINDING，树纹犊皮装帧TREE CALF，样本装帧 TRIAL BINDING，批

发商装帧WHOLESALER'S BINDING】

装帧样品

| BINDER'S SAMPLE |

装帧师的作品样板，用以展示其质量，特别是装饰的工序上。有别于空白装帧样书和推销员样本。

可供重新装帧本

| BINDING COPY |

这应该是指一本封面已经严重破损，但内部依旧洁净，值得重新装帧的书。如果确实处于这种状态，现在的书商一般会将它重新装帧。该词现已很少使用，几乎是绝迹了。（如果封面和内部都已不堪入目，那么这本书就会很无奈地被称为审阅本。）【参阅："诚信本HONEST COPY"】

装帧材料

| BINDING MATERIALS |

【参阅：栎鞣羊皮革BASIL，定制布面装帧BINDER'S

CLOTH，封板，硬板简装BOARDS，巴克兰布BUCKRAM，犊皮（小牛皮）CALF，帆布CANVAS，布料CLOTH，布纹和面料CLOTH GRAINS AND FABRICS，压磙羊皮CRUSHED MOROCCO，装帧用低质羊皮纸FOREL，山羊皮GOATSKIN，直毛羊（无绒毛羊）HAIR-SHEEP，硬纹摩洛哥羊皮HARD-GRAIN MOROCCO，黎凡特羊皮LEVANT，摩洛哥羊皮MOROCCO，尼日尔羊皮NIGER，绿洲山羊皮OASIS，纸质硬板PAPER BOARDS，羊皮纸PARCHMENT，猪皮PIGSKIN，软皮ROAN，翻毛犊皮ROUGH OR REVERSED CALF，俄罗斯皮革RUSSIA，褶痕犊皮SCORED CALF，羊皮SHEEP，绵羊粒面剖层皮SKIVER，直纹摩洛哥皮STRAIGHT-GRAIN MOROCCO，土耳其皮 TURKEY LEATHER，犊皮纸VELLUM，纸封平装WRAPPERS】

装帧术语

| BINDING TERMINOLOGY |

【参阅：背衬BACKED，斜切边或斜切边封板BEVELLED，素版BLIND，刻版（压印或拓印）BLOCKING，装饰边框BORDER，金属护钉BOSSES，壳封CASED，中心装饰CENTREPIECE，皮雕CUIR-CISELÉ，蕾丝书边DENTELLE，菱形图案装饰DIAPER，格纹图案DICED，去装订本 DISBOUND，皮环衬 DOUBLURE，抽屉把手纹饰烫金（或装饰）DRAWER-HANDLE TOOL，奢华精装本EXTRA，滚线轮FILLET，框架FRAME，法式缝订FRENCH-SEWN，完全（装帧）FULL，轧纹 GAUFFRED EDGES，纹理GRAIN，书槽（书沟）GROOVES，加固条GUARDED，直毛羊（无绒毛羊）HAIR-SHEEP，半皮装帧HALF BOUND，半布装帧HALF CLOTH，堵头布HEADBAND，腔背装HOLLOW BACKS，镶嵌 INLAID，隔页INTERLEAVED，标签LABEL，书名标签LETTERING-PIECE，软皮装帧LIMP，贴衬页LININGS，大理石纹MARBLED，装帧错误MISBOUND，斜接MITRE，镶贴ONLAID，压模PALLET，边框PANEL，贴衬PASTE-DOWN，犁刀PLOUGH，点状POINTILLÉ，首批装帧PRIMARY BINDING，出版商布面装帧 PUBLISHER'S CLOTH，四分之一皮装帧QUARTER BOUND，竹节RAISED BANDS，书背修复RE-BACKED，重新壳封RE-CASED，重新接合RE-JOINTED，改装REMBOÎTAGE，（1）重新黏合（2）重置书心 （3）重新排版RE-SET，滚轮ROLL，二次装订SECONDARY BINDING，缀饰 SEMÉ，缝缀SEWN，

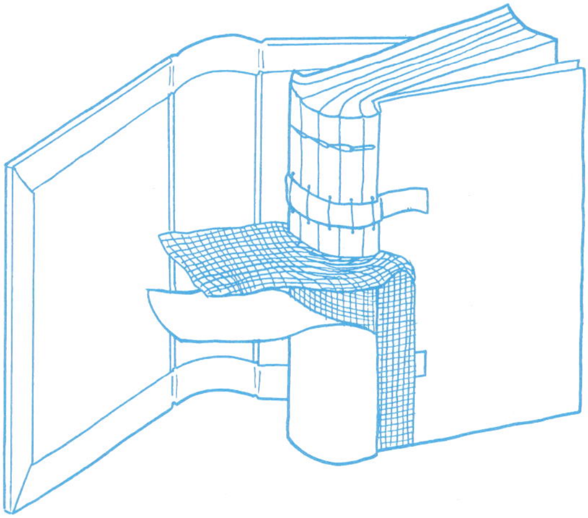

鲨革SHAGREEN，洒绘SPRINKLED，飘口SQUARE，压印STAMPED，书钉订合STAPLED，超伸STILTED，四分之三皮装帧THREE-QUARTER BOUND，模具压印TOOLING，书顶烫金TOP EDGES GILT，无标名UNLETTERED，护边装帧YAPP】

装帧变异

| BINDING VARIANTS |

这是一个通用术语，泛指同一版本的出版商布装书籍因颜色、面料、字体或装饰之间的不同而形成的变异。这种情况的发生，通常是因为在出版过程中同一本书的装订分不同批次进行。有时候，这些差异证明了书帖是批发出售，装订则另外下单。

【参阅：出版商布面装帧PUBLISHER'S CLOTH，首批装帧PRIMARY BINDING，二次装订SECONDARY BINDING，滞销存书装订REMAINDER BINDING，作者装帧AUTHOR'S BINDING，礼品装帧GIFT BINDING，图书馆装帧LIBRARY BINDINGS】

涂改

| BISQUING |

在印刷完成的书本上，用黑色油墨或颜料涂抹，或用无字印块将文字罩印，以抹去某些文字，通常是为了通过审查【参阅：出版许可IMPRIMATUR】或其他原因需要撤换部分内容。有时拼写为“bisking”。

黑体字母

| BLACK LETTER |

【参阅：哥特式字体GOTHIC TYPE】

布朗克

BLANCK

耶鲁大学出版社为美国书志协会（Bibliographical Society of America）出版的《美国文学书目》（*Bibliography of American Literature*，共9卷，1955—1991年版，索引1995年版，CD-ROM版本1997年版），项目由雅各布·布朗克（Jacob Blanck，1906—1974）开创执行，并由迈克尔·温希普（Michael Winship）等人完成。

该书目通常缩写为BAL，它是迄今为止试图涵盖美国文学界（不同于与美国有关的史料）全貌的最佳书目，收录了从美国独立战争到1930年间的三百位纯文学作家，但不包括在杂志上发表作品的。

空白（页）

BLANK LEAVES, BLANKS

这是印刷完毕后的书中必不可少的一部分，编目人员会记载录入，挑剔的藏家也会坚持要保有这些空白书页，除非是极其罕见的珍本，要求会稍放宽一些。普通读者则只需记住豪华版《伊索克拉底》（*Isocrates*，1513年版）中原本空白的A9页上用希腊语和拉丁语写的一句话，大致可译为："此页当属本书，但并无内容，若有碍阅读，请自行裁去。"

有时候空白页会出现在书的开头，偶尔也会出现在明显标记过的章回结尾处，但通常是在最终的集帖之后。在十七世纪或更早的书籍中，开头的空白页可能附有签名信件，但很少见；这样的例子偶尔会出现在更为现代的书籍中。

对于皮革装帧的书籍，有必要区分印刷空白页（有时被编目人员称为"真正空白页"）和装帧空白页，也就是装帧的时候在书本前后加上的额外空白页。如果是出于书帖配页之需而留有的空白页，而你若疑惑藏本中该页属于必不可少的印刷空白页还是可有可无的装帧空白页，就请比较此页与书中其他纸张的质地、链线的方向和宽度，或者水印（如果有的话）。

如果这样还是比不出来，那么就按你能够承受的程度把书本摊到最开，查看有疑问的书页的最内边，看看它是否和正文书页连在一起，印刷空白页肯定相连，而装帧空白页则不相连。

十九世纪中叶，美国装帧师在为出版商批量制作布面精装本时，也会留有空白页（出现频率和数量均可变），但它们和书帖配页时所留出的前后空白页是有区别的，即

[印刷空白页]

[空白页反面]

使后者（两侧都可能有不止一页）也会被用作环衬，在极端情况下甚至被粘在贴衬的下面。出版商装帧的空白页纸质大多与正文页不同，而且每本书中的数量也可能不一致。

☞ 在此为挑剔的藏家提供一页空白页。

素版（烫金或拓印或压印）

| BLIND (OF TOOLING or BLOCKING or STAMPS) |

装帧师用烫模、凹凸压模或滚轮在皮革或布面上压印出没有烫金或颜色的装饰纹或字母，就形成了素版。例如，“同时期素版犊皮”“二次装订，蓝布底素版饰纹”等，类似的表达又如“标题页素版印戳”，意为利用压模把书主的姓名或“审阅本”“馈赠本”等字样无色压印在书页上。

素色印原为摇篮本鉴定家创造的一个词，现应用广泛，指的是用固定字模在空白页或页面的空白部分留下印痕，这种印痕有助于了解此书印刷时的情况，或者可推断同时在印刷的其他书籍。

刻版（压印或拓印）

| BLOCK, BLOCKED, BLOCKING |

（1）用装订术语来说，刻版就是一块没有手柄的金属片或金属板，上面刻有用于装饰书籍封面的图案，适合在压机上使用。这个操作过程叫作刻版压印，所用的压机叫作版块压印机。从根本上讲，十六世纪初所谓的“边框压印”装帧和十九世纪中期的礼品书相同，两者都是以刻版进行压印。在美国，压印更常见的用词是stamping。

（2）木刻版画家使用的木刻版画【参阅：木刻WOODCUT】：有时会出现在这样的上下文中，如：“有着精美而清晰的木刻雕版印迹（大多数版本所示木雕磨损严重）”，或“木雕原版现存于维多利亚和阿尔伯特博物馆”。

（3）从1860年代开始，凸版印刷开始采用照相制版（photo-engraving），带有丝网的称为丝网半色调凸版，没有丝网的称为线条凸版或刻制版（在美国统称为锌版）【参阅：插图过程ILLUSTRATION PROCESSES】。

木版书
BLOCKBOOKS

木版书，也叫木版画印本，产自欧洲。通常是手工上色，插图多于文字，且内容多为流行或宗教题材，一直被认为早于约翰·古登堡（Johann Gutenberg）在1440—1450年间发明的铅活字印刷术。然而，在过去的半个世纪中，已故的艾伦·史蒂文森（Allan Stevenson）对现存木版书的纸张进行了研究，证实木版书的盛行期是1460年代（只有约翰·瑞兰德图书馆中的《启示录I》（*Apocalypse I*）孤本是个例外，其年代约为1451年），早期那些著名的例子，无论是《启示录》（*Apocalypse*）、《穷人圣经》（*Biblia Pauperum*）、《死亡的艺术》（*Ars Moriendi*）、《雅歌》（*Cantica Canticorum*），还是《人类救赎之鉴》（*Speculum Humanœ Salvationis*），都被证明属于那个时代。许多其他木版书，价格和质量都较低，属于1470年代，之后还有一些零星版本出现，木版书持续到约1500年。

木版书的实质就是图画书，其插图及对应的文字用刀刻在木头上，印在纸的单面。一块木板通常可刻两页，正好印满一张纸。木版书使用的是褐色或灰色的水墨（油墨直到约1470年才开始普及，从此可以印在纸张的正反两面）。现存的这类古籍极为罕见，价格高昂，非一般收藏家的财力所能企及。

推介

| BLURB |

一个俚语，源自出版业术语，最初是指印在书的封

面、勒口或护封上关于本书的推介词，有时再加上一两句由作家或权威提供的褒扬之语，甚至还有花钱买来的推荐语，毫不掩饰地用于书商目录中。这种推介和文学注解或背景介绍有很大区别，对于重要或晦涩的书籍，后者通常遵循实际的、书目上的细节。推介的本质是引导性的或赞美性的，有几种类型：（1）引述，或二手的广告；（2）不带个人色彩的原创文字；（3）极为主观的夸张文字。

类型（1）通常用一两句赞美语的形式，这些赞美词因出自名家而无可置疑，如约翰逊博士、哈兹利特、马修·阿诺德、乔治·森茨伯里、T. S. 艾略特或埃德蒙·威尔逊的论点；如果这还不够，那就干脆写上来自DNB、DAB、《剑桥英国文学史》、BAL、PMM，甚至是《大英百科全书》（*Encyclopædia Britannica*）。对于现代书籍，护封上的文字可能就足够了。有种变化是写一小段逸事，例如，"据说麦考利一口气就把这套书的全部四册都读完了"，或者，"伯戈因将军说过，若能写出这首诗，比占领纽约还令我自豪"。

类型（2）可能是最常见的类型，并因为编目者的个性及文风的差异而呈现多样化，主要有三种子类型：实在但乏味型，如"这是著名的法国散文家的主要作品"；热情洋溢型，如"这是在美国史记中具有无可比拟之重要性的伟大演讲”；抒怀浪漫型，如“这本书，不啻马克思主义革命的发令枪”。

类型（3）有时很绝对，如1880年代再版的小说《韦弗利》，“斯科特是乔治·艾略特最喜欢的作家之一，对于任何作家来说，很难想象还有比这更高的赞誉了”；有时很挑衅，如“尽管受到当代评论家们的冷落，但今天的大多数偶像会被遗忘，而这位作者的作品仍将被传阅”。

有些藏家会觉得推介文字很讨厌，有些会觉得有趣，还可能会对某些藏家有一定影响力。写出一篇好的推介，真的比你想象的要难得多。

封板，硬板简装

| BOARDS |

（1）从最广泛的意义上讲，是指手工装帧或工业精装的书封所用的木板、浆板或纸浆板、草板或其他材料制作的封板（非皮革），也就是任何一种硬质书封。这个词一般也包括封板覆盖物（通常是纸），于是就有了“旧大理石纹封板，犊皮书背”“蓝灰封板，帆布书背，凯尔姆斯科特风格”“前封板脱落分离，但书内洁净”“新封板，皮革标签”等描述。老派的编目员还会把出版商布面装帧

LIFE
OF
NAPOLEON
BY THE AUTHOR
OF
WAVERLEY
IN THREE VOLUMES
VOL. I.

的书封称为布面硬板简装。

（2）也用于特指带有纸衬的原始硬板简装，1700年至1780年间出版的很多书都是这样临时性的装帧，1780年至1830年代间出版商布面批量装订开始流行时的大部分书籍也会这样装订。这种装订通常（但并非总是）和它们所包装的印刷书页是同时代的，于是有了“封板和标签期”“第二版布面装帧，第一版硬板简装”“半犊皮的好书，不可多得的硬板简装”“柯恩藏硬板简装本售价13 000美元”等描述。但是，对原始硬板简装痴迷的藏家千万不要认为在书目描述中出现“封板”一词就肯定是第（2）种含义，如果书商卖的书是原始硬板简装，他一定会加以标注的。

《图书拍卖记录》

| BOOK AUCTION RECORDS |

从1902年到1997年每年出版一次（曾有一段时间改为季刊），BAR涵盖了英国和美国的主要拍卖，拍品售价需超过70英镑（在英国的拍卖），但不包括集成批次或打包的拍品。它不记录手稿或亲笔书信，但地图、图表和平面图包含在另列的单元中，而地图册则包含在主体正文中。在两次世界大战之间直至1960年左右，BAR的覆盖面最广，

尽管稍早于它的《古旧书行情》有更长的描述和更好的编辑介绍。然而，也是从那时起，《美国古旧书行情》开始收录美国以外的拍卖销售，于是BAR在覆盖面和出版速度都被逐渐超过。但在此期间，它仍然是跟踪重要书籍走向和价格的实用工具。现在，各个拍卖行都会在线发布拍品的最终的价格列表，这些列表在网上保留的时间各有不等。有关拍卖价格的情况【参阅：拍卖 AUCTIONS（3）】。

书本形式

| BOOK FORM |

该词指任何作品首次以书本形式出现，以别于以期刊、记事系列、大单张、散页等形式出现的第一次印刷。例如，丘吉尔的某篇演讲可能最先刊印在《泰晤士报》上，然后出现在国会议事录上，之后又可能印在政党内部宣传单上。但是，除非它作为独立单元装进封面和封底之间，否则就不能称为书本形式，它的“书本形式初版本”很可能是几年后出版的一本演讲集。同样，约翰·麦克雷（John McCrea）的诗《在佛兰德斯战场》（“In Flanders Fields the Poppies Blow”）1915年就在《笨拙》（*Punch*）上刊出，但其书本形式的第一版是1916年在多伦多出版的选集《战争日》（*In the Day of Battle*）。

该词也可用于作者，例如1915年的《泛爱诗选》（*Catholic Anthology*）是T. S. 艾略特“以书本形式首次亮相”。

若一本书最早是分册出版的，后来又出了三卷本、装帧本或硬壳本，那么更常用的词是“成套形式的初版本”【参阅：分册发行书籍的合订本 PART-ISSUED BOOKS IN VOLUME FORM】。

藏书标签

| BOOK-LABEL |

一种声明所有权的标签，通常贴在前环衬页面上，与藏书票相比，无论是刻制还是印刷的，样式都更简单小巧，通常仅包含藏家的姓名或住所。

藏书票

| BOOK-PLATE or EX LIBRIS（拉丁语）|

威廉·M. 伊文斯（William M. Ivins）曾说过：“藏书票的大小，通常和书主人对书的兴趣成反比。”藏书票可能有一定的艺术价值，如“四卷均有精致奇彭代尔藏书

票”，“雷诺兹·斯通（Reynolds Stone）刻藏书票”。藏书票也能帮助确定前任藏家及此书的流转过程。即使没有明显的价值，将藏书票视为书之瑕疵也是荒谬的，比如“前环衬有藏书票，否则还是本不错的书”之类的评论，除非藏书票的图案设计实在太丑，本身是个劣品，但即使如此，去除和更换也不是难事。因此，如果被某本高价书籍吸引到是因为上面有吉本或霍勒斯·沃波尔（Horace Walpole）的藏书票的话，就该提高警惕仔细查看，因为这两位藏书家图书馆的许多廉价书籍已经在市面上流行多年，其中的某本很可能贡献了这张藏书票。

书架

| BOOK-SHELVES |

关于图书馆家具的书已有很多，这里就说一句，尽管在发掘最古老的图书馆遗址（位于土耳其的帕加马）时发现了书架残骸，但是，在古典和后古典时期，书籍是存放在箱子里的，后来存放在书柜里，书平放。最早的书架做在书桌的下部，书前口朝外，用链子锁在书架上，所以到十七世纪书架开始普及时，书前口边经常以字母标示排列，当然也有不做标示的。

半开书盒

| BOOK-SHOE |

一种用无酸纸板制作的开放式书盒，用于书架之上，为较合脆弱或断裂的书籍提供支撑。它主要用在读者很少但历史悠久的图书馆中，这里的书籍以展示为主，外观很重要。书盒的侧面和背面按书封的尺寸裁切，上方和后方开放，下方加额外衬垫以支撑书根。这种半开的书盒让少有人看的书籍得到休息，能让通常有烫金的书背展现出来，形成支撑但又不太明显。清洁时，可从书架上将书连同书盒一起抽出，书头上方的灰尘很容易掸落。它还有一个功能，能像折叠书盒一样起到警示作用，让人们知道里面的书籍很脆弱，应轻拿轻放。

藏书章

| BOOK-STAMP |

藏书章用金属或橡胶制成，墨印或盲印在衬页、护扉页、标题页或封面上，无论镀金与否，都用金属压模压制而成【参阅：图书馆印章LIBRARY STAMP】。

书商目录

| BOOKSELLERS' CATALOGUES |

书商目录覆盖的范围之广，不是吹的，低端如二手书复印书单，高级到用布料和烫金制作、每书都有整页图案的《五十本稀有书籍和手稿》。它们形状不一，大小和样式各异，有大众的、半专业的和专业的，有优雅的或低俗的，有诱人的也有恼人的，有用心制作印刷的也有敷衍了事的，有以前的CD-ROM形式也有现在的网上发行；表现风格有个性化的，也有中立客观的，或者加以宣传推荐的【参阅：推介BLURB】；描述所提供的书籍状况时，有的细节详尽有的简单笼统，有的可靠有的不可靠；做书目推测时，有的保守有的激进【参阅：伪书志学贩子ISSUE-MONGERS】；有学术的，有商务的，也有很随意的；有的标价谨慎而连贯，有的不规则甚至很任性；有的或按字母，或按主题，或按日期排列，但有时候一股脑全混在一起，理由是"我希望客户能通读，而不是挑着看"；尽管如此五花八门，但对于一个真正的收藏家来说，一句话，都值得一读。

能让藏家永久珍藏的普通目录，必须包含许多非常精美或特别有趣的内容，大多数人，无论业余或专业，都会撕下一些存放起来，它们不是混杂的没有索引的笼统罗列。当然，专业甚至半专业的目录则是另一回事；不管是按分组或系列进行装订、按文件装箱还是按某种顺序上架，在任何嗅觉灵敏的藏家的参考资料库中，过往的书商目录都是最重要也是最常查询的。这些目录不仅为比较价格提供方便，它们也是有责任心的珍本书商为书志学的学术研究长年不断所做的贡献。

示例引证本是一项应尽力完成的任务，但过多难免让人生厌，故在此举三本目录为例：亨利·泽特林格（Henry Zeitlinger）为亨利·萨瑟伦珍本书店（Henry Sotheran & Co.）编写的《化学—数学书目丛书》（*Bibliotheca Chemico-Mathematica*），这是科学书籍收藏家的汇编先驱；格雷厄姆·波拉德为比勒尔和加内特珍本书店（Birrell & Garnett）所作的《字模制作样本目录》（*Catalogue of Type-founders' Specimens*，1928年版）等，是该领域参考书的标杆；还有大卫·马吉（David Magee）的《维多利亚时代：书籍、手稿、亲笔信札和原版素描等合集》（*Victoria R.I.: A Collection of Books, Manuscripts, Autograph Letters, Original Drawings, etc.*，共3卷，1969—1970年版）。

书虫

BOOK-WORMS

书虫有三种：那些在书本里钻洞的，那些把书页吃成纸屑的，还有那些只攻击书封但不碰纸张的。红毛窃蠹和窃蠹的幼虫能穿过木板、封板和纸张之间。书虱，包括纸虱和尘虱，则以书上任何部位长出的霉菌为食。衣蛾和拟衣蛾攻击布料，黑皮蠹和药材甲的幼虫以皮革为食。消灭书虫最好的方法是低温冷冻，保持清洁能避免大部分的虫害。蠹鱼本身无害，但以有机废物为食。

装饰边框

| BORDER |

（1）围绕页面的一部分或整个页面的装饰框架，如“标题位于嵌线边框内”或“雕刻边框”。

（2）在用于描述皮革或布面装帧时，意指紧靠封面边缘的装饰【参阅：框架FRAME】。

金属护钉

| BOSSES |

早期装帧师所用的金属饰钉，最初用来保护皮革书封，有时也成为装饰的一部分，常与护角并用。

回购

| BOUGHT IN |

被拍卖的书籍如果未能达到底价，则由拍卖行回购。过去通常化名进行操作，但如今在“公开”原则下要求按事实陈述。

装订毛条校样

| BOUND GALLEY |

装订好的活版毛样，可能是平装的，也可能是活页装的，常常作书籍推广之用。

鲍尔斯

| BOWERS |

弗雷德森·鲍尔斯（Fredson Bowers）的《书目描述原则》（*Principles of Bibliographical Description*，1949年版）是从实践到理论对精确制作书目所做的最充分陈述。鲍尔斯因编辑英王詹姆斯一世时代众多作品而著名，但他

也能在书志学上有一席之地，能与麦克罗及盖斯凯尔等齐名，正是因为这部专著。自《原则》发表后，修改和补充以各种方式进行，在G. 汤姆斯·田瑟勒《书志研究》（XL，1987年版）的《书目描述兼注释样本》（“A Sample Bibliographical Description with Commentary”）一文中可以很方便找到清单。

已装帧

| BOUND |

一部已完成装帧的书，无关乎包覆书封和书背的材料，印刷好的折叠书帖都会被缝订在书带或绳线上（通常有四五条），松散的那头穿过书封板上的小孔之后再牢牢地固定其上，于是书页和装订就成为一个整体，之后再粘贴书封材料【参阅：壳封CASED】。

拆散本

| BREAKING COPY or BREAKER |

拆散本指的是缺陷严重只能被拆散的书，尤其是有彩色全页插图的书。除了插图书之外，残破的珍稀早期印

本，有时也只适合拆散作为印刷类收藏品。这种做法也适用于文学珍品，例如从残缺不全的《莎士比亚第一对开本》（*First Folio of Shakespeare*）中拆出的单本剧作，或从1611年《钦定本圣经》中拆出的单本书。BREAKER有时也指惯于将书拆散的人。

拆散

| BREAKING UP |

有彩色全页插图的书籍经常会被人拆开，彩图单独出售以便装框，文本则被丢弃。藏书家认为这就是毁书，确实如此，一本书因此就面目全非了。对于画商和时尚的室内设计师来说，这当然是求之不得的好事。除了像百科全书这类笨重的大部头，大多数书商都不愿意把好好的书给拆散（残本则是另一回事）【参阅：单叶书LEAF BOOK】。但是，当单页彩图更容易出售且更有利可图时，这种对完整本的尊重在市场发展的浪潮中就难以维系。

拆散地图册更会带来学术上的严重损失。由于许多地图册是由出版商或书商为满足特定客户而专门制作的，它们就成了藏家追求极致的牺牲品，所谓理想本从制图学角度来说就是一个幻觉。更为可恶的是拆散集册的习惯，仅仅为了其中一册的价值，而将其余的悉数抛弃（许多短目录中的小册子就为詹姆斯一世时代的某一剧作而牺牲了）。现在所有都被保存了下来，部分（如同彩色全页插图本）被认为比整体更有价值。最糟糕的是对中世纪抄本的破坏，无论是出于对艺术还是对手迹的兴趣。例如罗斯金（John Ruskin），对他来说，只有抄本中的微型画值得保留，他在日记中写道："剪切手稿，好累。"而对于奥托·埃格（Otto Ege）来说，不完整的手稿就像是一封邀请函，请他将它和其他备受折磨的书页一起打乱重新梳理，成为古文字学研究的标本。这两位居然有胆说《杜贝里公爵特雷斯泥金日课经》（*Très Riches Heures*）是一本拆散本，真是出奇。

拆散书籍，无论出于肮脏的诱惑还是崇高的动机，都是错误的。

《大英博物馆十五世纪图书目录》

| THE BRITISH MUSEUM CATALOGUE OF BOOKS PRINTED IN THE FIFTEENTH CENTURY (BMC) |

第一卷于1908年出版，最后一卷于2007年出版。

大英博物馆除却普通目录之外，还有众多特殊目录，此为之一。它是书商最常引用的参考书，通常以缩写BMC出现。这部目录按摇篮本专家普鲁克特的原则（PROCTOR'S PRINCIPLE）编排，查找起来不及按字母顺序排列的海因或高夫主编的摇篮本参考目录那么方便，且只包含了博物馆的藏书，肯定比不上正在编辑中的《维根德拉克摇篮本总目》那么完整。但它的介绍和插图令人仰慕，涵盖范围极广，虽然只有英文版，但即使对于随性的摇篮本藏家来说，它也是一部不可或缺的参考书。卷1到卷10的重印石印版（德国、意大利、法国、荷兰、比利时和伊比利亚半岛）包含了根据各部藏本而做的更正和注释。

BMC与《大英图书馆总目录》不同，后者的最新版（由K. G. Saur出版）完整包含了1975年之前的图书，图书馆网站http://www.bl.uk上有不断更新的电子版。

大单张

| BROADSIDE or BROADSHEET |

（1）此二词指单面印刷的单张，严格来说，这两个词只能用于完整未分割的页张，书志学家将其缩写为1°。

（2）类似报纸大小的版式。

宣传册

| BROCHURE |

该词为小册子的雅称，源自法语（broché）。容易混淆的是，在美国，brochure也是一种文件夹。

破损字模

| BROKEN TYPE |

字模损坏最常见的原因是印刷过程中的磨损消耗，在同一版次不同书本（尤其是十九和二十世纪的书籍）上所能看到的变化，可以帮助区分同一版次中不同的印次、形式和状态。但这些证据也要谨慎使用，藏家必须警惕那些伪书志学贩子常会滥用这些证据从中牟利。大部分书难免都会有损坏的字母，或者看上去像破损字模印出而其实是印坏的，这跟很少有不出一点错的书一个道理。不应该鼓励那些一看到损坏字母就激动，就此做出不可靠结论的编目人员。

布鲁内特

| BRUNET |

雅克-查尔斯·布鲁内特（Jacques-Charles Brunet）的《书商和书迷手册》(*Manuel du Libraire et de l'Amateur de Livres*）在作者生前出的最后一版共5卷，1860—1864年出版于巴黎，第六卷是表格，还有两个补充卷，1878—1880年出版。近年来完整版按这种形式多次再版。

尽管时间已经过去了很久，但布鲁内特的《手册》仍然有其独特价值，对于印刷术在欧洲发明后出版的所有值得拥有的书籍，它是最后也是最全的总结，对于一些珍本书籍，它依然是唯一的索引。

巴克兰布

| BUCKRAM |

一种耐用的装订布，材质为亚麻或棉线，编织坚固（有时有两股经线），表面研光。最初用淀粉上浆，现在巴克兰的浆液及外层涂料已扩大到火棉、丙烯酸、乙烯基等。除了最坚韧的皮革之外，巴克兰布、帆布和类似的布料比其他任何材料更有弹性，也更能抵抗恶劣的环境。可惜的是现在亚麻质巴克兰已经很稀少了。

打包

| BUNDLES |

被认为不值得单独分列出售的书籍，会按其大致内容在拍卖会上打包销售。

C

砑光

| CALENDERING |

纸张和布料都可以通过砑光滚轮而达到高光泽度。

犊皮（小牛皮）

| CALF |

用小牛皮制成的皮革，是最常见的装帧用皮料，光滑且没有明显的颗粒，天然呈淡褐色，但可以染成任何颜色。犊皮处理方式多样，全犊皮装帧（有别于半犊皮装帧）的书籍，通常会进一步描述为磨光的、洒绘的、斑驳的、染色的、树纹的（一种特殊图案）、大理石纹的、格纹的、折痕的或纹理化的，还有特殊的样式，例如翻毛的、神学的、法律的和古风的。

目录中所标注的犊皮（未经认证的）通常指的是已失去新皮光泽但不超过一百年的装帧；旧犊皮，指的是显然不是后世重装，但编目员并不认为和书同代，且不能确定其年份；早期犊皮（不会用于约1750年以后出版的书籍）似乎在书籍出版后不久就加以装帧（或重新装帧），但因相距时间还是不够近，不足以用同时代来形容。

对于如何规范（或者说应当规范）使用原始犊皮这个词【参阅：行业装帧TRADE BINDING，原始状态ORIGINAL STATE】。

提及

| CALLED FOR |

这是书商目录中最喜欢用的词，如，“没有霍克（Hock）所提及的广告页”、“第113页有错印，如雪莉（Sherry）所提及”或是“在第2卷中使用前扉页（第1卷未提及）”。通常情况下会点明所依赖的权威，但在很多情况下，如上面的第三个例子，以期服从于不具名且因此更硬性的标准，因为虽然可以和知名的书志专家意见相左，却无法和不具名的知识权威争论。

书法

| CALLIGRAPHY |

斯坦利·莫里森在《大英百科全书》中将书法定义为：“徒手写就，自由与秩序融为一体，令观赏者赏心悦目。”在我们的语境中，书法这个名词和它的形容词形式

（calligraphic）不仅指一部手稿或书法专著或刻印的字帖因其漂亮的字体而成为主要卖点，也可指任何手稿、题词或刻印的抽象艺术中所呈现的笔墨之美。

《剑桥英语文学书目》

| THE CAMBRIDGE BIBLIOGRAPHY OF ENGLISH LITERATURE (CBEL) |

该书目由F. W. 贝特森（F. W. Bateson）主编，共4卷，1940年出版；由乔治·沃森（George Watson）主编的增刊出版于1957年；1969—1977年乔治·沃森主编发行了新版（NCBEL）；由乔安娜·沙托克（Joanne Shattock）主编的第3卷第3版出版于1999年。未来没有更新的书本形式版本的出版计划。

尽管被书商引用的频率低于预期，但CBEL是自朗德斯之后对英语文学书志进行全面调查的唯一一次真正的努力。它包括了每个可以被称为作者的作家，有其作品的短标题和初版日期、重要的重印本、修订版、评论和传记作品等等。初版的发行日期当然并非绝无差错的。

按照更细分的标题所排列的章节中包含了此书中一些最有价值的信息；该目录中有关书籍的印制和发行、书籍收藏家、图书馆、报纸等文章，最初由格雷厄姆·波拉德撰写，之后由后继者增补，当前尤其值得一提。

剑桥风（装帧）

| CAMBRIDGE STYLE (OF BINDING) |

在至少一个多世纪里，这个词被装帧师用来描述一种始于英国王政复辟时期的装帧方式，即书封带有压印矩形版框的犊皮装帧：没有修饰的矩形框架，但其中心或边缘进行过斑驳或洒绘处理。这种风格肯定别的地方也有，但在十八世纪早期盛行于剑桥，是当地装帧师的最爱，以至于被认为是剑桥独有的特色，因此得名（有时也叫剑桥风格边框）。

撤换（修正）页

| CANCELS, CANCELLATION |

“撤换页是指原版书籍中任何被替换的部分，范围可大可小，小到只印着一两个字母的小纸片，用以粘贴覆盖原有的印迹，大到替换好几张书页。最常见的修正方式是插入单张书页，以取代原有那页”（麦克罗语），显然，不管多少页被替换，撤换页都可以被用为单数集体名词，而且替换页数没有上限的规定。

撤换页是人为错误例证，自印刷发明以来一直普遍存在，尤其是在十七和十八世纪。需要修正的错误会在印刷最后几个页面（通常是扉页、序言、目录等前页）时集中处理，多半是一些琐碎的印刷错误。随着高速印刷机在过去一百年左右的发展，重印两页或四页折张，甚至是撤换整沓出错的书帖，也比插入一张替换页更容易也更经济，但这种弥补方式只适合于在书帖被装订之前就发现问题，所以仍然有很多例外，比如斯温伯恩（Algernon Charles Swinburne）的1866年版的《诗与歌谣集》（*Poems and Ballads*）和毛姆1925年版的《面纱》（*The Painted Veil*）中都有单张撤换页。

原先有误的书页称为被撤换页（cancelland或cancellandum），重印后替换它的书页称为撤换页或修正页（cancel或cancellans）。如果来得及的话，替换的折页可以缝入书帖，但替换的单页（如果文本跨页的话，也可能是折页）会被粘贴在被撤换页裁去后存留的页根上。

如果没有外部的证据（例如作者或出版商因公布被注销的文字而被指控），通常无法确定撤换单页或多页的行为发生在该书出版之前还是之后【参阅：形式和状态ISSUES AND STATES】。但无论孰先孰后，原先未经修正的状态肯定让人很感兴趣；如果修正的不仅是字词语法上的错误，而是思路的改变或作者的增删，那么之前的段落就更是引人遐想。

通常，向装帧师提示某页要被撤换的方法是在页根处向上划开一道，这种提示方式偶尔会被装帧师忽略，于是这种被划开的书页也被装订了进去（替代的页面时有时无）。注意不要把这种书页和不小心撕破的书页混淆，通常，无论是否会在被撤换页上做记号，修正页上都会有一个帖号（有时会打个星号）。

特别值得一提的是标题页的修正，在十七世纪的英格兰，一本书的出版通常由两个或更多的书商/出版商共享，而每家都可能会在自己份额的标题页上留下版本说明。尽管这些书通常是同时出版的，但五花八门的标题页中只有一家是正版，其他都是撤换页。众所周知的例子是赫伯特（George Herbert）1633年版的《圣殿》（*The Temple*）和洛克（John Locke）1690年版的《人类理解论》（*Humane Understanding*）。

另一种标题页的修正（引发了此书的不同形式，而非不同状态）发生在未能售出的书籍上，一种形式是原出版商以日期稍后的标题页取代原标题页，比如沃恩（Henry Vaughan）1650—1655年版的《闪耀的火石》（*Silex Scintillans*）和特罗洛普（Anthony Trollope）1847—1848年版的《巴利克罗兰的迈克德莫特一家》（*The

粘贴在页根上的撤换页

MacDermots of Ballycloran），另一种形式是另一家出版商购买存货，另印自己的标题页，如1667—1669年版的《失乐园》（*Paradise Lost*）、1798年版的《抒情歌谣集》（*Lyrical Ballads*）和勃朗特1846年版的《诗集》（*Poems*）。

希望寻找麦克罗或盖斯凯尔所述之外修正页的藏家，可以参考R. W. 查普曼（R. W. Chapman）的专著《撤换页》（*Cancels*，书目系列，第3期，1930年版）。

兼并

CANNIBALISATION

先把两本（或更多本）书籍拆散，再进行拼接，从而得到一套否则不可能置于同一封面之下的变异本。德·布里（De Bry）的《大小航程》（*Grands and Petits Voyages*）以及一些著名的维多利亚时期小说是这种恶行的主要受害者。

帆布

CANVAS

一种主要用于粗加工装帧的材料，但也有如下例外：（1）大约在1770年至1830年间发行的某些小贩沿街叫卖的小册子和教育用书会用普通浅色或绿色的帆布或巴克兰硬衬帆布装订；（2）私家书坊豪华版精装本或威廉·莫里斯（William Morris）的凯尔姆斯科特（Kelmscott）出版社1891年之后那些自我感觉很好的书，也会用帆布做书背衬布；（3）作为（2）的延伸，直到约1960年，某些出版社（例如书志学会和菲登出版社）会用帆布作为出版商布面装帧的选材。

图片说明

| CAPTION |

最初从法律用语中借用这个词并应用于书籍时，它的意思是“章、节或文章的标题”（SOED），但现在通常是指插图下的标题或文字，相当于下方文字（underline）和图例说明（legend）。

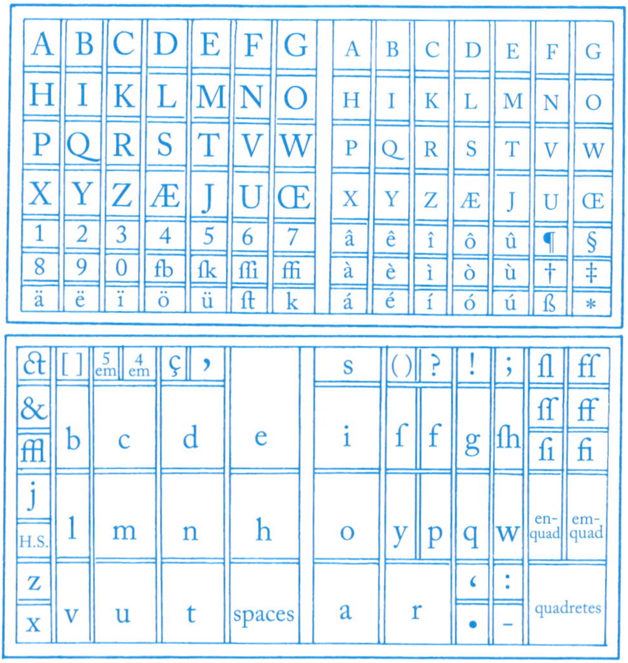

上层字盘和下层字盘

涡卷牌饰

| CARTOUCHE |

一块用于题字（如，为地图添加标题）或装饰的牌饰，最早是涡卷形的装饰，有时也可泛指圆形、椭圆形或装饰性的标签（尤其在用于描述装帧时）。

（1）字盘 （2）书壳

| CASE |

（1）分成多个隔断用来存放铅字粒的分格木盘，根据使用率高低决定铅字数量多少，从而决定隔断的大小，隔断的排列方式都相似，以方便排字技工取用。上层存放大写字母，下层存放小写字母。

（2）工业精装时事先做好中空硬板的书壳，用作书封。

壳封，工业精装（相对于手工装帧）

| CASED, CASING (AS OPPOSED TO BOUND) |

在工业精装时，用硬板加包覆材料的中空书壳往往是另行用机器批量制作的。书帖通常缝制在书带或绳线上，

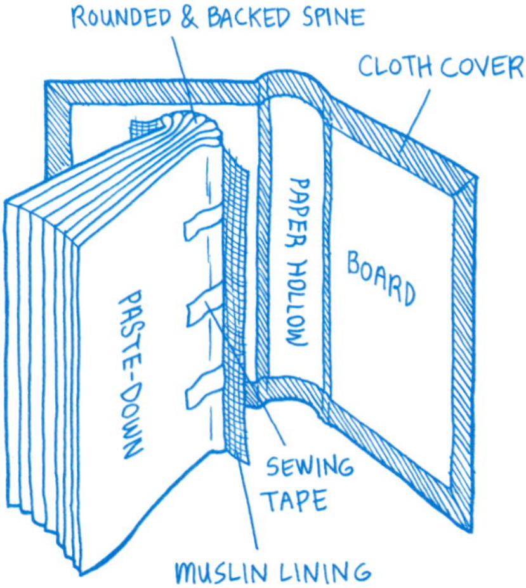

硬壳精装书

书背粘覆一长条软帆布，将书心装入书壳的过程是由机器完成的，方法是把软布边未粘贴在书背的部分，连带缝订书帖所用的书带或书绳头，用胶水粘到封板的内侧，然后再把环衬页粘覆其上。

在近二百年的时间里，硬壳封装一直是批量装订的普通方法，尽管这种成衣制作式的方法比不上量身定制，耐用度无法与正式的装帧相提并论，但对于布面精装的书来说已经相当好了。如今，硬壳封装已经司空见惯，布面装订和出版商装订二者之间重大的技术区别也被忽略了。而且，硬壳封装已开始用于皮面装帧的书籍。

书匣和书盒

| CASES AND BOXES |

书匣和书盒都是专门为保护珍贵或脆弱书籍而制作的，四种最常见的类型是：(1)函套；(2)上盖式书盒，其中的索兰德书匣是贵族版；(3)滑盖式书匣；(4)四面折进的书夹或带折边的文件夹，用于收纳小册子或纸封平装的薄型书。

(1)函套通常是敞口的，露出一卷或多卷书的书背，因此敞口边缘以皮革包覆(流行于法国的一种款式)。函套上应留有指孔或配备绸带拉手，否则就得靠摇晃倒出书本。如果函套太松，书会掉出来；但如果太紧，每次取出和放回时都会磨损边角，除非先将书本包在两合套或更常见的四合套中，然后再放入函套。但这样一来在书架上就看不到书的任何部分了。

(2)上盖式书盒带有双铰链，因此打开时可以完全平放，下半部托住要保护的书，上半部可以覆盖其上。这种书盒外面可能是全皮或半皮(常用摩洛哥羊皮而不是犊皮)、布料或巴克兰布(带皮革标签或直接用字母标记)，在极少数情况下也用纸包装硬板。如果做得够好且大小合适，它能给书提供最理想的保护，因为这种结构把取出放回书本时的损坏风险都降到了最低，而且不用接触书本就可以打开展示，这点在给毛手毛脚的外行做展示的时候尤其重要。

（3）滑盖式书匣几乎都是用皮革制成而且是密封的（这项作用存疑，顶部边缘留出的“出气孔”在开合时使得空气流动，优势不明显），有时有石棉衬里，使得它成为唯一可以防火的种类。书匣有上下两部分，书放入下部，然后盖上。

（4）四面折进的书夹或可取材普通无酸纸板【参阅：折叠书盒PHASE-BOX】，或可用更华丽的布面纸板。它用于保护小册子、单行本或其他因为太轻太薄而无法竖放在书架上的印刷品。

是否应该为了加强保护而把书包裹起来（同时也隔绝了空气流通），一直是个难题。在实践中，这更取决于收藏家个人的喜好，而非出于气候原因或实际考虑。放了一排布面书盒的书架，怎么也好看不到哪里去，就算是最为优雅的黎凡特风格索兰德书匣或者滑盖式书匣，虽然其外表得到很多人的认可，但是看上去哪有书本身养眼。而且，如果要验看或展示放在滑盖书匣或其他有内夹的盒子中的书时，起码需要三只手和一张桌面。然而，如果没有盒子装着，册子一类的读物就无法在排列松垮的书架上妥帖地竖立着，如果是挤得满满的书架，抽出来后再放回去也不容易。易损的书籍，无论是纸封、硬板封、软布封还是护条脆弱的皮封，放在开放式的书架上很容易损坏，应该加强保护；上色或豪华装帧的书籍就更不用说了。但是，把装帧结实品质平平的书放进盒子通常是多此一举，至于有人把一本刚装帧好的书就装在书盒里，那只能说是炫耀了。但即使那些不喜欢书盒的人也会承认有时候还是必要的，要记得，最不讨喜的函套和滑盖式书匣由来已久，至少能追溯到十八世纪。

无论收藏家采用何种对策，也无论他针对某书会做何决定，他都会发现，即使没有必要，书商们还是更喜欢书盒书套，原因有三：其一，书商可能会将一本书放在书架上公开展示一段时间，那么，一只不算太贵的盒子可以起到新书护封的作用，而且还有助于提醒潜在买家轻取轻放；其二，他可能认为装在盒中的书更让人印象深刻，看上去更高级昂贵，通常来说的确如此；其三，如果是一本品相不佳的书，他可能会觉得一只漂亮的盒子能把买家的注意力从污损或低劣装帧上转移开来，通常来说也的确如此。

版面推算

| CASTING OFF |

这是根据原稿推算一本书版面篇幅的过程，它早于印刷术的发明，有可能起源于抄书人员在誊写时，如果不用对开页皮纸，而是用整张划格皮纸，那就不能按页面顺序来写【参阅：制版 IMPOSITION】。核算版面能使排版工按印版来排字，不仅加快从页面到印刷的速度，还能合理使用字模，因为相比整个印张，只需要一半数量的字模，印刷完成后，字模还盘。核算版面能预估整本书的篇幅及其所需的纸张数量。从十九世纪开始，印刷厂也通过这种方式向出版商提供成本预估。

编目条

| CATALOGUE SLIP |

编目人员将关于书本的描述写在一张纸条上，这样的纸条按字母或其他顺序排列，就构成了书籍编目。有时随后会印出来（例如，由国会图书馆印刷），也可以将它们粘贴到卡片上，这是数字化时代之前进行编目的主要单元。

导词

| CATCHWORD |

按照古老的习俗，远早于印刷术的发明，为了方便大声朗读，在每页最后一个单词下方会写上下页的第一个

单词，也就是所谓的“导词”。不是书志学家的藏家可能只有在两种情况下才关注导词：首先，如果某页的导词和下一页的第一个单词不一致，那就要对这种错位费番脑筋，如戈德史密斯（Oliver Goldsmith）的《委曲求全》（*She Stoops to Conquer*，1773年版）中，有一页背面加了导词“托尼”，这可能表示此处插入了修正页；其次，谨记在心，在面对早期书籍的裁切本时，要确保导词没有被裁切掉。

大教堂装帧

| CATHEDRAL BINDINGS |

这种装帧风格采用了哥特式建筑图案纹饰，常伴有特色玫瑰窗，大约在1810年到1840年间流行于法国和英格兰。在高端装帧中，这种装饰有时是由大型单个烫金印模压制。而在材质低廉的批量印刷中，这些图案通常用木质刻版印出。

审查

| CENSORSHIP |

出于宗教或政治原因，书籍在出版前可能需接受审

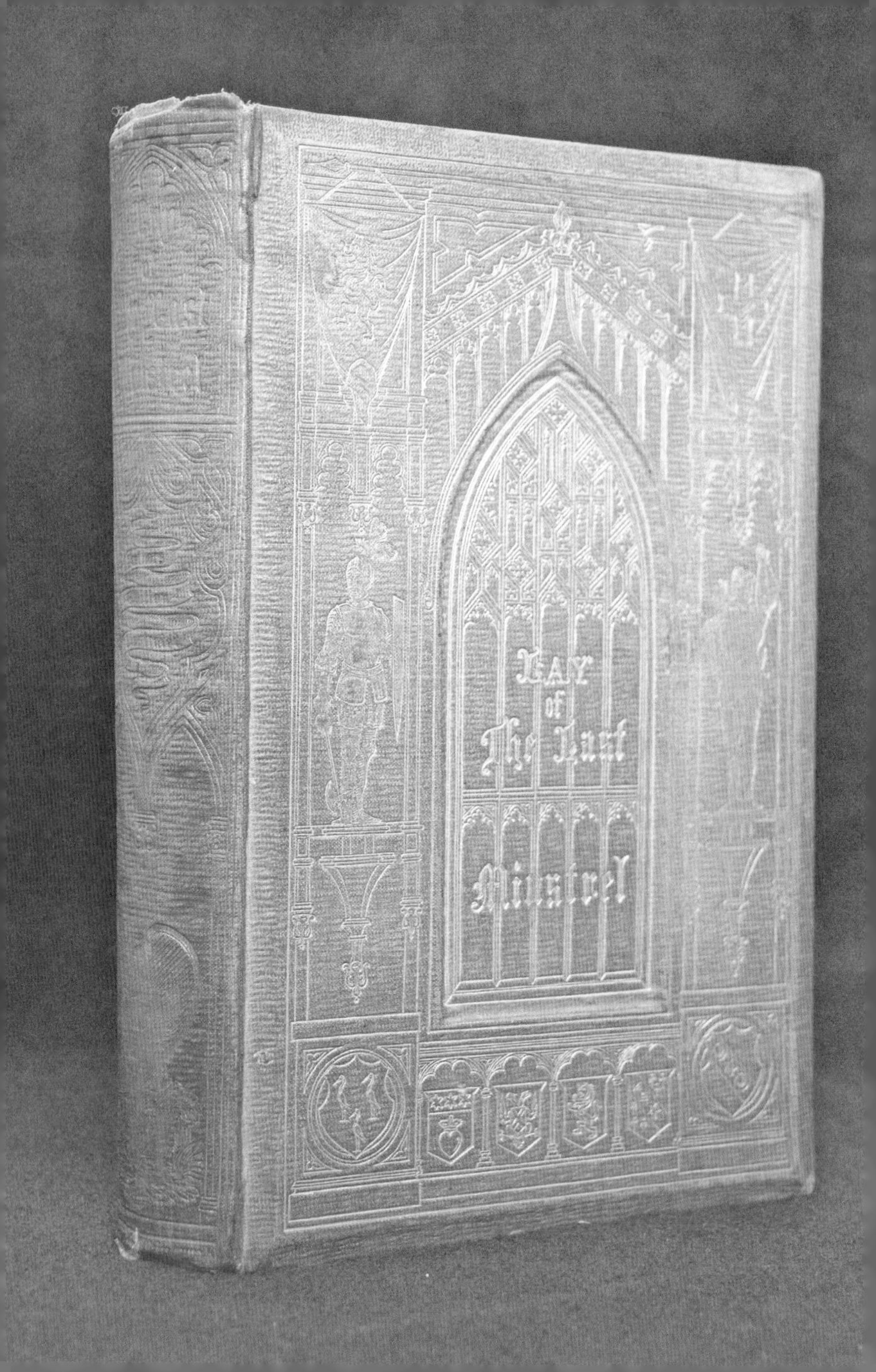
Lay
of
The Last
Minstrel

查。如果获准印刷，则有关当局会发布“nihil obstat”（无异议）或出版许可声明。如果没有获准，则该书在出版后可能会受到谴责、查禁或删改，违规的段落或遭涂改、损毁及撤换。如果有后续印刷，它可能会包含在禁书索引中。

中心装饰（装帧）

| CENTREPIECE (BINDING) |

单个大型装饰，通常为椭圆形或菱形，形成书籍装帧中装饰的中心部分，也可能是由复合压模做成的类似装饰。

链线

| CHAIN LINES |

链线可见于直纹纸的纹路，间距较大（有别于密集型与之垂直的浅纹），是人工造纸时托盘底部网格留下的痕迹，机器造纸有时会模仿这种效果。

如果对用直纹纸印刷的书籍中书页的真伪或空白页是否原版有疑问，不同纸张上间距不同的链线可以提供有用的初步甄别。

← 布面的大教堂装帧

小册子

| CHAPBOOKS |

流行时尚、趣闻八卦、少年儿童、道德或教育等主题的小册子，最初是由小摊贩发售，而不是书商。该词自1830年以来已经淡出，除非是有意使用这个古语，例如，菲尔德（Abraham Field）和图尔（Andrew Tuer）在1890年代的出版物，以及洛瓦特·弗雷泽（Lovat Fraser）的《飞翔的名声》(*Flying Fame*)系列，等等。

版框

| CHASE |

矩形金属框架，用来置放并锁稳排好的字模，从而构成印版。

劣质本

| CHEAP COPY |

当藏家遇到一本被描述为“劣质本”的书籍时，通常的建议是仔细研究伴随着这个描述的缺陷清单。完美主义者和投机者很少会出手购买这种书，前者宁愿等待一本优质本，即使价格更贵；而后者则从经验中得知，这些有缺陷的书无论多么便宜，就转售而言都不划算。但是对于一个囊中羞涩的藏家来说，他想要的优质本永远难以企及，而睁大双眼仔细研究后购买的劣质本是可以接受的妥协，聊胜于无【参阅：品相CONDITION】。

核对目录

| CHECK-LIST |

一个越来越常见的词，源于1853年的美国，它所覆盖的内容比简明参考目录（始用于1859年）略少，但比短标题或查找目录略多；在实际中和简明参考目录通用。

手工竹纸（中国纸）

| CHINA PAPER |

一种非常轻薄、柔软、吸水的纸，中国制造，竹纤维材质，呈淡黄色、浅灰色或稻草色，用于雕刻或木刻的校样，偶尔也用于石版画。校样通常粘贴到更厚实的纸张上，有时也叫摩拓校样纸，在欧洲也有仿制品【参阅：印度纸（摩拓纸）INDIA PAPER】。

年代时序癖

| THE CHRONOLOGICAL OBSESSION |

与年代时序相关的重要性，比如初版初印等，对现代藏书界的影响如此之广，以至于小说家描写一位书迷时，或某人为性情古怪的朋友辩护时，都会说某某“收藏初版本”。大多数有关书籍收藏的陈旧笑话也是基于这些可原谅的误解。但是，在让一本书变得受关注、被追捧或变重要的众多因素中，年代时序的主导地位是近来才显现的（对于众多十九世纪的收藏家来说，书籍装帧外观上的精美度与版本编辑上的完善度和它是否为初版本同样重要）；一些优秀的鉴赏家认为这种观念是狭隘的，此风不会长久。

然而，还是有很多藏家、书商和书志学家把这种对时序优先细节的孜孜以求变成了一种癖好。看看以下诸多条目，例如，预发本、试发行或试样版、错印、形式和状态、“跟随国旗”或先于首版，这种癖好就可略见一斑了。如果读者从本书有关时序优先的论述中品出了一丝嘲讽，那么就说明任何极端都是讨人厌的【参阅：日期DATES】。

流通图书馆

| CIRCULATING LIBRARIES |

流通图书馆由订阅者协会创建，用订阅者的捐款支付购买书籍的费用，并赋予他们连续借阅的权利。最早在1700年代的英国成立，不久也在美国成立（费城图书馆公司的历史可以追溯到1731年）。他们的书有些是精装本，也有一些是特制的图书馆装帧。流通图书馆通常会有自己的藏书票，有时还会附有借书人名单，借书人姓名和借阅次数会引来对书籍使用有兴趣的历史学家的关注。

搭扣

| CLASPS |

和金属护钉及护角一样，搭扣也是中世纪（及中世纪之后）书籍装帧的保护装置。搭扣可以是带有铰链的金属扣，也可以是皮革或织物的带扣，从一侧书封扣到另一侧书封的卡扣中，从而使书本保持闭合状态，以消除因随意的移动给接合处造成的压力。在英格兰和法国，搭扣在上面，卡扣在下面，在欧洲其他地方则相反【参阅：系带 TIES】。

布料

CLOTH

自十九世纪二三十年代以来，布料是英语国家书籍装订（严格来说是硬壳书装）的最常用材料。出版商布装和定制布面装帧之间有着明显的区别，书商目录中所泛指的布料（除非针对相当现代的书籍）不一定意味着前者。从中世纪开始，充满异国情调的织物、丝绸、天鹅绒或锦缎等就开始用于豪华装帧，十七世纪的英国特别流行刺绣装帧【参阅：布料的颜色COLOURS OF CLOTH，半布装帧HALF CLOTH】。

布纹和面料

CLOTH GRAINS AND FABRICS

和书籍装帧的众多其他方面一样，对出版商布面装帧所用的基本面料的分类和命名遵从了制造商和装帧师的用法，在书目描述中尚未实现标准化，但这是尝试描述的人不能回避的问题，必须尽最大努力用现有的词汇进行描述。

最早试图系统性解决这个问题的是迈克尔·萨德利

原始布料装帧 →

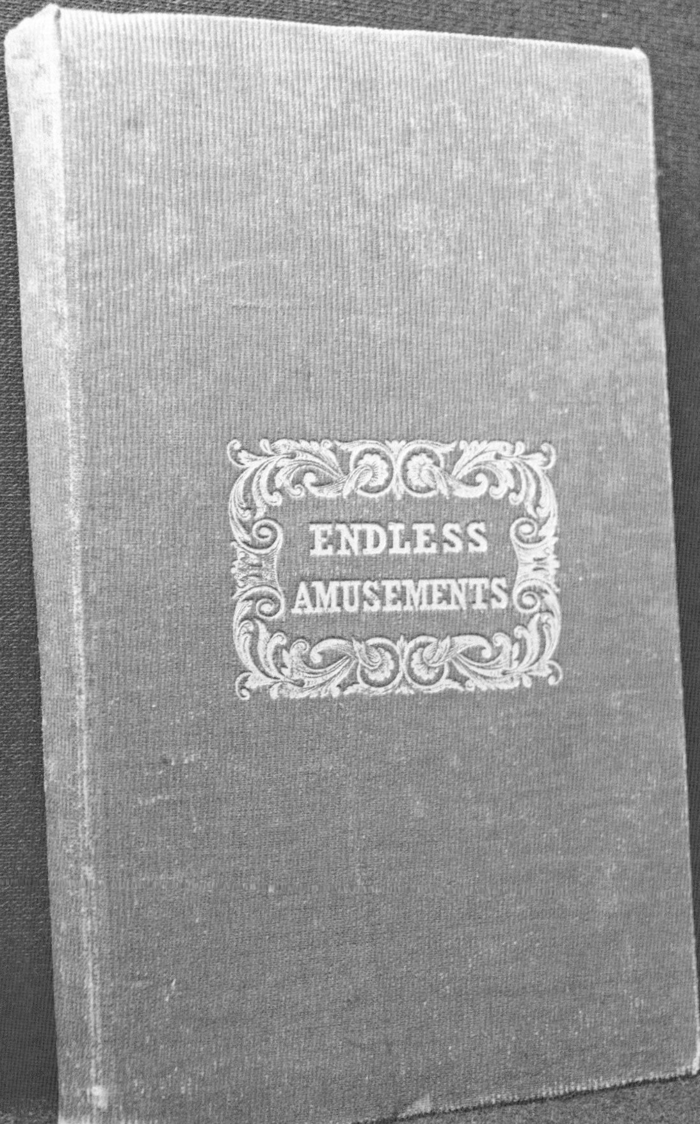
ENDLESS
AMUSEMENTS

尔所著的《出版商装订风格的演变》，他在历史原则的基础上进行分门别类，赋予描述性的命名。这种分类法被约翰·卡特的《1820—1900年英国出版界装帧变异》（*Binding Variants in English Publishing, 1820–1900*, 1932年版）发扬光大。之后，萨德利尔在他编目的《十九世纪小说》中，再加以扩展和细化，相比早期的著作，对十九世纪典型的布纹图案展开了更为广泛的描述。

部分近期的编目家在为1830—1890年间（自那以后布料的差异不再那么明显，也不再重要）的作家编辑书目时，谨慎地采纳了萨德利尔的编目体系，但也有不少编目家拒绝使用。迄今为止，只有一种可替代萨德利尔的体系，也就是使用如今大致标准化的布料生产商的样品目录上某一布料的字母，而那些不再或从未标注过的图案，则用概念性的字母来指代。尽管该体系有着更精准的识别度，但在三十年代初期就被萨德利尔和卡特经研究后摒弃了，因为它过于机械，不够灵活，并且几乎不可能记得住，但是，在美国书志协会的授权下，该系统已被布朗克的《美国文学书目》采用，第1卷进行解释后，主要插图在随后几卷中重复出现。现在最好用且最常用的图案总汇在盖斯凯尔的著作中重现；另请参阅汤姆斯·田瑟勒的《书志研究》（XXIII，1970年版）

【参阅纹理GRAIN】。

手稿学
| CODICOLOGY |

与手稿本相关的各方面研究，不仅仅局限于书写（或称古文字学）和装饰。这是个相当新的词，有多个自封的发明者。

配页，核对，校勘
| COLLATION, COLLATED |

对于装帧师来说，配页就是集帖的过程；而对于书志家来说，这个词指的是将手头的书与另一本书（或是一本能确定其完整性的精品）进行比较的过程。比如，在“此本已完成与大英博物馆馆藏本的核对”这个句子中，编目员采用了此词的普通含义，亦即“比较”，也就是说这两本书基本相同。如果他在后环衬上用铅笔写下“校勘完整”（或简写为“c & p”），他采用的则是这个词的特殊含义：“检查印刷书籍的书页，以验证其数量和顺序之正确。”这里的关键词是“验证”，用什么来验证？如果没有关于这本书的书目描述，也没有其他可用以比较的书本，这种意义上的核对只能展示明显的缺陷。

然而，一旦藏家掌握了印刷书籍时配页集帖的方法，记住了印刷师为装帧师识别书帖而做的特有标记，那么，即使在没有帖号的情况下，他至少可以判断出是否缺失书页。最初的几张书页，比如前扉页、目录、题献等，就比较棘手，因为这些页张通常是最后印刷的，通常没有统一的组合，经常也没有任何标记。

但是，配页还有更深一层为众多藏家所熟悉的含义，也就是采用相对标准化的公式对书籍的实体结构所做的书目描述。因此就有了印在每个书帖第一页上的字母序列，原本是给装帧师所做的提示。这个意义上的配页包含了三个部分：开本的大小、登记和页数的记录。因此，“8vo $A-L^8M^4$” 的意思是一本共92页的八开本，由十一个八页书帖和一个四页书帖集成：欧洲标记字母中没有J、U或W，这些字母有时会在十九世纪的美国书籍中出现。以上只是个非常简单的例子，为更好地理解配页，再来看一个概念性的例子，这是《藏书家》（第一卷，第4本）给读者出的考题：Quarto: π^{4*2} A^4B-C^4 $(C3 + \chi^2)$ $D-G^4$ $(\pm G2)$ H^4 $(-H2、3, = *^2)$。盖斯凯尔博士的解释如下：“一个未标记的四页书帖，第一页与第四页相连，第二页和第三页相连（一个四开书帖）；然后是用星号标记的两张相连页；然后是一个未标记的四开书帖（根据标记A推断）；然后是两个依次标记为B和C的四开书帖，在第二个书帖中的第三页后插入了一对未标记的相连页；然后是四个依次标记为D、E、F、G的四开书帖，最后书帖的第二页被撤换，换上修正页；然后是一个标记为H的四开书帖，中间的一对相连页（H2和H3）上有星号标记，移出作为如上述初始页中的第二个书帖（假设确有H2、3在其原始位置）。”由此可见，古籍的配页方式，往往被半开张的规则和集帖、未标记的书帖、插入的单页、修正页等搞得非常复杂，藏书者如果有志于掌握其中的规则，必须系统地学习麦克罗的著作，鲍尔斯的也必不可少，甚至格雷格（Walter Greg）为《王政复辟时期之前英国印刷的戏剧书目》（*A Bibliography of the English Printed Drama to the Restoration*，第四卷，1959年版）所写的前言也要认真阅读，当然还有盖斯凯尔和其他一些资料。

同时也需要注意一些常用的速记法，例如，P^4代表一个标记P的四页书帖，而P4（有时写作P_4）代表标记P的书帖中的第四页；有些书志学家用$P4^r$和 $P4^v$代表书页的正面（RECTO）和反面（VERSO），但也有人倾向于用

P4^{a}和P4^{b}（r和v手写出来很相似，容易混淆）；前辈书志作者会用［P］来代表一个虽没有帖号但能推断出该标记的书帖，如果不能推断则被记录为［ ］或［-］；而后辈的习惯则是用 π 代表未标记的最初几张书页或书帖，用χ代表插入书本中未标记的书页或书帖，用斜体字母表示推断的标记。还应该记住的是，配页仅仅考虑到了印刷师送到装帧师处的书页，也就是说，它应该还包括书帖中的任何空白页或广告页，但不包括环衬页、装帧师空白页、插入式广告页、用凹版雕刻印刷的插图页等。

可见，根据帖号配页是一个遵从严格规则的技术过程，也是描述一本书的实体结构的唯一科学方法。但对于现代书籍而言，遵从递减原则的书志学家已经发展出各种简化的描述和公式，也多多少少适用，但不幸的是尚未标准化，除了《苏活书目》（*Soho Bibliographies*）系列属于例外。

（1）收藏 （2）合集

| COLLECTED |

（1）被收藏的作家是一位引起并保持藏家关注的作家。

（2）作品全集是出版商术语，指以同一形式出版的某一作家整体作品。

（3）著作全集是某作者已出版著作的集合，不一定毫无遗漏，但已暗含其体量，无须是（尽管经常是）初版本，由某位藏家或书商汇集。

（4）以前曾出现在期刊或选集中的一首诗、一篇文章或短篇小说有时会被整合出版成作者专辑，有时称为“首版文集”。

殖民地版

| COLONIAL EDITION |

在1880年代和第一次世界大战之间的英国出版界，有一个普遍的做法是出一个不同风格的版本，以小说居多，价格通常更便宜，其中的一部分是为了出口到大英帝国的殖民地市场。虽然也采用出版商布面装帧，也是如原始状态，通常也会跟正常版同时印刷（尽管有时会用不同的纸张）或至少用同样的铅字（在三卷本衰落的过程中，小说中行与行之间的空铅会被去掉，从而出版单本的殖民地版）。这些殖民地版曾经并不受藏家青睐，但现在精明的藏家不再忽略它们【参阅：“跟随国旗”“FOLLOW THE FLAG”】。确实，随着大英帝国的衰落，这种版本足以成为收藏对象。

书尾题署

| COLOPHON |

这是一本书的最后一笔（源自希腊语，意为“顶峰”），出现在书尾（有时也配以某种图标或徽章），可提供以下细节：书名、著者、印刷者、印刷地点和印刷日期【参阅：版本说明 IMPRINT】。在古籍中，这些细节不会出现在别处，想查找摇篮本的凭证，按惯例是翻到最后一页，而不是第一页。

其实，自从十六世纪初，书尾题署提供版本信息的基本功能就开始被标题页取代了；过渡期中虽然两者并存，但有明显差别：威尼斯印刷商阿尔定印了尾页的同时也印了中间页，以记录即时印刷日期，而把出版日期放在标题页上；比较不能原谅的是重印的标题页和过时的书尾题署在一本书里同时出现，这是因为排字技工太拘泥于原稿了。

如今，书尾题署仍时有出现，因为出版商认为其印刷商很重要（或印刷商自认为很重要），需要正式标注。这个词有时会被误用为印刷商甚或出版商印在标题页上的图标。

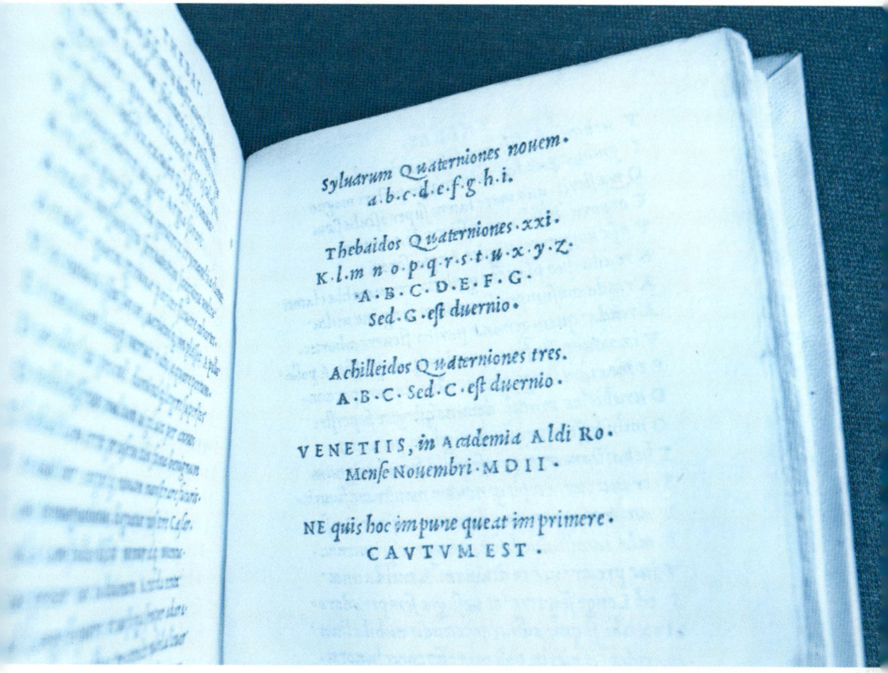

阿尔定经典名著的书尾题署

彩色全页插图本

| COLOUR-PLATE BOOKS |

这个词非常宽泛，常见于书商目录，包括了任何有彩色全页插图的书，不管是风景、运动、自然历史或讽刺漫画类，也不管是整版彩色印刷、细部手工着色或是在雕版或平版印刷的基础上整版手工着色【参阅：插图过程 ILLUSTRATION PROCESSES】。上述的后两种书中，很多最初以彩色和无色两种状态发行；想要识别是后世着色还是当世原版，需要犀利的眼光。虽然已有伯奇（R. M. Burch）和马丁·哈迪（Martin Hardie）等人对技术的描述和研究，以及《艾比书目》（*Abbey Catalogues*）中所录此类书籍的广博见识，如果没被记载在册就会被注上“未收入艾比”，但有关彩色全页插图本的书目尚未能全面体现这种混合出版形式的特殊复杂性。出于对这些书籍的外观或是主题的喜爱而购买的藏家，往往满足于用自己的眼光来判断着色质量和悦目效果，凭借经验或是对书商的信任来判断版本的真实性。但是如果他在乎的是原版早期插图，那么他必须仔细检查图片说明上的日期，与该书初版日期以及标题页上的日期进行对比，他还需进一步比较可能在插图纸张水印中出现的日期。彩色全页插图本的文字部分通常是一次性印刷完成的，但插图部分（因为比较昂贵）会按需求分批印刷，无论后续是否需要加以手工着色。

因为着色向来就是没有时间限制的，所以此类书籍的情况更复杂。十九世纪中叶，鉴赏家们就对比过福勒（Fowler）《马赛克路面》（*Mosaic Pavements*, 1796—1829

年版）中当世的着色和与作者同时代的着色，发现前者逊色很多。古尔德（John Gould）关于鸟类的许多专著现在还能找到新本，但都是根据作者遗存的指示着色的，这与早期雕版后世着色有着明显的区别，后者通常和将书籍拆散的行为有关。

布料和皮革的颜色

| COLOURS OF CLOTH AND LEATHER |

关于书封材料的颜色描述，从来没有准确或统一的词汇，现有的多根据日常或行业用法，再加上艺术颜料商目录，以及近期的一些标准化尝试，例如英国皇家园艺学会的色标，或者美国国家标准局的《ISCC-NBS颜色指定方法》（*ISCC-NBS Method of Designating Colors*，NBS通告第553号）及其《质心色标》（*Centroid Color Charts*，标准样品第2106号）。有关这些标准的理论和应用，可参考《书志研究》（XX，1967年版）中汤姆斯·田瑟勒的文章。

和鞣制或硝制一样，皮革染色也是必要的前期准备工作。硝制的皮革不易染色，它能接受的唯一颜料是由非渗透性红杉树皮或锯末制成的，浸渍后呈深粉红色。鞣制的皮革，尤其是山羊皮，传统上被染成红、蓝和黄等亮色，其中黄色会褪为橄榄棕色，业界却仍称“柠檬黄”。绿色问世于十六世纪，有多种色度，祖母绿、海洋绿、暗绿让英国和法国最好的装帧师卓尔不群。二十世纪上半叶，出现了被业界称为尼日尔红的天然砖红色。十八世纪后期开始出现将犊皮处理成摩洛哥羊皮的颜色和纹理，到十九世纪变得更普遍。十九世纪七八十年代开始有了矿物颜料和人造颜料，从此皮革能被染成任何颜色，但多令人生厌。

出版商装订所使用的布料可以只染表面，也可以染透，理想状况下，颜色和质地应参考制造商目录来识别；一旦意见有分歧，对颜色有明确观点的人一定会坚持己见的。当装帧变异只能靠颜色来辨别，不然就分不清布料时，它所造成的轻微混乱（例如褐红色、李子色、暗红色）就会变成大麻烦。在这些情况下，书志作者和审慎的书商就会参考上面所列举的或其他广泛应用的严谨标准【参阅：布纹和面料 CLOTH GRAINS AND FABRICS】。

受托

| COMMISSION |

这个词可用于两种不同的语境。一种是受托出版，这通常是为了体现其稀有性的参考性声明。也就是说作者自已出的钱，隐含的意义是既然出版商觉得风险太大不愿出钱，那么由作者自担风险出版的数量一定很少。这个推断通常是正确的，但也有几个著名的例外，如卡罗尔、罗斯金、萧伯纳和凯恩斯。

另一种是用于拍卖竞价，当书商以代理人的身份竞价时，他就是受托竞价，有别于为自己竞价【参阅：拍卖AUCTIONS（2）】。

完整

| COMPLETE |

核对的目的是要确认一本书中已包含了所有付印时该有的书页【参阅：撤换（修正）页 CANCELS】，这主要是为了装帧师考虑，其次才是为了书志学家或藏家。按系列分册或在期刊上出版的作品，只有在没有任何遗漏的情况下才能称为完整【参阅：全部出版 ALL PUBLISHED】。

排字技工

| COMPOSITOR |

排放铅字的人，将铅字粒从字盘转放到手盘里，对齐

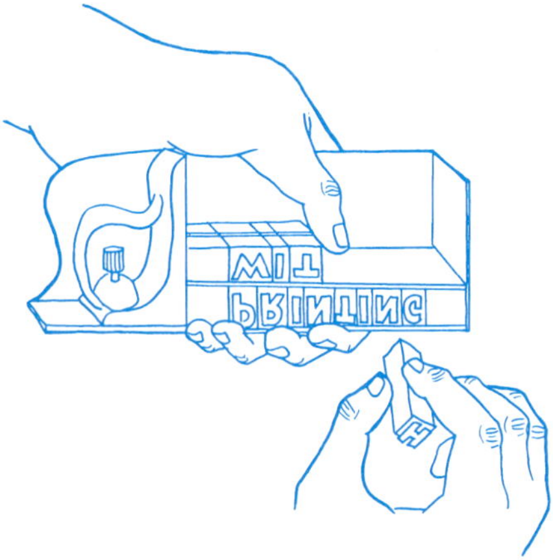

排字工用的排字手盘

每一行，填满行宽。对排字技工在拼写和标点符号等方面有怪癖和偏执的个人，能让敏锐的书志学家识别出属于他们的作品，并据此推论出这本书的印刷顺序，甚至找出在哪些地方更成问题地偏离了作者的原文，即使有按原稿排版的严令。

谴责

| CONDEMNED |

被教会或世俗法院查禁并判定为有煽动性或亵渎性的书籍，常被销毁【参阅：审查 CENSORSHIP】。

品相

| CONDITION |

约翰逊博士（Samuel Johnson）曾经说过："在购买旧书时，我建议您仔细检查是否完好无缺。初版本中缺了一页是不容易被发现的。"

书籍的兴趣点、重要性和美感当然是毋庸置疑的要素，但是，对于藏书家来说，还有两大最为迫切的关注点：一是版本的稀有性，二是书的品相。而书品远非一本书的实体外表那么简单，它还包括书籍的完整度、内容的真实度、合适的页边距等，也包括封面的美感或合适度或原创性以及保存的状况。迈克尔·萨德利尔在六十年前说过："一本书的品相必须眼见为实，相比其他因素，书品最能决定书的价值，现在和未来都是如此。"而珀西·缪尔却说："图书馆出来的书我也会要，总比没有要好。"普通藏家的立足点应该介于这两者之间。

对于这一至关重要但高度主观的因素，每个藏家都会有自己的观点，明智的做法是保持弹性而非顽固不化。但如果按常识你不可能找到（或者负担不起）你想要拥有的每本书的完美版本，那么对每个个案的决定就要依靠你的品位和眼力，如何判断"完美品相"，要看具体情况，也要考虑藏书惯例以及书志的因素。

卡特说[1]："从绝对意义上讲，'完美'一词用于任何时期的任何一本书时，其含义不超过（也不少于）它所有书页都齐全、干净、完整且留有足够的页边距；装帧不论采用何种材质，都完好无损、鲜亮如新且无瑕疵。"这也许可以作为最起码的要求，挑剔的藏家会在更多的细节上施以个人的品位和判断力，例如装帧妥帖的程度，例如同时期原装或后世漂亮重装的对比，原装的皮革、布料、封板及软装书封的重要程度。当然，除了最坚定的个性主义者，一般来说都会参考普适的规则，比如，如今的新手入门不久就会了解到，收藏没有原装封面的后摄政时期的三册本小说，就违反了一条铁律，除非它拥有特殊之处值得另眼相看。他可以认为这条规则太过严苛，但必须接受它的存在。

早期古籍、稀有之书或仅仅是非常抢手的书籍，多少都会有些改动，如果不是纯粹主义者，就得接受这一现实，除非从根本上放弃收藏此书。即使那些不能接受缪尔前图书馆本的人，书架上偶尔也会出现重新接合、书背修

1 《书籍收藏的品位和技术》(*Taste and Technique in Book-Collecting*，第7章，"书品"，第172页)，本书初版于1948年，1970年再版，每位藏书者架上必备，详细地讲述了这一话题。

复、重新壳封或有做过修复的书籍，更糟糕的情况下还有被裁切、清洗过或拼接过的版本。藏家应对书籍的修复有足够的了解，以便能一看就知道和完美的原版书品相比有哪些缺陷；对于意外情况也要考虑清楚，最差的感觉莫过于从一本珍藏了很久的书中找到瑕疵。

但是，读者会问，这种鉴赏眼光如何应用于一本不在自己手里而在两百英里外的书商目录中简略描述的书呢？除非你拥有充分实践的经验，知道书商的书品标准是什么，并能够将某位编目员撰写的缩略描述转化为你自己的语言，否则如果对书品有任何疑问，都应该以包退包换的方式购买。

描述性的词语总是不可避免地偏主观，应该警告藏家的是，从集邮业进入低端书籍市场的一系列词语，从“完美”（好）到“尚可”（坏），看似客观，但实际上很可能只代表个人观点。不过，我们还是会在这里介绍一些书商目录里常用的书品描述词，这些形容词可大致分为描述型和情绪型两大类，其中只有少数几个在本书中被单独列出。

（1）描述型形容词

通用用法：如新（as new）、完美（fine）、良好（very good）、尚好（good）、尚可（fair）、满意（satisfactory，略带高冷）、尚可二手本（不够好）、差本（poor，通常

会保证此书不管书品如何，皆属稀有）、二手本、审阅本（仅此而已，低于藏书标准）、工作本（有待于修补）；艾伦·托马斯（Alan Thomas）的浪漫之心在“差的学者本”（poor scholar’s copy）里也能找到优点。书商的描述会用斜线来区分书的品相和书衣的品相，例如vg / g（良好/尚可）。

形容外观：鲜亮（fresh）、完好（sound，大概是缺少自信）、整洁（neat，暗示内敛而非魅力）、擦损（rubbed）、磨损（scuffed）、擦伤（chafed）、碰伤（bumped）、脆弱（tender，指接合处）、碎裂（chipped）、摇晃（shaken）、松动（loose）、日晒（sunned）、褪色（faded，紫色布料和绿色皮革容易褪色）、陈旧（tired，来自法语fatigué）、破旧（worn）、有缺陷（defective，有宽泛的含义）、可供重新装帧本（binding copy，意指需要装帧）。

形容内页：洁净（clean）、挺括（crisp）、未施压（unpressed）、褐变（browned，类似于17世纪后期的纸张）、陈旧（age-stained）、水渍（water-damaged，通常用不以为然的口气，如“有少量浅色水渍”）、斑变（有成片的斑点和变色，通常说“如常斑变”，意指为普遍现象）、褶皱（cockled）、翘起（cocked，简写词，意指变形到书心已与壳封或书封分离）、污渍（soiled）、翻阅痕迹（thumbed，在更抒情的目录注释中会写道："先前的学者留下了可爱的翻阅痕迹。"）和被清洗（在英国或美国目录中很少见，值得称赞的坦白）。

（2）情绪型形容词

如果书品在完美之上，那么，能说得多动听就将取决于编目员的品位了。对于那些布面装帧、封板原装或纸封平装的书籍，可用的形容词有无懈可击（immaculate）、精美（mint）、完好如初（pristine）、品质高超（superfine）、无与伦比（matchless）、最佳没有之一（superlative）、摄人心魄（brilliant）、詹宁斯（Jennings）或帕里什（Parrish）级别（二十世纪两位极度挑剔的藏家）；装帧完好的书籍或书集更是可能被称为漂亮（handsome）、优选（choice，曾经是最爱用的词）、优雅（elegant）、精湛（superb）、高贵（noble）、豪华（sumptuous）及华丽（magnificent）等。

而在天平的另一端，在一句活泼的通栏标题"世界上最糟糕的版本"下，一位纽约书商曾这样描述一本现代初版本——必须加一句，这还是一本馈赠本呢："摇晃抖动，品质低劣，装订松散、书脊护条断裂，纸张斑变黏手。"

【参阅：原始状态ORIGINAL STATE，出版商布面装帧PUBLISHER'S CLOTH，行业装帧TRADE BINDING】

合页（合叶）

| CONJUGATE LEAVES |

“它们是属于彼此的书页，也就是说，如果从书脊处探进去，会发现这两页是共轭的，合起来是同一张纸，因此叫合页。”（麦克罗语）合页的形成源于印刷纸张的折叠方式，例如，在一本八开本的书中，每个书帖的第一页和第八页、第二页和第七页（以此类推）都是共轭的。

该术语常用于和前扉页、标题页及其他前页相关的场合，或者是和首尾空白页、广告页、修正页等相关，总之是那些目录学上与主体部分不太关联的书页。业内没有专门术语指称这种书页，有时可用古手稿学家的用词bifolium（对折的书页）称之，非合页有时称为单页。

同时期的

| CONTEMPORARY |

此词常用来描述装帧、书内的评注、书籍的拥有者等条目，以及插图的着色等特征，表达书籍优秀的属性。让人意外的是，这一声明并不需要佐以直接证据甚或合理的确认，更多只是编目人的自由发挥。不过，大家就该词用于装帧上所涵盖的范围之广已达成共识，十年之内的同类风格都可称为同时期，如果上溯到1700年之前，甚至二十五年内也能接受。

有关版画插图的同期着色等问题【参阅：彩色全页插图本 COLOUR-PLATE BOOKS】。

铜凹版

| COPPER-PLATE |

最初指雕刻师在上面制作图案以供印刷的铜版；引申义为铜版上的手写体；进一步可引申为在英格兰和荷兰等低地国家形成的工整的商用圆体字。

（1）书本 （2）文稿

| COPY |

（1）完整版书籍的一个单本，某种意义上是唯一示例。

（2）给排字技工的文稿，可以是手稿、打字稿或打印稿，用于排版印刷。

版权版

| COPYRIGHT EDITIONS |

这个词在涉及藏书家时有一特殊用法，为了以正式出版的方式保护版权（无论是印在杂志上的诗，还是为了遵守美国或英国法律，或是出于其他原因），在常规版之前先印少量的册子或书籍，属于正式“出版”，但并不通过正常渠道发行或销售。斯温伯恩的《锡耶纳》(*Siena*，1868年版)、王尔德的《自深深处》(*De Profundis*，1913年版）中被查禁部分，以及吉卜林（Rudyard Kipling）的许多作品都是著名的例子。

版权图书馆

| COPYRIGHT LIBRARIES |

根据1911年和1956年的《版权法》，出版商必须将在英国出版的每种书交付一本给大英博物馆（自1973年以来，改成大英图书馆）；另外，如果版权登记办公室要求，还应交付给苏格兰和威尔士的国家图书馆、牛津、剑桥和都柏林三一学院的大学图书馆。这种义务可以追溯到十七世纪（皇家图书馆、牛津和剑桥由1662年的《授权法》规定，其他的则由1709年的《版权法》规定），近年来这一步骤才被系统化，规定出版社必须在出版日前后将法定本交付版权图书馆。如果对某一版本的早期形式或首批装帧存疑，那么法定本及其接收日期的记录可以提供常被引用的有效证据【参阅：登记 REGISTER，REGISTRATION（2）】。

美国的程序是在国会图书馆登记并交存出版物，以此获得《版权法》的承认，对目录学家们而言，这更持续有用。

护角

| CORNERS, CORNER-PIECES |

（1）一种书籍装帧的配件，可以是菱形的，装在边框的外角；也可以是三角形的，装在角内。

（2）装在精装本书封边角上的防护性金属件，通常会配以金属护钉。

乡村（装帧）风格

| COTTAGE STYLE (OF BINDING) |

一种装饰风格。书封的矩形边框内充满了丰富的小装饰图案，版框从中分处往上下两端下斜，产生三角墙的效果，也就是建筑师所谓的开口三角楣图饰。乡村风格在十七世纪最后四十年的英国装帧师中很受欢迎，其中最好的作品出自塞缪尔·米尔恩的工作坊，直到1770年代仍有袖珍年历和祈祷书延续这种风格。

礼节书

| COURTESY BOOKS |

这类书籍的一位主要倡导者给出的定义如下："规范教育规则和标准的手册、基于意大利贵族学院的教育而定的绅士礼貌、正确的行为准则，在十七和十八世纪得到越来越广泛的接受和普及，原型为卡斯特里尼（Baldassare Castiglione）的《礼节书》（*Il Cortegiano*，1528年版）。"广义上泛指任何关于礼仪或礼节的行为守则。

书封

| COVER, COVERS |

（1）上方书封是封面，下方书封是封底，最好用上下来区分，而不是正面和背面，因为背面容易和书背混淆。

（2）包装现代平装本的印刷页。

用复数表达时，该词委婉地指代有书壳的精装本，如“书封鲜亮，内部略有斑痕”、“书封松散但书本洁净”或有时会说“书封脱离”，指两侧的书封都已松脱，但还在。在描述全皮或半皮装帧时，“原封尚在”或“原封保存”指原有的布面从封板撕下后仍被保存，通常是移装到书尾。这种做法在1890—1920年左右并不鲜见，那时对书籍原始状态的崇尚已经成为一种信条，但又不抵维多利亚时代和绅士派的看法，那就是任何值得保存的书本都应该有精致的装帧。这种说法暗示原布面的状态很不乐观，移装充其量只是一个勉强的折中方案。

自十九世纪后期以来，法国装帧师几乎一成不变地用印刷的包装纸来包裹任何藏书家感兴趣的书籍，因此，阿尔贝·加缪（Albert Camus）为《新法兰西评论》（*La Nouvelle Revue Française*）写的那些推介比T. S. 艾略特的文字更有机会保存下来【参阅：书衣（护封）DUST-JACKET】。

挺括

| CRISP |

形容书页时，指纸质硬朗如新，未施压；形容纸质硬板时，指未经翻检，没有磨损，表面原有的短纤维还

在；形容出版商布面装帧时，指其面料有质感（即使有点褪色），烫金明亮，压印清晰，书封边角挺拔齐整。

裁切

CROPPED

装帧师用刀裁切页边，后果通常较严重。虽然现在听到用刀切有点老派，但实际上依然尖锐而暴力，这个词可以和切下、切入、切断等程度逐渐提升的词汇换用，例如，“裁切本”“第61页的边注被裁切，如常”“少数页首标题被裁切”。这些描述意味着装帧师对该印刷品所做的已不仅仅是修剪了，即使没切掉单词也已经切掉了字母。因此，人们对“裁切本”的心理准备是书头书脚的边距很窄，却认为如果页首标题、对开页或导词也被切掉的话，那编目员应该会注明。其实，既然已标明“裁切本”，即使后来发现有文本被切掉也没地方说理去了。

压磙羊皮

CRUSHED MOROCCO

摩洛哥羊皮经过彻底的熨烫和鞣压，原有的皮革纹理基本消失，这一工序是在整张羊皮时就完成的，而不是做成书封之后，但它独有的高光洁度却是在装帧之后完成的。

皮雕

| CUIR-CISELÉ |

“通过在皮革上切割出图案来装饰封面，而不是使用更常见的烫金或压印。”（J. P. 哈桑语）

情色奇书

| CURIOSA, CURIOUS |

这个熟悉的主题词涵盖很广，从有伤风化到调情逗趣，从言情开放到色情淫秽，有些可能更适合归入色情书类别。它有时也包括医学或病理学著作，但如今，这些著作大多被坦率地归类于“性”，或者更为温和地归入“性学”。

刻制版

| CUTS |

（1）一个老派的用途广泛的好词，指和文字在一起

的插图（以此有别于全页插图），可以采用木料或金属加以雕刻。

（2）十九世纪少儿读物和小册子中的粗糙木刻插图。

D

日期

DATES

在书志的世界里，对日期的关注必不可少且无处不在。日期无论烙在标题页上，隐藏在书尾题署里，或者干脆就没印出来，归根到底还是确定版本先后的关键。日期可能很难看懂：罗马数字的拉丁系统是必不可少的知识，还可能有更晦涩艰深的在等着你，比如纪年铭文。有时候日期需要凭借线索推断，比如特许的日期或作者致献信的签署日期等，或者是从更间接的资料里寻找，比如同业公会的记录或作者的信件。日期有时不可靠，例如用仿真字模，在两百年后为约瑟夫·史密斯（Joseph Smith，英国驻威尼斯领事）重印的1528年昆特版（Giunta）的《十日谈》就是一个著名的无心之失。还有“新历”（格列高利历法，一年始于1月1日）和“旧历”（朱利安历法，一年始于3月25日）两种，把事情搞得更复杂，为了调整两者间的差异，1752年被“偷走”了十一天。认真的藏家必须准备好应付和把握所有的可能性。

在手工印刷时代，常有同一本书的不同版本在印刷时间上会相距一年，将它们放在一起，会发现没有任何差别，除了年份的最后一位数。它们显然是不同版本，几乎是相同的形式，但可能是不同的状态。实际情况是希望一直有新书可卖的书商做了手脚，让印刷商在一半书的标题页上印今年的日期，在另一半书上印明年的日期，猜想大概一半的书会一直卖到明年。甚至还能发现标题页上印着下一年日期的书籍题词却是上一年的。

如果在装帧上能找到日期，有时会出现在独立的书名标签上，证明装帧晚于出版日期。如果不晚，那就可能是为了迎合藏家的品位，但一般不应早于1750年。

取消入藏

| DE-ACCESSIONING |

图书馆处置不再需要的书籍的过程，通常是出售的委婉说法【参阅：前图书馆本EX-LIBRARY】。

脱酸

| DE-ACIDIFICATION |

机器制造的纸张容易腐烂，大约1870年之后生产的木浆纸尤甚，其部分原因是制造过程中产生的酸，也有部分原因是从空气中吸收了有毒物质（其他工业产物，如来自烧煤和内燃机的污染）。这种纸张中的酸可以通过多种方法去除，各有不同的难易程度和持久性。但脱酸并不能改变造成木浆纸难以持久的另一个内因，也就是木质素的流失。木质素的寿命很短，一旦分解后纸张就变得脆性而无法使用。之前用布料或西班牙细茎针草制成的纸张含有完全未经化合的纤维素，若能免于物理损害，则有很长的使用寿命。

毛边

| DECKLE EDGES |

手工纸粗糙而未经裁剪的边缘（deckle是生产中框住纸张的定纸框架）。毛边纸书籍广受藏家追捧，尤其是布面批量装订时期之前的书籍，这是书页未经裁切的实证，因为通常来说毛边会被装帧师切掉，也理应被切掉。

用在现代书籍中，毛边就显得矫情了，大部分（幸好不是全部啊）仅限于书坊版和限量版等。虽然现在可以在机器制造的纸张上人为地加工出毛边古色古香的效果，但一来容易积灰，再则技术上也已淘汰了一个半世纪了，用于新书未免太过刻意了，而用于参考类书籍则是不能容忍的。

毛边癖

| DECKLE-FETISHISM |

对应切而未切的毛边不由分说的恋癖，通常代价很高【参阅：行业装帧TRADE BINNDING，批量装订EDITION-BINDING】。

装饰纸和字模

| DECORATED PAPER AND TYPE |

最早用于书籍装帧的装饰纸是特别印制的书封面纸，通常带有阿拉伯花饰或宗教形象，如今已很少见。大理石纹湿拓纸出现在十六世纪末，起先用于贴衬，后来用于环衬或书封。之后还有用其他方法制作的装饰纸：糊状湿拓纸，用铁笔或刷子在染色的糊状物中做出图案，再挪移到纸张上；海绵湿拓纸，用海绵将类似的混合物直接抹在纸上；金箔或青铜纸，通常是压印浮雕图案，以奥格斯堡（Augsburg）最为有名；其中最重要的是木版印刷纸，巴萨诺的雷蒙迪尼（Remondini）家族因此闻名，类似的纸张还有用墙纸或纺织品的印刷刻版制作而成，例如德国的甘滕纸（Gatunpapier）【参阅：碱液LYE】。

装饰字模虽然在1700年之前就已存在，但在十八世纪变得更加普遍，富尼耶（Pierre Simon Fournier le Jeune）率先引领了对阴影体、内嵌体和花体字母的追求。到了十九世纪，在欧洲和新世界的字体创始者中出现了无数新设计，无衬线字体、埃及字体、乡土字体，甚至图画字体和三维的错视派字体，都顺应市场潮流，伴随短效印刷品席卷而来。

致献本

| DEDICATION COPY |

如果一本书有致献人的话，按惯例，作者会把其中最早出版的一本作为礼物献给此人，这本书就是致献本；在藏家的眼里，此书在馈赠本或关联本中处于很高的地位，装帧精美，通常由作者亲自选定。因此，若有一定数量的道歉信伴随着未经装帧的书册，就要留个心眼了【参阅：作者装帧AUTHOR'S BINDING】。

不能因为书里有被献人签名或藏书票就认为是致献本，依照惯例或作为订户，他（或她）很可能会多买一本甚至数本。

有瑕疵

| DEFECTIVE |

编目员可以用这个词来描述各种程度的瑕疵，但用于描述书的外观多过描述内部，所以，被描述为“书脊有瑕疵”的书，可能仅在书脊顶端有点破裂，也可能是连书脊都没了。

递减书目

| DEGRESSIVE BIBLIOGRAPHY |

递减原则是范可纳·梅丹（Falconer Madan）对波拉德和格雷格合著的经典论文《书目描述中的一些要点》（“Some Points in Bibliographical Descriptions”，书志协会，1909年版，1950年重印）做增补备忘录时构想出来的。这是“一个根据相应的时间段以及所描述书籍的重要性而改变描述详细程度的原则”，在此基础上还可加以需要描述的书籍数量。

蕾丝书边

| DENTELLE |

装帧术语，源自法语，义同于lace（蕾丝），指书封

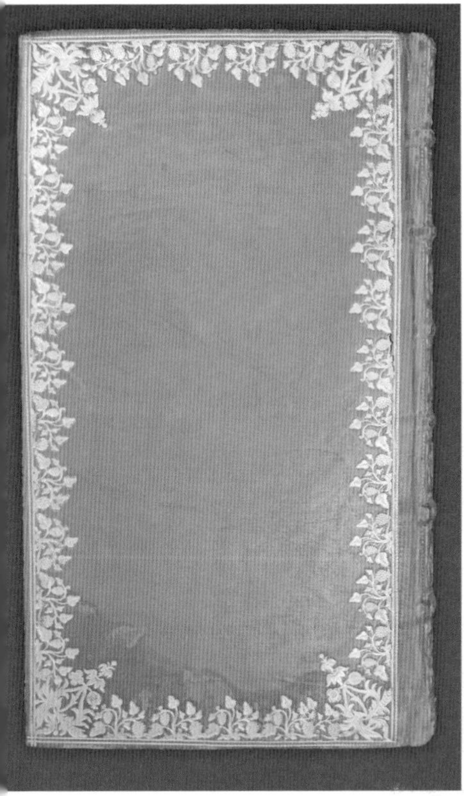

蕾丝书边

蕾丝内边

内侧的蕾丝图案，通常为烫金。蕾丝书边装饰在十八世纪的法国用在书封外侧；从那以后，除了十九世纪后期有优雅的模仿，更常见的是以低调的形式出现在书封内侧，常被描述为“蕾丝内边”。

存缴本

| DEPOSIT COPY |

大多数国家要求出版商向版权图书馆存缴一本或多本已出版的图书存档，以确立作者或所有者的合法权利。

德・里奇

| DE RICCI |

西摩・德・里奇（Seymour de Ricci）的《卡克斯顿普查》（*A Census of Caxtons*，1909年版）列出了所有已知的卡克斯顿印刷的书籍，并带有这些书的所在地信息。虽然后者早已过时，但是这本书就其出版意图仍有价值，也是当时所在地信息的一个记录。

德罗姆

| DEROME |

和塞缪尔・米尔恩一样，尼古拉斯・德罗姆（Nicolas Derome）也应在本书中占有一席之地，不仅因为他是十八世纪下半叶杰出的法国装帧师，也因为他是所有这种法国装帧风格的代名词。正版德罗姆装帧通常带有他的个人标签【参阅：装帧师和书商的标签BINDER'S AND BOOKSELLER'S TICKETS】。

图标

| DEVICE |

最早始于1457年的富斯特（Johann Fust）和舍费尔菲（Peter Schoeffer），许多印刷商把一种图标，或称印刷商标记和版本说明印在一起，或代替版本说明。在1500—1510年前，这些图标会在尾页上和书尾题署一起出现，之后更多是印在标题页上。大家熟悉的图标有阿尔定的锚和海豚、埃斯蒂安（Robert Estiennes）代表知识的橄榄树、埃尔泽弗（Lodewijk Elzevirs）的地球、戴（John Day）的太阳以及后来克莱登书坊（Clarendon Press）的雕版谢尔登剧院和剑桥大学出版社的仁爱图案。

尽管这种做法到十七世纪末已逐步减少，但从未绝迹。尤其是当出版和印刷分开后，两个行业开始都用图标，如今出版商的图标更普遍。现在，除了私家书坊，仍在使用图标的印刷商已经很少了，出版商图标也很少

阿尔定的印刷商图标

见。雷诺兹·斯通为鲁珀特·哈特–戴维斯（Rupert Hart-Davis）刻制的精美狐狸版画依然保留了这一古老的习俗。

印刷商图标常常伴有一句拉丁语或本国语的格言，作为印刷商的信念或座右铭，比如埃斯蒂安的橄榄树格言是拉丁语的“放下高傲，心怀敬畏”。

菱形图案装饰

| DIAPER |

装帧描述用语，指用于皮革精装本上的烫金或素色压印装饰，以钻石形或菱形组成的格子图案为特征。

当用于出版商布面装帧时，特指布料本身的纹理，有菱形、钻石形或偶尔三角形的交叉影线效果。菱形纹理布料流行于1830年代末和1840年代，在之后的一百多年中，是以不同形式出现的标准布料。

狄布丁

| DIBDIN |

托马斯·弗罗格纳尔·狄布丁（Thomas Frognall Dibdin，1776—1847）是一位牧师，被崇拜他并以最后一部作品向他致敬的威廉·A. 杰克逊（William A. Jackson）称为“世界上最差的书志学家”。狄布丁生活在英国藏书史上的英雄时代，他充满热情地见证了罗克斯堡俱乐部（ROXBURGHE CLUB）的成立，他理应在藏书家的书房和心房里占据一席之地。他的初版于1802年的《希腊和拉丁经典稀有珍贵版知识入门》（*Introduction to the*

Knowledge of Rare and Valuable Editions of the Greek and Latin Classics，1827年第4版）至今仍在使用，而《藏书狂》（*The Bibliomania*, 1809年版）则充满机智幽默。他对法国、德国和英格兰北部郡县书籍宝藏的“探访”和他为其恩主第二代斯宾塞伯爵（the 2nd Earl Spencer, 1758—1834）图书馆所编写的目录都具有一定的历史价值。但他的著作中最有趣也最荒诞的当属《书志十日谈》（*The Bibliographical Decameron*，1817年版），在书中，他点评了他所敬仰的英雄们的收藏品和图书馆，但其风格更像马洛礼（Sir Thomas Malory）而非薄伽丘，实际上，后世的批评者因他夸张的风格而贬低了他的才华。

格纹图案

| DICED |

装帧术语，指用压线或压印在书封上制成的菱形图案。俄罗斯皮革常有格纹图案，摩洛哥羊皮则极少这样处理。压印格纹的犊皮在十九世纪上半叶很常见，之后逐渐淡出。在1835年至1845年间，出版商布面装帧本流行采用一种更大胆的菱形格纹图案。

廉价小说

| DIME NOVEL |

最便宜的平装本，延伸为以此形式出版的艳俗肤浅小说。

去装订本

| DISBOUND |

该词自十七世纪起已过时，现又开始重现，约翰·海沃德启用于罗斯柴尔德书目，来描述那些从合订本中撕下的书或小册子。（更为常用的术语是UNBOUND，“无装订本”的意思，放在此处往往不够准确，因为可能指从未装订过的书籍。）

对于那些想从大部头书籍中摘取珍稀小册子的书商来说，这种做法提供了不少便利，其余部分可以一扔了之；对于藏家来说，他有时也不希望自己的书架被不感兴趣的东西占据。但是，没有哪位藏家和有声誉的书商会纵容这种做法，因为它破坏了一个藏书实体（也是书目实体），去除了先前所有者的品位甚至身份的证据，并牺牲了旧的（尽管有时并不是同时期的）装帧和外观，取而代之的新装帧往往不尽如人意【参阅：拆散BREAKING UP，合集SAMMELBAND，集册（小册子合装本）TRACT VOLUMES】。

分离页

| DISJUNCT |

与合页相反，分离页在书帖内没有对应的相连书页。

展示字模

| DISPLAY TYPE |

展示字模是大号的字模，大于普通书籍排版用到的正文字模，用于标题和标题页。虽然作为一个行业术语它的诞生并不早于机器排版，但实际上更多的是指早期印刷品上的大号或装饰字体，例如用在短效印刷品上的那些字体。

字模还盘

| DISTRIBUTION |

印刷完成后把活版字模放回原来的字盘的过程。

神学犊皮

| DIVINITY CALF |

这是一种不太赏心悦目的光滑小牛皮，通常是介于板岩和可可之间的暗褐色，为十九世纪中叶神学或宗教书籍装帧所偏爱，尤其常用于重装早期神学经书。这种神学风格的其他共同特征是斜切边封板、红色书口，素色或黑色的所谓“牛津”规则设计（边框的四条边线延伸到交叉点之外），故有时也称为“牛津风格”。

部册书名

| DIVISIONAL TITLE |

书中一个部分单独的标题页【参阅：总标题 GENERAL TITLE】。

经整治的

| DOCTORED |

意为经过了修正治理，词性比“掺假”更为直白且不够婉转，因义含贬损，极少用于书商目录，除非以否定式

出现，比如“装订破旧，缺广告页，但是本完全未经整治的稀有书”。

合装式（背靠背）装帧

| DOS-À-DOS BINDING |

“法国人自己不用这个术语［如同demi-tasse（小型咖啡杯）一词］，他们常用的是une reliure jumelle。这种合装式装帧通常用在祈祷书或神学经书，不是一本在前一本在后，而是两本背对背，共用一个封底，反向并列，书口朝向相反。这类书的封面往往是烫金皮革或刺绣面料，两本书的封面成为装订后的外书封，所以，不管如何翻开封面，都是其中一本的标题页。”（H. M. 尼克松语）

皮环衬

| DOUBLURE, DOUBLÉ |

装帧术语，指用装饰过的皮革做书封内侧的贴衬，而不是采用纸张。皮衬里在法国装帧界的流行程度远超英国，所以该术语无对应英语词汇。

抽屉把手纹饰烫金（或装饰）

| DRAWER-HANDLE TOOL (or DECORATION) |

抽屉把手纹饰的烫金通常是成组或连续在书封上使用，在王政复辟时期，英国和海外都很流行。这个术语本身即可顾名思义，不过看上去更像爱奥尼柱头装饰而不像抽屉把手。

上空标题

| DROPPED HEAD |

印刷术语。在藏书界的语境里几乎只限于用在drop title和dropped-head title这两种表述方式中，指的是没有标题页，把标题直接放在正文第一页的上方；主要用于小册子和宣传页等。有时美国的叫法为caption title。

遗漏的字母和数字

| DROPPED LETTERS AND NUMERALS |

在印刷机上容易发生的字模小事故中，最常见的是上墨装置拉出或弄歪了一个松散的字母（或数字），其结果是在页面上形成了遗漏字母。有时故障没有被发现，于是前面印出来是好的，后面印出来的是有缺陷的；有时在印刷过程中发现了故障，立刻停止印刷，重新放好铅字。于是，书页就会产生三种不同的状态，第一种和第三种可能没有什么区别。还有一种情况下，字模在印刷开始前就掉出来了，这样第一批会有遗漏的字母，如果及时发现并纠正，后面的就没有问题了。

那么，无论是书志学家、书商编目员还是藏书家，如果仅凭遗漏的字母来判断版本状态的先后，那么说得客气点还算是个乐观主义者吧。所以，当藏书家看到目录中关于现代初版本的描述是“初版首印，第163页有遗漏字母”时，应该注意这不是个优点，而是一个信号，警示他不仅要具体了解这点的来龙去脉，还要警惕其他类似的声明。

针刻凹版印刷

| DRYPOINT |

雕刻凹版的一种，用针在印版上画出线条，用油墨涂抹印版后，再把多余的油墨擦抹干净后进行印刷。这种凹版印刷可凭借线条两端被凹版针划出的毛刺来辨识，因通

常无法将毛刺上的墨水完全清除干净，所以会在主线边上留下模糊的“光晕”。

达夫
| DUFF |

爱德华·高登·达夫（Edward Gordon Duff, 1863—1924）是至今仍有价值的《十五世纪英语书籍》（*Fifteenth Century English Books*，1917年版，2009年洛特·赫林加编辑的扩充版）的作者，同时也是一位收藏家，他的品位激发了藏家们收检他的藏书时格外谨慎，因为没有人比他更注重细节，如今他的藏书已分散。

十二开本（12MO，12°）
| DUODECIMO (12MO, 12°) |

十二开本是一种小开本书籍（更常见的叫法是twelvemo），介于八开和十六开之间，大约是标准平装书的尺寸或略小。

有关详细信息【参阅：版式FORMAT】。

书衣（护封）

| DUST-JACKET or DUST-WRAPPER |

纸质书衣或多或少带有装饰性，大多数现代书籍的外面都有一层防尘书衣，在从出版商到读者手里之间起到了保护布封的作用。在dust-jacket 和dust-wrapper这两种叫法中更倾向于采用前者，以免和书封混淆。

用普通纸或薄玻璃纸保护装帧好的书籍的做法可以追溯到批量装订时期，最早有记录的书衣始于1832年（比大多数人猜测的还要早数十年），但直到十九世纪末这段书衣历史还有待探究，而早于1880年中期的遗存书衣已经少而又少了。这是最自然不过的，因为书衣从自身功能上来说就是短效印刷品的极端例子，包装纸理应在它所保护的物品被启用之前扔掉。

因此，可以说直到一个世纪前，任何幸存的书衣都是偶然留下的，是忘了扔掉，而不是有意识的保存，唯一例外的是有些性格古怪的人会把什么都包着。没有任何法定的保存书衣的要求（在英格兰肯定没有），而且因为不是版画或图片，博物馆无心保留它们，它们也不属于书籍的一部分，通常就被图书馆员丢弃了。

然而，随着1920年代收藏现代初版本的兴起，各种书衣蓬勃出现。虽然没人知道1858年版的《艾瑞克：渐渐堕落》（*Eric or Little by Little*）或1894年版的《曾达的囚徒》（*The Prisoner of Zenda*）是否有书衣，但有理由相信自二十世纪初以来书籍都是有书衣的。随着对高标准书品的追求越来越普遍，如果一本近期的书籍被描述为“无瑕疵”或“如新”，那么要求它拥有原版书衣似乎也合乎逻辑，无论这书衣是否真有益处。那些藏书家追捧的热门书籍还带有书衣的话，就能卖出自涨势汹涌的二十年代以来未曾有过的高价。

这种坚持固然有点歇斯底里，但书衣的确也有艺术价值。书衣上可能有一幅书里没有的插画；可能有作者亲自写的推介，当然这点不是很容易确认；或者有知名评论家写的书评。如今的书衣上还会有作者的介绍和照片，有时还有该作者其他作品的目录。试想一下，T. S. 艾略特在费伯与费伯出版社（Messrs Faber and Faber）担任董事多年，该社出版的诗文集书衣上该有多少他写的推介？田瑟勒教授和盖洛普教授以及其他多人最近提出，从书志学角度出发，应该把书衣视为现代书籍不可或缺的一部分。田瑟勒教授提交给书志协会题为“书衣、简介和书志学家”（“Book-jackets, Blurbs and Bibliographers”, *The Library*, 1971年6月号）的论文是迄今为止有关书衣最完整且最具说服力的研究，其结果是现在最严肃的藏家很愿意支付书商要求的高价。

然而，他们应该记住，由于书本与书衣的结合从来都不是永久的，离婚很容易，续弦也不难，在没有外部证据的情况下，必须要有敏锐的眼光才能判断一本现代初版本的书衣是否是原配。通常这不是个大问题，但它有可能来自后来的版本吗？无论如何，永远不要被干净的书衣蒙蔽，以至于忽略了仔细检查里面的布面，有时候，破旧的布面泄露了外来的书衣。

E

早期印本

| EARLY PRINTED |

一个世纪前，早期印本对于大多数藏书家来说就是摇篮本，也就是十五世纪印刷的书籍。近年来，它还包括了后摇篮本。如今，如果有人说他收藏早期印刷书籍，通常意味着他的兴趣就到1600年左右为止。由于该词倾向于书籍的印刷而非内容，因此更多用于欧洲大陆书籍，如果指英国印本，时间上可能会延展到1640年。这一年后，压制了英国出版业的星室法庭被取缔，和1500年一样，这年也成了目录学的里程碑，古籍短标题目录所涵盖的时间段到这一年为止。

然而，有些书商在此目录类别下列出一组书籍时，依据的定义要宽泛得多。有种情况是，某个编目人员真心觉得1695年就算“很早”了，时间是相对的，你又如何反驳？也有另一种情况，编目人员从作者或主题中实在挖不出任何令人感兴趣的亮点，只好寄希望于把它列为“早期印本”以助力销售。

易趣

| EBAY |

这是一个吞没了包括苏富比（Sothebys.com）在内所

有竞争者的国际拍卖网站。它的买卖遵循古老的“炷灭即止”原则，也就是说，所有竞价必须在一定的时间限制内完成，竞拍者出价后不能改变。成交的价格是时间到达之前的最高出价，抢手的商品在最后时刻会有很多出价。买家可化名进行竞价，如果成功，则告诉卖家实名。整个系统包括了带插图的描述、竞价、信用卡支付、发货等环节，都由 eBay 令人赞叹的高效率自动化流程来控制。

但是，也正因为该系统的便捷，买家自行小心（caveat emptor）就更为重要【参阅：拍卖 AUCTIONS（2）】。在这里比在传统拍卖行里更容易被竞价追逐冲昏头脑，以至于忘记了这些描述和估价都是外行人做的，数码照片也可能被修图美化过。但如果保持小心谨慎的话，这是个非常好用且轻松的书籍买卖方式，尤其是那些为大家所熟悉的书。

书口（书边）

| EDGES |

除非特别指明（如“烫金书顶”），否则就是指一本书的三个外边（书顶、书前口和书根），它们可能是未裁切或已裁切、已修剪、烫金、轧纹、洒绘、染色（通常上红色或黄色，十八世纪后半叶的爱尔兰书籍有时是绿色或蓝色）、大理石纹或是一种极少见的法式毛边烫金。

书边也可指经过装饰的书封的边缘，十六到十九世纪期间，人们常常用滚线轮或花饰滚轮来装饰，即使书封本身有时并没有任何装饰，比如在十八世纪。

初版

| EDITIO PRINCEPS |

这个词是拉丁语的初版。纯粹主义者将它的定义做了进一步限制，指的是在印刷术发明之前以抄本形式流传的书籍之首次印刷版。通常的用法是指古典作家的任何一部初版本。它还有一个由来已久的用法，更容易被接受且含义更宽泛，那就是完全等同于初版本，但这种称呼今天听来未免有点做作。

版本和印次

| EDITION AND IMPRESSION |

严格来说，版本包含了未经重大改动的排版之后在任何时间里印刷的所有书本，也包括依据这个排版而做的

铅铸版、电铸版以及其他类似印刷版；而印次（也可叫printing）是指在印刷机上固定了字模和印版之后，在字模和印版没有任何移动的情况下，单次印刷的这个版本的书籍总量。

在1750年以前的大多数书籍中，这两个词是同一个意思，因为印刷商通常在印刷完成后尽快把字模归回原位，如果需要再印，就要重新排版，开始一个新版本。在当时，印刷厂的劳动力便宜，但做字模的金属很昂贵，印刷机很少。而且，还有一个常被忽略的现象，那就是从1586年起，对一次排版的印刷数量有法律限制，所以一份文本往往会排两版。但是在十八世纪七八十年代，伦敦的印刷商开始重复使用留版来重印畅销书，通常连续多次印刷；实际上在各个时期，新的重印版在版本说明和广告中都被称为新版本。

到了十九世纪，随着机械化程度的提高，印刷业也朝着现代化系统稳步发展，铅字印版被保存留用以备重印之需；而重印的版本可能会从严格的意义上细分为许多不同的印次，这些印次间未必有实质性的区别。因此，即使在初版印刷五年之后，采用相同排版的“第十次印刷”仍然属于初版本的一部分，正如鲍尔斯教授和其他行家所警示的，就算过了五百年，还是能用光刻或静电技术再印初版本。

所以从理论上讲，这就给初版本藏家预示了一个可怕的反常现象。这些困难对藏家尤其是目录学家而言都是现实的。不过，大部分问题都可以事先解决，对于除了迂夫子之外的所有人来说，初版本应该按合理的约定理解为初版本的第一次印刷，除非有特殊的说明。许多年来这已约定俗成，无须多言。那么按同样的理解，普通的目录员根本不必用到印次这个词【参阅：印次 IMPRESSION（1），形式和状态 ISSUES AND STATES】。

批量装订

| EDITION-BINDING |

由出版商或发行商定制并出钱的批量装订（几乎都是硬壳封装），与之相对的是由零售商或买家定制的个性化装帧。

豪华版

| ÉDITION DE LUXE |

任何用来欣赏其外表而非阅读其内容的书籍都可称为

豪华版；还有很多别的书籍无缘无故也被这么称呼，只因为是限量版。这个词很适合用法语来表达，因为自十七世纪起，法国就有许多制作这类装帧精品的大师，在法国藏家的品位中一直保持着令人尊重的地位。

豪华版的历史和印刷术一样悠久。远在十五世纪，就有一批宏伟之作被印刷在犊皮纸上；阿图斯可能用蓝晒纸印过一些书籍；早在十七和十八世纪，价格昂贵的“优质纸本”已经相当普遍【参阅：厚纸本THICK PAPER COPY】，在过去的四个世纪中，大纸本已确立了奢侈品的地位。而插图本的校样版中的全页插图，常常会印在特殊纸张上。从1890年代起，许多豪华版都有作者或插画家签名。

1904年，威廉·卡汝·赫兹列特（W. Carew Hazlitt）将豪华版斥为“极端主义”（dilettantism in extremis），面对当时追求同时期作家作品豪华版限量版的疯狂时尚，他的态度相当粗暴，认定那无非是为了敲诈轻信的藏家。虽然并不是所有豪华版都是为了引诱傻瓜上当，但确实有很多低劣粗糙但价格高企的书籍靠着豪华版这三个字给自己贴金。在现实的旧书市场上，这样的价格是不可能一直坚挺的，所以如果新手藏家碰到这种除了顶着E.D.L.的头衔之外一无所长的书籍时，务必要擦亮双眼。

哈利法克斯的爱德华兹

| EDWARDS OF HALIFAX |

爱德华兹一家（威廉和他的五个儿子，其中詹姆斯最能干）都是全才，既是书商、出版商，又是装帧师，但让他们能在这本书里单独占一席之地的是装帧师这个身份。他们的装帧有三个深得藏家青睐的特色，因为他们的装帧基本上都没有落款，所以，拥有着这三个特色的装帧就可被归为“哈利法克斯的爱德华兹”。这三个特色是：书口绘画，一项从威廉开始复苏流行，由托马斯发扬光大的技巧；伊特鲁里亚犊皮装帧，即使不算是威廉的首创，至少也是很早就被他成功采用；犊皮透明工艺，这是詹姆斯在1785年获得专利的一种工艺，在透明犊皮的背面作图，那么用于封面装饰时就不易摩擦受损。

这三个特色都起源于爱德华兹的故乡哈利法克斯——托马斯在那里一直经营到1826年，在伦敦得到延续——詹姆斯和约翰于1784年在帕尔摩大街合开书店，而理查德于1792年在邦德街又开了一家。但无论何处起源，这一时期的任何精装本只要和这三个特色之一相近，便可归属于哈利法克斯的爱德华兹。还有许多带蓝色书名标签的犊皮纸装帧，以及主图案烫金为盛行一时的新古典风格的书籍装帧，也当归属于他们。

EMBLEM IX.

'TIS to its own damage that Envy opposes the Trophies and Glory of *Hercules*. To what end does it attempt to bite his sharp pointed Club, but to make its Jaws bloody? In short, 'tis its own avenger. It seems to me like a Sword which from the same Blood it spills gathers Rust, and by that is afterwards eat up. All other Vices take their rise from some appearance of Good, or from Pleasure; on the contrary this proceeds from an inward Grief and Dissatisfaction at the good of another. Other Vices their Punishment follows, this it even preceeds. Envy sooner exerts its Fury upon its own Bowels (1), than on the Honour of its Neighbour. 'Tis the shadow of Virtue; he that would avoid that, must fly the light of this. The Owl's Sight being by

(1) Envy is the rottenness of the Bones, *Prov.* 14. 30.

Nature

电铸版

| ELECTROTYPE |

通过电解作用让一层薄铜附在一块刻版或字模版的上面，以此制成电铸版，也就是布满了字体的铜壳，这样印刷起来比铅铸版更精准，且比金属字模版更耐用。电铸版发明于1830年，在之后的一百多年里提供了高质量和大批量的书籍印刷。

其他完美

| ELSE FINE |

这是永不言败的编目员最喜欢的用词，例句有如："一定程度的虫蛀和年久变色，扉页撕坏，裁切到页首标题，接合处有修补，新置书名标签，其他完美。"卡特认为最极端的例子就是"第二印次，其他完美"。

寓意书

| EMBLEM BOOKS |

流行于十六和十七世纪的一种特殊的插图本，源起于

← 寓意书中的神话图案

安德里亚·阿尔西亚蒂（Andrea Alciati）和切萨雷·里帕（Cesare Ripa）的畅销的寓意性文字，仿制者很多。寓意画像采用木刻或木雕，用图形表达道德寓言或比喻，并用格言、警句或短句加以解释。最早在英格兰出版的是惠特尼（Geffrey Whitney）的《寓意选集》（*A Choice of Emblemes*，1586年版），最著名的是本洛斯（Edward Benlowes）的《西奥菲拉》（*Theophila*，1652年版）。插图无疑是寓意书流行的主因，通常都是顶尖艺术家的作品。之后这类文体有多种延伸，例如《伊索寓言》的各种版本，直到拉·封丹的《寓言》，拉·封丹的大放异彩，让前辈的寓意书黯然失色。

象征物

| EMBLEMATICAL |

用于皮革装帧上的恰当的装饰或符号，如狩猎号角代表罗伯特·瑟蒂斯（Robert Surtees），鹰代表拿破仑一世，竖琴代表爱尔兰。装帧师托马斯·高斯登（Thomas Gosden）的《垂钓大全》（*The Compleat Angler*）书封的象征物与渔民及垂钓有关。

刺绣装帧

| EMBROIDERED BINDINGS |

华贵典雅的刺绣装饰点缀着中世纪的精装手抄祈祷书，可惜在英国几无幸存。十六世纪的遗存不少，其中一些出自皇室；这门艺术的鼎盛时期是十七世纪上半叶，当时的设计中包含了刺绣在丝绸上的花朵枝叶、神圣徽记或皇家肖像。其中一些是业余作品，但很多无疑是由专业绣工完成的，如此装帧的大开本书籍有时会用立体刺绣的方式做出浮雕效果，来自这个时期的样本通常被称为针线装帧。

密封保存

| ENCAPSULATION |

一种用惰性塑料封套真空密封单张书页的过程，如果事先做过脱酸处理，可以防止腐烂，并且非常经得起折腾【参阅：热封裱褙LAMINATION，丝裱（托绢）SILKED】。

环衬页

| ENDPAPERS, ENDLEAVES |

除了极少数例外，环衬页并不是印刷的一部分，它们是装帧师在书籍前后加入的对折双页，外面那页粘贴在封板的内侧叫贴衬，里面那页便是装订或壳封完成后的第一页和最后一页。偶尔的情况下，比如1880年前后的廉价书、战时出版的“经济型”书或是某些现代书坊版书籍，第一个或最后一个书帖的空白页会被用作环衬页，其专业术语叫自衬。

从中世纪到十七世纪，皮革和犊皮纸装帧的书籍，尤其是那些采用木质封板的，有时只有贴衬，再加一条细边盖住绳线（也叫加固页），或更少见的是没有任何衬页。从十七世纪开始，皮革或半皮革装帧开始启用大理石纹衬页。十九世纪中叶起，批量装订的衬页常常是用燧石磨亮的光面纸（所以也叫燧石纸）；通常还会染色（但朝里面的反面还是白色的）；有时还有图案，或印有出版商的广告。在现代书籍里，上面还会印有地图、人物关系图及插图等。更豪华的皮革装帧可能会用丝绸或其他特殊材料，叫作衬里。堪称奢华的装帧以皮环衬取代贴衬。

雕版标题

| ENGRAVED TITLE |

与正文同时印刷的标题，有时会被凸版标题取代或

添加插入，这种刻在铜版上的标题通常伴有繁复的象征图案，以体现本书的主题或目的。这种标题还能独立地起到广告效果；它们经常和雕版卷首插图同时出现。这种做法从十六世纪中叶到十九世纪初很普遍。

雕刻
| ENGRAVINGS |

用金属版印刷的插图或装饰（凹版），也可用刻刀或錾刀雕刻在木口截面上（凸版）。从十五世纪末开始凹版所用的金属材料一直是铜，1820年左右开始用钢【参阅：插图过程ILLUSTRATION PROCESSES，木刻WOODCUT】。

登记（进入同业公会名录）
| ENTRY (INTO STATIONERS' REGISTER) |

书籍产权的正式归属，登记在伦敦书籍印刷出版经销同业公会的名录之中【参阅：出版许可IMPRIMATUR，许可LICENCE，特许PRIVILEGE】。

短效印刷品

| EPHEMERA |

任何非书本形式的印刷品。这个词标准定义非常宽泛，大到十二页的海报，小到一张香烟卡。而且这个定义也不精确，1500年以前的任何印刷品以及1800年之前在英国或用英语印刷的任何东西都是目录学家的囊中之物。但是，直到1800年以后随着平版印刷的发明，这类短效印刷品的收集才开始起步。早期的交易卡、日历、门票、标签等都印得争奇斗艳。海报萌发了新的展示字模，但更为繁复华丽的装饰字体毫不相让。彩印、烫金、凸饰压印、剪纸等层出不穷的艺术形式占领了从国葬到博览会、从报纸增刊到图片明信片，还有数百种不同行业的新款包装和推销材料，都要依赖机械化印刷的新技术。短效印刷品如今也为书展添彩，即使是最严肃的藏家也很难拒绝出版商的包装攻势。

擦除

| ERASURES |

最常见的擦除是前扉页或标题页上的名字或其他题词

（通常紫外线一照就能看见），经常是上一位藏家笨手笨脚地干的（大概是羞于出售吧）。当然，有时候这种擦除也是精心为之，无非是藏家或书商想要干净的一页，不惜牺牲了书籍流转的信息。如果擦除区域是大约一英寸见方的圆形或椭圆形，那么很可能擦掉的是图书馆或个人印章。如果精心擦除的位置是在标题页的正中间，或是现代书籍标题页反面的上方，那就要留个神了，很有可能被擦除的不是手写而是印刷的内容，大概是第二版或者不知道第几版第几次印刷了。

情色

| EROTICA |

【参阅：情色奇书CURIOSA】

勘误表

| ERRATA |

书籍印刷后发现的错误和印刷错误，又称正误表，在一些早期书籍中俗称“遗漏的错误”。在手工甚至在印刷文本中纠正这些错误很常见，尤其是在十六和十七世

纪。此外，某些书籍尽管在印刷过程中纠正了错误和错印，但因为有些文本可能未能纠错，索性就为此版的全部书籍提供勘误表或勘误页。在这类书籍中，例如菲尔丁（Henry Fielding）的《汤姆·琼斯》（*Tom Jones*，1749年版），习惯上是偏爱那些既有勘误又有完全未更正文本的书。如果在还没完成印刷前页（这部分书页都是放到最后印刷的）时就意识到了错误，那么会特辟一页或部分页面来容纳勘误。否则，可以把勘误印刷在纸条或额外书页上，再黏附到书页空白处，或者在后期装订黏附进去。罗列需添加之内容的附录也采用同样的处理方式。如果一本书分若干卷出版，后出的有时会包含前卷的勘误表或附录。

有时书籍出版以后才发现错误，因此印刷勘误表时，有些书可能已经发行了，但其前后关系很少有文件能够证明。而且，由于勘误单的特性，很容易漏放或遗失，这常给藏家带来麻烦。如果在一本书里发现有勘误表，那么没有的是不是算残本呢？或者，如果有理由推断书中未曾有过勘误表，那么可以说明这本书是在勘误表印刷之前发行的吗？

在没有外部证据的情况下，判断只能是凭经验，如果大多数已知的这本书是有勘误单或勘误页的，比如，吉本的《罗马帝国衰亡史》(*The Decline and Fall of the Roman Empire*，1776年版）和鲍沃尔-李敦（Bulwer-Lytton）的《庞贝城的末日》(*The Last Days of Pompeii*，1834年版)，那么可认定无勘误页（表）是个缺陷；但如果勘误页（表）极少见，或者没有在展示本或有早期题词的书中发现，则可假定它是在出版后印刷的，如哥白尼的《天体运行论》(*De Revolutionibus Orbium Cœlestium*，1543年版)。

还有一种更复杂的情况，勘误表印刷完成后又发现了其他错误，这时就需要一份扩展的表单，如济慈（John Keats）的《恩底弥翁》(*Endymion*，1820年版)，有的勘误表只有一行，有的则有五行，有的是两者兼有，但几乎没发现完全不带勘误单的，所以通常认为应该有一张。布朗的1658年版《瓮葬》(*Urne Buriall*）和《居鲁士的花园》(*The Garden of Cyrus*）情况则相反，大概有三种形态：(1）最常见，无勘误表；(2）不太常见，有18行勘误表；(3）非常罕见，证据表明有一张24行勘误表。

书商自然是乐于把他们的商品说得最好，除非目录学家已有定论，否则目录注释可能写成“完整版，附有勘误表”或“早发行本，无勘误表”。

《十八世纪英国或海外英语书籍短标题目录》

| ESTC |

《十八世纪英国或海外英语书籍短标题目录》(*Eighteenth Century Short-Title Catalogue of Books Printed in Britain or in English Overseas*)是《短标题目录》(STC)和《1641—1700年间在英格兰、苏格兰、爱尔兰、威尔士和英属美洲印刷的书籍以及其他国家印刷的英语书籍短标题目录》(韦因)的后续，是“全国印刷档案的记录”，它的后续为《十九世纪短标题目录》(NSTC)。不同于它的前辈，它从一开始就计划基于计算机的操作系统，由伦敦的罗宾·阿尔斯顿(Robin Alston)和美国的亨利·斯奈德(Henry Snyder)担任总编辑。名为“短标题”，实际上却遵循机器可读目录(MARC)的原则提供大量的详细信息，包括到目前为止已记录的所有副本的收藏处。添乱的是，ESTC这个缩写现在又有了新的含义:《英语短标题目录》(*English Short-Title Catalogue*)，该目录为在线目录，包括了STC、韦因和ESTC涵盖的所有书籍。

受尊崇的

ESTEEMED

将这个词用于某位作者或某个版本，曾经是书商的最爱，现在该词依然出没于传统风格的目录。该词的实际的意思就是“被收藏了”，指无论该作者在读者或文学评论家心中的地位如何，他已被藏书人加持。当这个词用来描述过气作家时，无论是多么下意识，其真实意图无非是给没主见的藏家施加一点心理压力：别人都收藏了某某作家，最好也跟进吧。

估价

ESTIMATE

拍品预估价以前都是由登记部门写下来，放在拍卖师文书的桌上，来访者可向门卫索要。迫于那些不能亲临现场的人的压力，后来把估价印进了目录，否则他们会觉得错过了有用的信息。这就迎合了将低位估价等同于保底价的假设。所以，估价远远不算暴露商业秘密，反而是对卖主和拍卖行都有利，可以轻松地将自己的预期投射于市场。

蚀刻

ETCHING

在一块处理过的印版上进行雕刻，然后浸入酸液中以产生凹版图像的操作过程；亦指从这种蚀刻版上印制出的版画。

及以下

ET INFRA

拉丁文，意为“及以下”，用于描述尺寸不一的书集，比如，“共74卷，八开及以下”，表示最大尺寸为八开本，其余的尺寸为十二开本或更小。

伊特鲁里亚（装帧）风格

ETRUSCAN STYLE (OF BINDING)

奥尔德姆将这种装帧风格定义为“用酸性染色装饰的犊皮装帧，通常有树纹犊皮矩形图案，其边框有古风纹饰，如希腊花瓶、棕榈叶、希腊回纹等（人像等中心装饰也不少见）；有时线条简洁的烫金与染色相结合，底色通常是陶土色和黑色”。

这种风格是哈利法克斯的爱德华兹的特色，可能是由他们或与他们同时代的约翰·惠特克（John Whitaker）发明。在其他装饰艺术的“古典复兴”时期，也就是1785年至1820年间，这种风格很受欢迎。

埃文斯

| EVANS |

查尔斯·埃文斯（Charles Evans）编著的《美国参考书目：1639年至1820年在美国印刷的所有书籍、小册子和期刊的年表》（*American Bibliography, A Chronological Dictionary of All Books, Pamphlets and Periodical Publications Printed in the United States from 1639 to 1820*），共13卷，1903—1955年间出版，其中第13卷由C. K. 希普顿（C. K. Shipton）编著，R. P. 布里斯托尔（R. P. Bristol）主编1959年出版的索引和1970年出版的增刊。该书目经常仅以数字引用，同萨宾、布朗克和萨德利尔。

现在，美国文物研究协会在修订计算机版的《北美印刷目录》（*Catalogue of North American Imprints*），将被纳入ESTC。

整数印张

| EVEN WORKING |

当一本书的篇幅正好构成多个完整印张时，这本书就是印张为整数的书。

过度地

| EXCESSIVELY |

一个情绪化的副词，经常和“罕见”一词误用在一起，令人厌烦。罕见有可能是极度的、出了名的、极端的甚至是传奇性的，但不可能是过度的。

前图书馆本

| EX-LIBRARY |

这个词过去只限于出自商业借阅图书馆的藏书。甚至在布面装时代之前，这些图书馆就会用粘贴在封面内侧或外侧的印制的标签来宣布所有权；这个时期的书籍如果状况尚可，那么藏家和目录学家都会认为这类标签是可以欣然接受的。到了十九世纪下半叶，在封面上粘贴大块标签

的做法变得非常普遍，主要面向借阅者而非买家的小说因此就特别容易遭毁容。史密斯（W. H. Smith）和其他一些英国图书馆会把标签贴在封面内侧。如果这些书籍干净整洁，即使书目上注明其出处，大家都还会宽容对待，但前图书馆本很少能做到干净整洁。

但是，对于布面装帧书籍来说，重要书籍书封外的标签通常会被清除，但无论保留与否，大多数经验丰富的藏家都会非常挑剔，对标签的存在或留下的痕迹极为不满。只有在凭经验确认不可能等得到更好的版本的情况下，当然等得到还不一定买得起，才会接受前图书馆本。

图书馆标签如果经过专业清除，通常意味着书籍被重新装封，清理的痕迹就不容易被发现。但即使没有重新装封的迹象，穆迪流通图书馆的标签总会在封面上方留下一个变了色的长方形，或者布兹流通图书馆总会在更现代的书籍上留下稍小的盾形痕迹，所有这些都要加以修饰才能和封面的颜色达成一致。即使一眼看不出有什么过度上色或不完美的颜色变化，若在良好的光线下把书侧个角度，这些缺陷必然一览无余。

从公共图书馆甚至参考图书馆流出来（或可称取消馆藏）的书籍，有很多易于识别的迹象，譬如书背上用白色墨水印上或写上的书架或分类标记，还有贴在前贴衬上的纸袋，众多的标签或印章，改造过的图书馆装帧，以及其他过度使用的痕迹。

藏书票

| EX-LIBRIS |

【参阅：藏书票BOOK-PLATE】

删改

| EXPURGATED |

为避免审查而经过删除或改动的书籍【参阅：涂改BISQUING，谴责CONDEMNED，出版许可IMPRIMATUR和禁书索引INDEX】。

延展

| EXTENDED |

（1）用于单张书页时，指其内部页边被重新做过【参阅：重修页边RE-MARGINED】：相比书中的其他部分，标题页、卷首插图、插图、地图以及最后几页更容易松散，导致页边处磨损，因此需要加长。但有时候，如果一本书是由较窄书本中的书页拼接而成的，那么这些书页就要在页边处加长，使其外边与其他书页对齐。

（2）用于整卷或多卷【参阅：额外插图 EXTRA-ILLUSTRATED】。

篇幅

| EXTENT |

书籍的篇幅按印刷机页码的书页数量计算，如果前页有独立页码，也要计算进去，故表示为“x，390”。

奢华精装本

| EXTRA (OF BINDING) |

装帧术语，发明人可能是罗杰·佩恩（Roger Payne），他的费用账单显示了尽显极奢的品位，经他的手完成装帧和装饰的书籍，是在最优雅的装帧上加以金饰的代名词（当然还有超级奢华一说），所有书边都刷金，并伴有繁复的烫金装饰。这种风格尽管可用于各类的皮革，但主要的还是摩洛哥羊皮。

额外插图

| EXTRA-ILLUSTRATED |

1769年，詹姆斯·格兰杰（James Granger）出版了《英格兰传记历史》（*Biographical History of England*），书中留出空白页，以根据买家的喜好增添肖像画等。于是就有了经由他的推广并加以标准化的格兰杰式剪插图，也就是从某书中剪下插图插入另一本书的做法。剪插图现在更常见的叫法为额外插图，由书主人或专业人员插入雕版肖像画、地图或当时热门话题的插图等，这些插画有可能是单独制作的，但也有可能是令人不齿地从别的书中剪切而成；额外插入的内容有时甚至包括亲笔签名的信件、文件或素描。

较小的插图通常会被嵌入较大的纸张以匹配书的尺寸，如果插图较大，为了保证其不被折叠，整本小尺寸书籍的文本部分统统加以贴嵌，有时两三部的书会被变成很多部。

一本稍微有几张额外插图的书和一本被描述为“插入多张有意思的肖像画”的书之间并没有严格的界限，但有人会说，符合这个定义的书必须要有足够的增量，从而有必要重新装帧以纳入添加的额外页面。

摘录

| EXTRACT |

作为名词，可用于论文、文章和故事等，摘自期刊、知名协会学刊及类似的刊物，有时称为节选【参阅：去装订本DISBOUND，选印本（单行本）OFFPRINT，预印本PREPRINT】。

F

奇谈书

| FACETIÆ |

书商目录中一个内涵丰富的分类标题，除了笑话集和怪异谈之类外，也包括情色或色情逗噱类作品。不过一般比较温和，诙谐打趣，轻松愉悦。巴尔扎克的《都兰趣话》(*Droll Stories*)肯定算是一个，薄伽丘也可以算，博特伦（James Glass Bertram）的《鞭笞史》(*A History of the Rod*)大概不算，克拉夫特–埃宾（Richard von Krafft-Ebing）肯定不能算。

仿真版和赝品

| FACSIMILES AND FAKES |

仿真版是对某样东西的仿制，可以是一张书页，也可以是整本书，仿得非常精妙，只有仔细观察才能分辨真假。它是藏家的噩梦，是书商经营中的头号麻烦，再怎么冷静的图书馆员也会为之光火。一件毫无破绽的仿真版是真本追求者的心头之患。

重印仿真版，或者称为复制版更合适，其目的仅仅是提供一个视觉上的相似；而仿真版则不同，无论有意无意，真正目的在于骗过鉴别者的眼睛，所以把二者区别开来很重要。出于最良好的意愿，复制技术曾经让亲笔信函、文件、大单张、公告、报纸和印本的仿真版得以问世，这些合法的仿真版采用了照相平版印刷或其他照相技术。还有一种所谓仿真字模版，采用尽可能相似的字模和纸张，完全按照原作进行排版印刷，但并不是成心隐瞒，除了菲金斯（Vincent Figgins）的“卡克斯顿黑体字”，按照卡克斯顿四号字体特制的字模，用在1855年版的《棋艺》（*The Game of Chesse*）仿真版里。有些仿真版做得很好，有些很差，大多一般般。制作者有时会在书中注明这是仿真版，但有时也不会；如果有注明的话，可能会出现在封面或加页上，很容易被撕掉。即使是差劲的仿真版也有可能骗过没经验的人，这样的欺骗通常不需依靠第三方的协助。即便是有点经验的藏家，乍一眼见到优质仿真版，也可能上当，如果他事先不知道有这种仿真版的存在，或是在一家口碑良好的书商那里看到这个仿真版。照相技术的发明极大地促进了仿真版的数量（虽然一些最具欺骗性的仿真版仍是用笔墨手工完成的），所以，如果书籍或文件流转出处的记录仅始于十九世纪下半叶的话，谨慎的藏家尤其要仔细检查。

比如，一本小册子的仿真版，如果有心欺骗的话，用茶渍和热气小心处理使其变色，看上去像是有了岁月的痕迹，然后再混入真品，甚至还装订在一起，那么它的真面目就很难被发现。有个肯定是杜撰的故事，说的是一本经精心整治的沃尔顿（Izaak Walton）1653年版《垂钓大全》仿真版，经历了大英博物馆权威们最严格的验审之后，居然还能瞒天过海。审慎的目录学家会特别仔细检查任何容易招致疑问的书籍（比如一本在十九世纪重新装帧的旧书，或显然属于早期装帧的书籍却格外鲜亮，或任何一种出了名的善本书，尤其是如果它在意外的地方出现）。验审时要观察纸张的表面和结构，如果可能的话，应将其与出处无疑的书本进行比较；墨水应该置于显微镜或至少高倍放大镜之下检查，寻找有时间特征的裂缝以及木版或活字印迹周边的溢出；任何不和谐的元素，一张和其他部分有不同的书页（尤其是标题页），都必须特别注意，以便发现印刷、纸张或装订上的任何异常。

哪怕局部只露出一点点可疑之处，那么整本书或小册子经不起严格审查的概率就会大增。托马斯·怀斯（Thomas J. Wise）曾经说过："重印善本书看似容易，其实在实践中绝对不可能不露马脚。"虽然"不可能"一词暗含着保留，但这话听上去打倒了一片上过当的人。事实确实如此，熟练的伪造者可以捏造亲笔书信和图片等，因为它们独一无二的特性（实际上，正如怀斯自己证明过的，连印刷书籍也可以无中生有），而仿真版的前提是真品，两者可以比较。对于非常罕见或独特的东西，这项比较工作极为艰巨，但若对真实性存疑，那就不能回避。可以说，由于人类固有的局限性，任何仿真品在真品面前都是站不住脚的。

然而，最常见也最具欺骗性的仿真品是一部经修复的缺陷本，无论是一两页还是被撕毁的部分书页，甚至是几个词句。麦克罗写道："如果插入的是取自同一版本另一本书的仿真品，诚实且无隐瞒，其实是好事，因为除了最不妥协的纯粹主义目录学家以外，没人会宁愿选择缺页本也不接受这种拼接本。"藏家会认同这一点，特别是面对年代很早或非常稀有的书籍要进行选择时。但问题在于，即使这种几可乱真的修复工作的出发点可能是"诚实且无隐瞒的"，但随着时间的流逝和拥有者的改变，很可能抹去了后代藏家考虑时需要的证据，只有那些无法消除的仍在。只有出于故意欺骗的意图而制作的仿真品，比如把初版本的标题放在第二版上，才是真正意义上的赝品，但藏家更关心的是事实，而不是动机。

如果整部或一整个书帖被清洗过，那么纸张的区别就是仿真书页最有把握的警示。因为在清洗和之后的熨烫过程中，印刷书页和采用照相平版甚至数码方式制成的书页之间最重要的区别会被削减乃至磨灭，前者的字母是被印入纸中的，而后者只是浮在纸面上。这种区别，如果未经清洗，把书纸换个角度对着光就能看得出来，正常敏感度的手指摸也能摸得出来。即使是好的手工笔墨仿真品，最好的甚至能超过影印件，但也能用高倍放大镜看出来，因为字母边缘往往过于光滑。

但对一件高仿品来说，这些测试只有在被怀疑的情况下才起作用，这并不是说藏家每次看到被清洗过的、熨烫过的或修复过的书页就要怀疑是否仿品，或是看到有些书页的大小略有偏差，或是书页的污渍、沾印、虫洞或其他特性略有出入，就要起疑，在他面前的很可能只是一件拼接本。当然如果一本书里的书页看上去或感觉上有点可疑，过度怀疑总比过度信任要好。

还要补充的一点是，对家族纹章、格罗勒饰件、卡内瓦尔（“Canevari”）以及其他贵重皮革装帧的仿制可想而知是绝对不可能安什么好心的，出版商布面装帧也是同样道理，三个著名的例子是高尔斯华绥（John Galsworthy）的《威拉·鲁滨》（*Villa Rubein*，1897年版）、巴特勒（Samuel Butler）的《众生之路》（*The Way of All Flesh*，

1903年版）和曼斯菲尔德（Katherine Mansfield）的《幸福》（*Bliss*，1921年版）。

万能花饰起首字母印版

| FACTOTUM |

拉丁语，意为“万能的”。中间有一个矩形小孔的刻版，可以在其中嵌入任何字母来印出花饰起首字母。

展会

| FAIRS |

五十年前，只有一个由ABA组织的展会，在阿尔伯尔马大街的国家图书联合会（National Book League）所在地举办。展会规模不大，场地拥挤，但是个很好的社交场合，几乎能见到所有人（当然那时人也不多）。如今的展会规模都巨大，ABA的主要展会夏天在奥林匹亚会展中心举办，还有近八场在布鲁姆斯伯里周边举办，重要的有在罗素饭店举办的PBFA。PBFA自己也每年在全国各地举办多个展会。还有世界各地的书商展会，为行业旅行提供了借口，互相卖书，偶尔能找到新客户（虽然概率较低）。

赝品

| FAKES |

【参阅：仿真版和赝品 FACSIMILES AND FAKES】

礼仪装帧

| FANFARE BINDINGS |

“源于十六世纪巴黎的一种装帧装饰风格，具有以下特征：连续交织的绸带，一侧双线缠绕，另一侧是单线，将前后书封的表面分成有不同形状和大小的对称空间，中部空间最重要，可能是空的，其他空间通常填满烫金压印花纹，装饰通常包括自然主义的绿叶树枝。”（A. R. A. 霍布森语）

这种华丽的风格被整个欧洲模仿，相似程度不一。它的名字来自法国装帧师图文宁（Thouvenin）于1829年完成的令人赞叹的仿真版《阿布达斯克典礼》（*Fanfares et Corvées Abbadesques*），该书受查尔斯·诺迪埃（Charles Nodier）的委托而制，原书是他的藏品。

最喜欢的版本

| FAVOURITE EDITION |

古董书商用于描述某个版本时的术语，肯定不会是初版本，也不一定是早期版本，但这个版本曾经备受尊崇，现在有可能依然如此。尽管很少被故意滥用，但通常流露略微过时的品位，更不必说过时的信息了【参阅：最佳版本 BEST EDITION】。

纪念文集

| FESTSCHRIFT |

由仰慕者们撰写并专门献给某位学者等人士的原创研究文集，通常是为了退休或重要生日等而出版。

滚线轮，滚线纹饰，滚线

| FILLET, FILLETED, FILLETING |

这是一种装帧工具，滚轮外缘有单根或多根条状凸起，在皮革或其他材质装帧面料上滚压时可压印出一条或数条平行线。在描述一本书时，该术语通常表示这种工具

压印的一条或多条线条。但除了皮革装帧之外，很少使用。自1700年以来，这种滚压的线条通常是烫金的。法式滚线轮为三条平行线，烫金。

高端精装

| FINE BINDING |

这是一个对于当代装帧师来说含义明确的术语，然而书商用得比较宽泛，指的是相比大部分的普通精装本，这类精装本用料更高级，烫金工艺更考究。

优质纸本

| FINE PAPER COPY |

在十七世纪和十八世纪初期，许多印刷用纸的质量相当低劣，小部分书籍会用产于荷兰的优质纸张印刷，尺寸通常大于“普通纸”。同样，在十八世纪下半叶和十九世纪初，某一版本的部分书籍会以更高的价格印刷在更高级或更厚实的纸上，这些就是通常广告里的优质纸本，但如今时而被描述为厚纸本或特殊纸本【参阅：大纸本LARGE PAPER COPY，皇裁纸本ROYAL PAPER COPY，帝裁纸本 IMPERIAL PAPER COPY 】。

印本指纹

| FINGERPRINT |

一种具有书志学意义的图标，是印本的排版证据，如果书籍的一次印量比较大，同一版次没有一次印完，后续的印刷可能是重新排版的，也可能用的是之前未拆的留版，可以靠印本指纹来区分它们，也就是在相邻的几行中有规律地任意选几个字母进行比较。检查某些书页上的书帖帖号正上方的字母也能达到相同的目的。

初版本

| FIRST EDITION |

泛泛而言，初版本就是某部作品第一次以独立成册的形式问世。但是，像许多家喻户晓的词一样，这个看起来简单的术语其实并不简单。关于“初版本什么时候不是初版?”这个问题，可是目录学家和资深藏家最喜欢辩论的话题，有关这一烧脑话题的进一步探讨【参阅：版本和印次 EDITION AND IMPRESSION，形式和状态 ISSUES AND

STATES，“跟随国旗”“FOLLOW THE FLAG”，连载 SERIALS，二次装订 SECONDARY BINDING，授权版 AUTHORISED EDITION，盗版 PIRACY，分册（分期）发行 PART-ISSUES，首次出版版本 FIRST PUBLISHED EDITION，预发本 ADVANCE COPY，版权版 COPYRIGHT EDITIONS，先于首版 PRE-FIRST，书本形式 BOOK FORM，首次单独版 FIRST SEPARATE EDITION，初版 EDITIO PRINCEPS】。

英国初版

| FIRST ENGLISH EDITION |

指曾经在国外出版的书籍首次在英国出版。如雪莱的《阿多尼斯》（*Adonais*，比萨，1821年版，剑桥，1829年版），又如麦考利勋爵（Thomas Macaulay）的《随笔集》（*Essays*，费城，1841年版，伦敦，1843年版）。有时也指已经有其他语种的书籍的首个英语译本，不建议使用【参阅：“跟随国旗”“FOLLOW THE FLAG”】。

第一次印刷

| FIRST PRINTING |

（1）该术语偶尔会由出版商（主要在美国）在版本

说明中使用，在大多数现代书籍中，该说明均位于标题页的背面。如“第一次印刷”“1920年3月第一次印刷，1920年5月重印”“出版前的第一和第二次印刷”。在第三种情况下，值得记录一下的是维克多·高兰茨（Victor Gollancz）和其他二十世纪出版商的做法，即发出数量不大的印刷订单，这样印刷厂可以先开始排版，如果反馈显示销售预期良好，就将印刷量增加一次、两次或多次，每次增加就被称为“出版前的第二、第三、第n次印刷”（现在你甚至可以看到“第一次印刷”或“出版前的第一次印刷和第二次印刷”），事实上这本书还根本就没有开印。如果书籍真正的印刷数量确实很少，对这种富有诱惑力的稀缺罕见，目录学家和书商就用这个词来描述实际的印量，如，“第一次印刷为1 750本”“第一次印刷限量525本”，这种用法更加合理【参阅：版本和印次 EDITION AND IMPRESSION】。

（2）它的另一层含义是指一部可能已经以其他形式面世的作品首次以印刷品形式出现。例如，编目员提到1917年10月31日的《泰晤士报》时，会注明它含有豪斯曼的《一支雇佣军的墓志铭》（“Epitaph on an Army of Mercenaries”）的“第一次印刷”，但这首诗歌的“书本形式的初版本”却是《勇气与愿景》（*Valour and Vision*,

1920年版），“首次合集”在《最后的诗》（*Last Poems*，1922年版）里。又如，关于赫门兹夫人（Felicia Hemans）的《阿尔卑斯联盟》（*The League of the Alps*，波士顿，1826年版），编目员会标注：“此版本含有作者最著名的诗作《卡萨比安卡》（“Casabianca”）的第一次印刷。”

首次出版版本

| FIRST PUBLISHED EDITION |

这个术语暗示了在该版本之前还有一个或多个版本，仅限于私人、官方或小范围发行，没有面向大众销售。

首次单独版

| FIRST SEPARATE EDITION |

第一次拥有只属于自己的封面的初版本，之前可能和其他内容一起出版过。

勒口

| FLAPS |

（1）书衣内折覆于贴衬之上的部分，延伸意指印在上面的推介等内容；（2）用软皮或犊皮纸装帧的封底有时会伸出来一截，折翻过来覆盖在封面上。

平脊

| FLAT BACK |

【参阅：腔背装HOLLOW】

排版花饰或印刷师花饰

| FLEURON or PRINTER'S FLOWER |

印刷师的排版装饰，最初是花朵形状的，铸成单件，但通常设计成可以多个组合使用【参阅：尺，尺线RULES】。

柔背装

| FLEXIBLE BACK |

书封紧挨书帖背部处用胶水或糨糊粘上，形成开合自如的柔背。柔背装的书背尽管常有装饰，但很少印字。自从用书架展示书籍，书背朝外放置后，书背印字便成为常态，书名标签由此而来。及至十八世纪腔背装的发明，柔背装谢幕，直到十九世纪末随着手工艺装帧的兴起才重出江湖。

翻页书

| FLIP BOOK |

由连续画面组成的书，当页面在拇指和其他手指之间快速翻动时，能模拟出动画效果。

起嵌本

| FLOATED COPY |

“这个词指的是曾经被镶嵌【参阅：镶嵌 INLAID（2）（b）】，之后又从嵌页中取出并再次装订的书籍，取出后当然都是散页了。书页边缘会因为胶水留下的永久痕迹而略微卷曲，这是辨识它们的依据。”（W. A. 杰克逊语）

花饰起首字母

| FLORIATED INITIAL |

指抄本或早期书籍中起首、大写或边框字母，采用花

卉或通用图案做装饰，故而得名，有别于用人像或动物图案装饰的人形起首字母。

齐平

| FLUSH |

和现代平装本书籍一样，希腊风装帧的书心三面切口和书封外缘是齐平的，没有飘口。

护扉页

| FLY-LEAF |

严格来说，该词是指装帧师添加于前环衬之后或后环衬之前的空白页，但通常就指未被粘贴的前环衬。

单页印刷品（传单）

| FLY-SHEET |

单面或双面印刷的单页，尺寸小于大单张。

简略标题

| FLY-TITLE |

在十九和二十世纪出版的书籍中，在前页和正文之间有时候会出现第二个副标题，这就是所谓的简略标题。这个术语有时也指缩略形式的部册书名。

折叠本

| FOLDED |

书页已被折叠但尚未缝订缀合，传单类散页通常就以这种方式发行；但偶尔也指某些成书过程中意外的或有意的失误，例如“一本非同寻常的书，以折叠书帖状态向预订者发行”。

张数号（张码）

| FOLIATED, FOLIATION |

该术语指给书页的张数编号【参阅：书页（书叶）LEAF】，有别于给页面编号的页码。在1475年以前印刷的书籍中很少见，因为那时大多数书籍根本没有连续的编号；而到了1600年以后，张数号已被页码取代。

（1）有号书页 （2）页码 （3）对开本

| FOLIO |

（1）有编号的右手页（正面页）。

（2）印本或抄本张数号的数字本身，由此延伸出一个容易混淆的含义，指印刷厂给页码起的名字之类，通常包含在标题页里，但也可能会出现在书根，和导词在一起。

（3）对开本，就是书帖尺寸为全张纸对折一次【参阅：版式FORMAT】，长和宽都是普通八开本的两倍，正如约翰逊博士所言，这个大小拿起来砸书商最趁手。

"按原稿排版"

| "FOLLOW COPY" |

排字技工的信条，也是他对作者文本中出现的含义模糊、不合逻辑、前后矛盾或谬误的维护。但是他也常常无法遵守这一原则，因为实在太难按捺住纠错和指正的念头了。在极端情况下，技工会选择严格按照原稿，不论对错，只管照排。

“跟随国旗”

“FOLLOW THE FLAG”

该词缘于1930年代引起轰动的一个争议，至今还会不时爆发，也必将永远和十九、二十世纪英美初版本的藏家共存。争议的焦点是，如果某书的首次出版（无论出于事先安排或是意外发生还是遭遇盗版）不在作者的母国时，首次出版就是初版本这条惯例是否应该变通。

除了极少数勉强认可的例外，法国目录学家无视藏家对此类版本的诉求，用原始版（édition originale）一词来避免时序优先权的困局，意为不是初版本，而是首次在法国授权的版本。迄今为止，英国和美国的藏家还没有找到可套用的简便公式来调和逻辑与情感，他们的问题仍然严重，试想，如果卢梭、伏尔泰和巴尔扎克的多部作品都是在法国境外出版的，那么，在过去的一百八十年里，大量在英美最受欢迎的书籍竟然首先都是在和作者隔着大西洋的彼岸出版。

招致麻烦的正是这些书籍，而不是像莫尔（Thomas More）的《乌托邦》（*Utopia*，鲁汶，1516年版）这种更早期的书籍。幸亏有细心负责的作者和书志学家，尤其是有I. R. 布鲁塞尔（I. R. Brussel）的开先河之作

《英美初版本书目系列》(*Anglo-American First Editions*, Bibliographia Series, 卷九, 1935年版, 及卷十, 1936年版), 厘清了深受藏家青睐的大部分作家的基本事实。至于如何在真正的初版本和本地初版之间取舍, 并准备好为之付出相应的价格, 则取决于藏家个人的选择。狂热的藏家当然会将两个版本都拿下, 对于普通藏家来说, 二者取其一即可, 或者是具体情况具体对待; 或许更看重授权版而不是盗版, 或许会在真正初版本和本地初版之间的时间跨度上多加考量。比如, 兰姆(Charles Lamb)的1828年费城版《伊利亚随笔》(*Last Essays of Elia*)比伦敦版早了五年, 而史蒂文森(Robert Louis Stevenson)1886年的《化身博士》(*Dr. Jekyll and Mr. Hyde*)纽约版只有不到五天的时序优势。

情况更为复杂的是不同的版权版, 有着相同的文本书页但有一个或多个修正标题的相对优先版, 或是一次排版分次印刷的版本。这些情况下简单的时间顺序就过于单薄, 例如在英美"初版"出版之后, 根据早期文本校样排版的陶赫尼茨珍藏版应运而生。

长期居住在大西洋彼岸或已经入籍的作者的作品则是又一特殊问题, 例如华盛顿·欧文、亨利·詹姆斯、T. S. 艾略特、奥尔多·赫胥黎和W. H. 奥登等。对于这些作者的作品来说, 以时序优先为唯一标准不失为快刀斩乱麻的简便方法。

脚注
| FOOTNOTES |

即使在古时候，因为太过古老或神圣而令人不敢冒犯的文本，如需解释和扩充，往往不是直接修改而是加注。这种被称为注释（glosses，源自希腊语，“舌头”的意思）的文字，是以评述的口吻出现在书里，而不是作者的口吻。这些文字可能在文本行间出现，也可能出现在书页的上方或侧边。为《圣经》或律法加注盛行于中世纪，以至于催生了一种将文本和注释相扣的复杂版面，到十五世纪简化为将注释文字排在文本的外围，用字母或其他标记来表示两者间的关联。印刷术的发明迫切要求进一步的简化，系统地在一段文本后面加上注释或参考文字的做法始于十六世纪法国学者丹尼斯·兰宾（Denis Lambin）。一个世纪后，经荷兰印刷商的进一步合理化过程，注释部分被放到了页根，用星号或其他标识与文本中的相关部分对应。[1]

1 脚注如是。进一步阅读请参考安东尼·格拉夫顿（Anthony Grafton）的《脚注》（*The Footnote*，伦敦，1997年版）一书，以获取有关该话题的更多信息。

进一步把注释一股脑都放到书本的最后是可恨的便利方式，还有更可恨的是放到每一章节之后，即使有了自动排版之后，这种状况依然存在。

【参阅：肩注SHOULDER-NOTES，边注SIDE-NOTES】

书口绘画

| FORE-EDGE PAINTING |

可指前书口上的任何绘画装饰，在十五世纪和十六世纪初并不少见，尤其是在意大利。

不过，该术语最常用于描述十七世纪下半叶流行于伦敦和爱丁堡的一种英式技巧，该技巧在十八世纪经由约翰·布林德利（John Brindley），尤其是哈利法克斯的爱德华兹之手更加风靡一时。创作时将书口略微呈扇形展开，然后紧紧握住，用风景画或风俗画加以装饰。之后书口平整复原，按常规方式刷金，这样书本在合上时绘画是隐形的（也得到了保护），书口展开时又重新出现。通常来说，书口绘画只能朝一个方向展开显现，但也有双向展开的，就是正反两个方向绘以不同的图画，从而形成双向书口绘画。

在十八世纪末和十九世纪，有几位英国装帧师应用过

书口绘画

这个技艺，留下了一些可以确认的作品。但是到了二十世纪，应藏家之需又兴盛起来，有时作为现代工艺的宣言出现在现代书上，但更多的是以欺骗为目的做在老书上。有些模仿非常精妙，所以非常难以辨明某一书口绘画到底是作于1790年还是1970年。虽然意识到这一事实，而且造假事例层出不穷，但大家的收藏热情依然不减，这让有责任感的书商担忧，所有藏家也应小心。为振兴真品，在两次世界大战之间，居里小姐（Miss C. B. Currie）为伦敦萨瑟兰书店创作了一系列有签名及日期的书口绘画。书口绘画这种艺术形式的历史和早期样板作品在韦伯家族（卡尔、大卫和杰夫祖孙三代）的收藏中得到了保护和传承。

书口标题

| FORE-EDGE TITLE |

在书背上印字成为惯例之前，标题可以直接写在书口上，或写在一张纸条上，再粘贴上去并与之齐平折叠。

装帧用低质羊皮纸

| FOREL or FORREL |

该术语泛指劣等本色（本白或淡黄）羊皮纸，用于廉价的装帧。

伪造品

| FORGERY |

伪造的意图是故意欺诈，在藏书界，伪造主要限于抄

本、信件、文件以及书籍中的题词或注解等手写内容，在印本和早期高端装帧中比较少见。尽管该词也已恰当地应用于某些印刷品实例，例如伪造的1493年的《哥伦布书信》(*Columbus Letter*)，福尔曼（Harry Forman）和怀斯伪造的许多十九世纪小册子，1985年出现的《弗里曼誓言》(*The Oath of a Freeman*)，2005年出现的伽利略《星际信使》(*Sidereus Nuncius*，1623年版)，但总体来说这种用法是严格受限的。

插入仿真书页的作假方式已在前面讨论过，见【仿真版和赝品 FACSIMILES AND FAKES】条目。另【参阅：拼接（本）MADE-UP】。

版式
| FORMAT |

SOED把这个术语定义为“一本书的形状和大小”。在目录学语境中，它指的是用一个印张折叠的次数来描述书的结构，必要时可加以调整。因此，对开就是一个印张折叠一次，四开折叠两次，八开折叠三次；相应的尺寸分别是印张的一半、四分之一和八分之一。如果折叠后的一个印张作为一个书帖进行缝缀，那么就由一个词表示，如四开；如果不是，完成后的书本版式可以用四开八页来表达【参阅：集帖（书帖）GATHERING】。较小尺寸的开本（尤其是十二开和二十四开），折叠的方法会经常变化，目录学上的区分过于复杂，大多数业余爱好者都会去查找麦克罗和盖斯凯尔著作中的详述。尽管印张尺寸多样，书籍大小不一，但是除了异形的书籍，按折叠方法定义的术语能满足所有的开本。

主要版式及其常见缩写：

对开（Folio）（Fo.，近年来也用2°）

四开（Quarto）（Qto，4to，4°）

八开（Octavo）（Oct.，8vo，8°）

十二开（Duodecimo）（12mo，12°，有时读作twelvemo）

十六开（Sextodecimo）（16mo，通常读作sixteenmo）

二十四开（Vicesimo-quarto）（24mo，读作twentyfourmo）

三十二开（Tricesimo-secundo）（32mo，读作thirtytwomo）

这种名称来自纸业技术术语，其中一些如“中等”（median）或“皇家”（royal）可追溯到中世纪，另外一些用水印图案来命名的纸张，例如“壶裁”（375 mm × 312 mm）和“象裁”（23英寸 × 28英寸，大号画图纸）也同样古老。如今大部分书商目录使用的术语过于技术性，读者都不熟悉。只要知道（或应该知道）至少从十七世纪早期开始，对开本是大号的竖式书本，八开本是小号的竖式书本，而介于它们之间的四开本基本上是方形的；前者的链线纹路是纵向的，后者是横向的，当然如果所用的纸张尺寸加倍，那效果就相反。有时在区分不同的版次和差异或者确认大纸本时，需要特殊的精准度，因为通常会受书页尺寸的影响【参阅：纸张PAPER】。

大对开、小对开、大四开、小四开也是常用的术语。还有四种传统的版式子类，从大到小依次为皇家（royal）、德迈（demy）、皇冠（crown）和大页（foolscap），也仅仅用于四开和八开上。Foolscap有时缩写为f'cap。

要了解这些版式，请阅读麦克罗和盖斯凯尔的著作；还有格雷厄姆·波拉德《关于印张尺寸的注释》（"Notes on the Size of the Sheet"，《图书馆》，1941年9月至12月）和托马斯·田瑟勒的《书目描述中的排版和印刷工作处理》（"The Treatment of Typesetting and Presswork in Bibliographical Description"，《书志研究》，LIV，2001年版）。

印版

| FORME |

印版主体是活字，排字技工在排版完成后把印版锁

印版

进版框，再固定到印刷机压床上，印刷机的一次操作可以印出所需数量的单面书页。一位印刷工用墨球给它敷施油墨，另一位放置纸张，将垫框放下至压印盘下方，拉动印刷机拉杆产生印迹。包括了未来书帖的第一张和最后一张的外印版最先开印，然后再印包括第二和倒数第二页的内印版。该术语的延伸意义指这样印刷出来的所有内容，与后续的折页次序无关。操作印刷工序的排字技工通常会按印版排版，即不按文本页码的次序，而是按印刷流程的要求从外到内进行排版【参阅：版面推算 CASTING OFF】。

（活字字模）字体

| FOUNT or FONT (OF TYPE) |

指同一尺寸和样式的字模。因此，从严格的意义上说，印刷师会向铸字厂订购“一套12点卡尔森字模”（完整的一套，常用字母会有重复的多个）。但在目录学语境中，它最常出现于如下句子：“初版形式，作者名与标题字模不同套”或者“第163页是最早状态，peppercorn这个词中错用两个字模（不在同一套里的字模）”。在世界范围内，字体（美式拼写为font）指某一特定的字模款式设计（现在由计算机生成），这跟用“版面设计”来表示落版一样意思不通。但比用TYPE稍好，虽然也有限。

有斑点

| FOXED, FOXING |

用于形容纸张时，指变色与污渍，通常指棕黄色斑点。比如，“书边有斑点，如常”“插图有斑点”“有些斑点，其他完美”。这是由于纸张在生产过程中漂白不当或上浆不够，微生物起了化学反应造成斑点，诱因通常为潮湿或空气不流通。有些专家认为这个词起源于斑点的颜色（最早见于1848年的记载），大部分人对此看法保持沉默。

福克森

| FOXON |

大卫·福克森（David Foxon）的《1701—1750年的英语诗歌》（*English Verse 1701–1750*，最初出版于1975年，本书出版商在2003年再次发行），书名虽然起得平淡，内里却有最复杂的分析书目。它包含了诗歌最盛行的那半个世纪里在英国或国外用英语单独出版的所有诗歌的文本、实体和历史细节。"未收入福克森"与"未收入格雷格"一样罕见。

框架

| FRAME |

当用于描述装帧时，无论是皮革装帧还是更常见的布面，它都是指一种内空的矩形设计，通常线条简单，和封面外缘的四边平行，但留有一点间隔。如果在一个装帧中用到多个矩形，那么框架位于边框之内，版框之外。

法式缝订

| FRENCH-SEWN |

缝订书帖的绳线或书带，可埋入书帖背部锯开的书槽中，书背因此没有凸起的竹节，这种缝订方法被认为可能起源于法国。用于法式缝订的书带有个特别的名称，叫锯入式书绳【参阅：腔背装 HOLLOW】。

纸框

| FRISKET |

一种轻质铁框，用铰链和垫框相连，将纸张夹住和印版相对，然后再放到压印盘之下，四周用纸覆盖只留一窗口，这个窗口即活字和纸页接触的区域。如果纸框滑脱，活字页的印迹就不清晰，所造成的套印缺陷称为纸框咬痕【参阅：固定字模 BEARER TYPE】。

卷首插图

| FRONTISPIECE |

书本中面对标题页的插图（或者偶尔出现在一本书

的分部或分册处），在核对一本没有插图目录的插图本时，插图本身会按顺序编号，要记得卷首插图很少会被包括在这类编号中。

完全（装帧）

| FULL (OF BINDING) |

简单来说，全犊皮或全摩洛哥皮就是指只用犊皮或摩洛哥皮装帧，这个词在绝大多数情况下是可有可无的，除了为强调和半皮装帧或四分之一皮装帧的对比。

（空铅）活版填料

| FURNITURE |

低于活字高度的木条或金属条，用来填充活字页版框和活字字模之间的空隙以避免移动，用楔形版夹固定。

G

活版毛样或版盘

| GALLEY PROOFS or GALLEYS |

从检版待印的印版上打印毛样的历史可追溯到十五世纪，到了十六世纪，单张排版的版盘可以从打样机里打出一份或数份毛样。版盘的三边固定，第四边为活动开口。后来，长篇连续性的检版会被保留下来，存放于木质或金属盘中，这就是长条毛样。尽管早在1773年就有活版毛样的记录，但直到十九世纪蒸汽机和大单张报纸发明之后，才真正进入广泛的应用。活版毛样不方便阅读，存放和归档更是令人头痛的问题。然而，即使不带有任何来自作者的栏外更正，仍然受到收藏家们的追捧，因为它们反映出未校正的文本状态（以及印工失误和印刷错误）【参阅：装订毛条校样 BOUND GALLEY】。

盖斯凯尔

| GASKELL |

约翰·菲利普·盖斯凯尔（John Philip Gaskell，1926—2001），目录学家、书籍历史学家、剑桥三一学院图书馆员，著有《目录学概论新编》（*A New Introduction to*

Bibliography，1972年版，1995年最新版），该书出版后多次重印，其权威性比肩麦克罗，而在排印、印刷和用纸等方面的深入细致程度甚至超越了前辈。它把印刷业历史划分为“1500—1800年的手工印刷时代”和“1800年至1950年的机器印刷时代”两个时间段，合理而实用，为业界普遍接受。盖斯凯尔已成为全球书籍历史和目录学学生的基础教材。

集帖（书帖）

GATHERING

集帖（用作名词时意思同“书帖”）是一组印好后折叠成书本大小的印张，尚未完成配页过程，也就是将每个书帖按顺序排列，以备装订成册的过程，装帧师称之为集帖。印张是印刷师的单位，书帖是装帧师的单位。八开本的书帖通常就是折叠了三次的印张，在更大或更小的书中一个书帖可能有两个或更多印张（如对开本或四开本），或者是半个印张（十二开本或更小的开本）。把对开印张单独缝缀既浪费人工也会让书脊太厚不便装订，而如果让二十四开或三十二开的印张成为一个书帖单独缝缀，不仅书绳要承受过大的压力，而且完成的书本摊开也不服帖。

一个书帖内如果有四张书页，就叫“每帖四页”，有可能是对开四页（两个对开印张折叠后缝在一起），或是四开四页（一个印张折叠后缝缀），或是八开四页（每帖是折叠后的半个印张）。实际上十六世纪的对开本通常都是每帖六页（三个印张或六张书页为一个帖号），而在十五世纪通常是每帖十页。

为了给装帧师提供装订指导，通常会在每个书帖的页底白边注上帖号，至少第一页上应该有。成书中每个书帖的中心也不难找到，循着缝线可以找到针线穿过的位置。

【参阅：配页，核对COLLATION，版式FORMAT，半印张HALF-SHEETS，插（入）页INSERT】

现在普遍用signatures这个词来称书帖，如“最后两个书帖中的虫洞”或“完整，有空白页，属于书帖一部分”等。

轧纹

| GAUFFRED (or GAUFFERED or GOFFERED EDGES) |

烫金或烫银的书口加热轧压呈点状装饰。

书口烫金及轧纹

总标题

| GENERAL TITLE |

如果一本书由几个部分组成，因内容差异有各自的部册标题页，那么出现在最前面的综合性标题页就叫总标题。同样，如果数个单行本后来被收集成册，合集重新发行的话，也会有个总标题。总标题如果标有日期，那通常

会晚于各原始标题页的日期。

《维根德拉克摇篮本总目》

| GESAMTKATALOG DER WIEGENDRUCKE |

莱比锡，1925年版及之后。

通常缩写为Gesamtkatalog、GKW或GW，这部包罗十五世纪印本的详尽目录已经出到第十一卷，起首字母到H。在柏林德意志国家图书馆的福尔克·艾泽曼博士（Dr. Falk Eisermann）领导下，这个项目还在持续进行中。这套书目由德国摇篮本鉴定家协会担任编辑，同时也得到了世界各地专家的协助，旨在创建一个收入所有十五世纪印本的完整清单，是该领域的权威性著作。条目按作者姓名的字母顺序排列，若某部摇篮本的已知存数少于十，所有已知本的目前所在地都会在书中列出。

幽灵，幽灵版

| GHOST, GHOST EDITION |

A. W. 波拉德（A. W. Pollard）说过，只要预告过的版本没有在世间现身，它的幽灵就无处安放。他的观点至今依然正确，而且因为他，现在有了这个好用的术语来定义这种现象。[1]

礼品装帧

| GIFT BINDING |

礼品装帧分两类：（1）通常指呈献本的皮革装帧，如学校奖品和圣诞节礼物等，与作者无关；（2）出版商装帧中的特例，是批量装订中投放礼品市场的那部分书籍。礼品装帧有时也被称为馈赠本装帧，但这个词的不便之处在于容易和作者装帧混淆。

书口烫金

| GILT EDGES |

除非有特别说明，比如书顶烫金，否则即指所有三个书口均切割平整且烫金。

1 另见J. W. 卡特的《书籍收藏家》（*The Book Collector*，1968年冬季，第492—493页）。

书口毛边烫金

| GILT ON THE ROUGH |

书口未经切割直接烫金，这项技术在法国装帧界很常用，但英国少见。这种设计为藏家提供了两全其美的体验，既有黄金的优雅，又不牺牲任何边距，但它不像光滑的烫金书边能挡住灰尘。

书顶烫金

| GILT TOPS or TOP EDGES GILT |

这两种说法都是指仅在书顶烫金，同时其他书口均已切割平整或至少已修剪。否则的话，应加以具体描述，“烫金书顶，其余书口未切”（gilt tops, other edges uncut），简写形式为："t.e.g, uncut"。部分装帧师对这两种表述的复数形式都表示反感。

山羊皮

| GOATSKIN |

产自安纳托利亚或撒哈拉以南非洲高地的山羊皮，既

柔软又坚韧。早在阿尔摩拉维德王朝的摩洛哥和安达卢西亚就开始启用，到了十三、十四世纪，从开罗到君士坦丁堡的黎凡特乃至波斯的远东地区都在使用。始于黎凡特，继之摩洛哥，这种皮革在十五世纪传入欧洲，比较流行和保险的叫法是山羊皮，这比用可能有误的传统地名来命名要准确【参阅：黎凡特羊皮LEVANT，摩洛哥羊皮MOROCCO，尼日尔羊皮NIGER，绿洲山羊皮OASIS，土耳其皮TURKEY LEATHER】。

高夫

| GOFF |

《美国图书馆馆藏摇篮本》(*Incunabula in American Libraries*，1964年美国书志学会出版，1972年补遗）由弗雷德里克·R. 高夫（Frederick R. Goff）编辑，经历了三次统计普查。

首次普查始于1919年，也就是长期以来为人们所熟知的斯蒂尔威尔普查，1940年由玛格丽特·宾厄姆·斯蒂尔威尔小姐（Miss Margaret Bingham Stillwell）接手编辑，目前共有47 188个条目，完全支持BMC、HAIN、GKW等系统的引用及定位。排列顺序按作者名字，至今仍是书商查询摇篮本的首选参考书，对他们来说，“未收入高夫”就意味着再查ISTC也不会有结果。

哥特式字体
| GOTHIC TYPE, GOTHIC LETTER |

在专业文献之外，总体而言，这是一个公认的最令人满意的通用术语（但请参阅下文），涵盖好多种略有差异的字体（大致如roughly like this），有别于罗马字体（本书英文所用的roman）和斜体（italic）。

这种字体主要分为三类：第一类是文书体或称“尖体”，《古登堡圣经》、早期的宗教印刷品及《詹姆斯王钦定版圣经》1611年初版等都用的是这种字体。这一类变体在英格兰被称为黑体字，罗克斯堡时期及之后的藏家特别重视小开本文学书籍等，并称这类书为黑体字小册子；第二类是圆体，直到十六世纪依然普遍见于意大利印本，在西班牙的时间更长；第三类是混杂体/派生体，泛指流行于十五和十六世纪欧洲各国的模仿字体（卡克斯顿的第一种字体就是一个例子），其中德国哥特体寿命最长。

哥特式字体是最早出现的设计字体，德国的先驱们自然地接受了十五世纪中期遍及阿尔卑斯山以北的抄本字体。虽然在意大利这种字体很快就让位给罗马体，但在法国、低地国家、英格兰和德国的印刷师那里，各类当地变体被广泛使用，这种情况一直延续到1500年之后。德语国家和斯堪的纳维亚国家使用哥特体的情况一直持续到二十世纪，其他地区则逐渐被罗马体和斜体渗透，近几个世纪，哥特体退化为用于经书、法律文书和廉价书的字体，只有几个例外（如报纸标题、葬礼用品、圣诞贺词及某些仿古或民族主义复兴类文字）。

纹理

| GRAIN |

皮革有着天然的纹理，既可以通过打磨消除【参阅：压碾羊皮CRUSHED MOROCCO】，也可以加以压印来突出效果【参阅：直纹摩洛哥皮STRAIGHT-GRAIN MOROCCO】。后一种方法常见于将布料引入书籍装帧的那段时期（约1820—1830年间）。最早识别多种布纹图案的是G. T. 田瑟勒，之后盖斯凯尔加以插图和分类。

格兰杰式剪插图

| GRANGERISED |

【参阅：额外插图 EXTRA-ILLUSTRATED】

凹版印刷

| GRAVURE |

这是在十九世纪下半叶发展起来的最佳重复印制的流程，通过手工蚀刻和雕刻，或者使用照相制版（照相凹版印刷）等方法，在铜版上制成凹版以供印刷。到了二十世纪，用铜面圆柱体的机械化流程取代了铜版。对于出版商而言，使用凹版印刷证明其优异超群，值得进行商业宣传。古籍书商在这方面反应比较迟钝【参阅：插图过程 ILLUSTRATION PROCESSES】。

格雷格

| GREG |

沃尔特·格雷格爵士（Sir Walter Greg, 1875—1959）编写的《王政复辟时期之前英国印刷的戏剧书目》（*A*

Bibliography of the English Printed Drama to the Restoration，全四卷，1939—1959年版）一书，引用时通常称格雷格。

格罗勒书单

| GROLIER LIST |

以让·格罗勒（Jean Grolier，十六世纪法国藏书家，以其藏书装帧之华美著称）命名的纽约格罗勒俱乐部出版了众多富有价值的展览目录和书目参考书。其中常被引用且实至名归的一本就是《一百本英国文学名著》（*One Hundred Books Famous in English Literature*，1902年版）。某美国藏家可能会宣称他拥有“格罗勒百强”中的七十八本，或者，编目员会强调某本书“收入格罗勒书单”【参阅：追星聚光HIGH-SPOTS】。

书槽（书沟）

| GROOVES |

书封和书脊之间相接的部分必须往里压紧以形成良好的铰合，所形成的凹陷称为书槽。书脊与封板边缘齐平的叫法式书槽，书脊鼓出的叫英式书槽。

加固条，保护条

| GUARD, GUARDED |

如果一张书页或插图页没有相连的对页，无法成为书帖的一部分被缝缀，那就要将它裱衬在加固条上，也就是将它的内边粘在另一张原生页或一条事先准备好的页根上。特别是插图，它们通常是和文本分开单独印刷的，需要特殊对待。从很早开始，加固条的裱衬就是书籍制作中的常规步骤，因此在目录描述中对这样处理过的书页无须特别指出。

但是，粘贴保护条也是修复旧书的一种方法，可用于加固过度使用的旧书，粘补松散且内边磨损的书页或插图页，或强化因受潮而受损的书籍；如“标题页及卷首插图有加固条”或“最后数页有加固条”等。如果这些书页的订口页边有修复，称为“延展”；如果修复发生在切口页边，则称为“重修页边”。

缝缀加固条是装订时放在书帖内侧或外侧的加固条，多为细长条犊皮，纸质的比较少见。重新装订内页边狭窄的书籍时，如果按常规的方式装订，因为太局促书就不易打开，这时可以先将书心缝缀到接合加固条上，也就是一种折叠的页根，构成装订书籍的支架，用来支撑每沓书帖

【参阅：撤换（修正）页CANCELS，黏附TIPPED IN】。

导字母

| GUIDE LETTERS |

在抄本时代，文本中的起首字母都会空出位置，留给泥金或红字描绘师来填写。到了印本时代的最初几十年，这种习惯虽然渐行渐远，但没有完全消失。因为泥金或描红手艺人不是学者，可能不知起首字母应该是啥，于是印刷师会在空处印一个很小的字母，作为导字母。正式填上泥金或红色起首字母时，导字母会被小心地覆盖掉；但偶尔如果此书没有被泥金或描红，那没被覆盖的导字母就可怜兮兮地留在了空白方块中。

古塔波胶（或橡胶）装帧

| GUTTA-PERCHA (or CAOUTCHOUC) BINDING |

这是多才多艺的托马斯·汉考克（Thomas Hancock）的发明，用橡胶胶水代替缝缀把书页粘在一起，大约从1840年开始，这种技术断断续续一直有装帧师在用。李尔（Edward Lear）1846年版的《胡诌诗集》（*A Book of Nonsense*）就是一个早期实例，很多1860年代的“摆饰”插图书都采用了这项技术。十九世纪用这种方法装帧的书籍大多数已经橡胶脆裂，相当一部分书页都散落了。正因为它们在书背处都是切平的，而不是集帖缝缀，重新装订很难雅观。在修缮1960年代到1970年代的平装本时也会遇到同样的问题，无线胶装（perfect binding）取名不当，采用的不是橡胶胶水而是塑料胶水，比汉考克先生的发明老化得更快。

版沟

GUTTER

用普通书商的话来说，就是指两张相对页面的内页边之间的距离或空白，当然如果这么简单也就没必要解释了，问题在于用印刷厂的话来说，意思却正好相反，指的是印版中相邻书页外页边之间更宽的空白。

H

海因

| HAIN |

路德维希·海因（Ludwig Hain）是《书目大全》（*Repertorium Bibliographicum*，共2卷，1826—1838年版，最近影印重印版）的作者。

这部书目按作者姓名（若作者不详则按书名）起首字母排序，包含了1501年之前印刷的16 311本书籍，约占目前记录在案的书目总数之45%，海因在他亲自查验过的书籍上标注星号说明。

尽管这套编目在技术上早已落伍，内容也远远不够完整，但海因对摇篮本的描述至今仍被引用；特别是（也仅限于）他亲自查验过的书籍，所提供的信息是完整且准确的。

由W. A. 科平格（W. A. Copinger）编辑的3卷补遗在1895—1902年间出版，通常被称为海因-科平格。康拉德·伯格（Konrad Burger）于1891年出版了海因的索引，而赖希林（D. Reichling）则从1905年开始陆续出版了一系列附录。

直毛羊（无绒毛羊）

| HAIR-SHEEP |

直到最近，巴巴里羊或直毛羊（也叫北非蛮羊）才被确认为类似但不同于山羊皮的皮革来源。作为产毛的羊，直毛羊毛囊更为粗大明显，质地也比普通羊皮结实，之前可能被误认为黎凡特羊皮。

半皮装帧

| HALF BOUND |

通常指的是书背和书角覆以皮革（或犊皮纸），但书封的其余部分都覆以布料或纸（通常是大理石纹湿拓纸）。在书目描述中一般会注明皮革的种类，所以看到半摩洛哥山羊皮或半犊皮这种描述的机会要比简单的半皮装帧多二十倍；确实，半皮装帧很少用，除非用的是软羊皮或普通羊皮之类的低等皮革，那就用半皮装帧笼统称之，或更低调地用个缩写词 hf. bd.。

半犊皮装帧据说是英国人的发明，其源头可追溯到十七世纪，但其实直到十八世纪初才站稳脚跟。在1800年之前，半摩洛哥羊皮装帧十分罕见。

半皮装帧如果是没有皮革书角，叫四分之一皮装帧；如果皮革书角很宽，那么就叫四分之三皮装帧，这种叫法如今已经很少见。还有一种情况，非批量装订的布装本，如果书背为布料，书封为纸面，也称为半皮装帧。

近年来，半皮装帧这个名词开始用在部分摇篮本和早期印本上，它们有木质书封，书脊和部分封板覆以皮革，接合处有时用金属条保护。这可能是为了节约成本，但皮革封面通常有素色压印甚或烫金装饰，又不像是为了节约成本。

半布装帧，四分之一布装帧

| HALF CLOTH, QUARTER CLOTH |

它们通常是布面书背，书名印于纸质标签，纸面书封（无护角），是在1820年代末之后的大约十五年中非常流行的出版商装订风格，也是1850年代初三卷本小说装帧的常见风格，1890年后偶尔可见于任何种类的书籍。

1830年之后，有些散工装帧师也进行这类装帧，这种状况下有时（或更准确的是为了区别半皮装帧和四分之一皮装帧）也称为半布装帧（有护角）和四分之一布装帧（无护角）。

半印张

| HALF-SHEETS |

在可以两面同时施印的印刷机面世之前，半印张式（所有可见及可印的内容只在印张的一面上）印法直接影响了排字技工和印刷工的工作【参阅：版面推算 CASTING OFF、印版FORME】。

如果全书内容无法容纳在整页中，半印张就不可避免。但是，凭空多出半张空白页，印刷工就会不舒服，这也是人的天性，总要想办法把它填满成为整数印张心里才踏实【参阅：广告ADVERTISEMENTS，撤换（修正）页CANCELS，前页PRELIMS】，于是，作为最后的补救，最后半页的文本就会被排版两次，如果尚未如此重复排的话【参阅：版本和印次EDITION AND IMPRESSION】，以填满整个印张，印刷时只需正常量的一半。在十八世纪，为了节省印刷时间，整本书都会采用半印张印刷，但此举使得装订工需要缝缀的书帖数量翻了一倍。

而普通藏家接触到的是这个术语的另一层含义，即一半页数的书帖，通常用于开始配页或描述1800年之前的印本。因为我们常发现尺寸较小的书籍（16开、24开和32开）中，每个书帖中的书页数量是开本大小数字的一半，即分别为8页、12页和16页。在十八世纪，8开本有时也采用这种方式，一些书目作者将这种有别于常规的集帖方式描述为16开8页，也有人表述为16开半页数【参阅：版式FORMAT，集帖（书帖）GATHERING】。

副标题页（前扉页）

| HALF-TITLE |

标题页（或卷首插画页）之前的页面，上有可能被简化的标题，也可能印有卷数，或表明此书为系列中的一本，这里一般没有作者姓名，但偶尔会标有书价。这页的背面往往是空白的，但有的会有印刷商的版本说明；或者，在现代书籍里（如本书），这一页会印有作者或出版商的其他作品。

沃尔特·格雷格爵士将这个术语等同于十七世纪的简略标题，甚至于我们所说的部册书名。印刷商有时用bastard title这个老派的词来称呼前扉页。过去有些美国书目作者会把前扉页和护扉页这两个术语混着用，真令人抓狂。

早期在装订之前，先在标题页前面放一张空白页以保护标题页免受污损并不少见；但在此页里加上与本书相关的信息则始于十七世纪下半叶，之后在书籍生产中就很常见，虽然从未每本都采用。

前扉页让藏家和书商很头疼，过去的装帧师多半会从书中取出，一来是因为前扉页和空白页一样鸡肋，而且更早的时期，还有一个小心机也让装帧师对前扉页和页边一样手下无情，因为把废纸卖给纸厂是一个额外的收入来源，他们当然希望废纸袋能鼓一些。除非有配页核对表可供参考，否则很难判断原书是否曾有前扉页。正常情况下前扉页是第一个书帖的第一页，因此，如果检查显示该书帖在开头缺了一页，则可推断出该书缺少了前扉页或前空白页。但即使这样，也只能在与其他版本相比较之后才能确定是否有缺页，由于前页通常是最后印刷的，而且从本质上说它们的构成通常是不规则的，因此整数配页的第一书帖并不意味着这本书就没有前扉页，因为也可能是印在最后的空白页或其他空页上，等到装订时再裁下放入正确的位置。

哈尔科特和莱恩

| HALKETT AND LAING |

塞缪尔·哈尔科特（Samuel Halkett）和约翰·莱恩（John Laing）合著了《匿名及笔名英国文学词典》（*Dictionary of Anonymous and Pseudonymous English*

Literature，共4卷，1882—1888年版）。詹姆斯·肯尼迪（James Kennedy）、W. A. 史密斯（W. A. Smith）和A. F. 约翰逊（A. F. Johnson）合著的新增修订版共7卷，1926年出版。丹尼斯·罗兹（Dennis Rhodes）和安娜·E. C. 西蒙尼（Anna E. C. Simoni）合作了跨度为1900年至1950年的第8卷以及增补的第9卷，分别于1956年和1962年出版。

该词典按书名起首字母顺序编排，并附有作家索引，虽然所列条目并不完整，而且并不是每条都具权威性，但已是同类词典中的佼佼者。

虽然坊间有大量匿名或以笔名出版的书籍，但该词典被编目者引用的概率却并没有预料中那么多，这是因为该词典的条目多被视为公识，引用时并没有归功于它。有关该词典最常见的引用，如"未收入哈尔科特和莱恩"或"据哈尔科特和莱恩作者为培根，实为自莎士比亚"。

简明参考目录

| HAND-LIST |

在目录学语境中，这个术语在现代用法上比短标题目录或图书馆员的"查找目录"所包含的内容更丰富，但远不及描述型书目那么完整【参阅：核对目录CHECK-LIST】。

精装本

| HARD-BACK |

该术语对应的是平装本，强调了出版商以壳封的形式装订发行。

硬纹摩洛哥羊皮

| HARD-GRAIN MOROCCO |

用于装帧的一种山羊皮，硝制后有一种紧实甚至于如砺石般的质感，纹理远比黎凡特羊皮紧致，这种皮革本身质地紧实，经处理后比尼日尔羊皮硬。不能像黎凡特羊皮那样高度磨光。

哈雷风格

| HARLEIAN STYLE |

指的是十八世纪的一种装帧风格（常被误用）。该

名称来自牛津伯爵罗伯特·哈雷（Robert Harley，卒于1724年）及其儿子爱德华（Edward Harley)；父子俩都是伟大的收藏家，汉弗莱·万利（Humfrey Wanley）是他们的图书馆员，1720年代为他们完成大部分重要装帧的是托马斯·艾略特（Thomas Elliott）和克里斯托弗·查普曼（Christopher Chapman）。真正的哈雷风格有以下特征：（1）由一个或多个滚轮纹饰组成华丽而狭长的边框；（2）大块的中心装饰，通常是长菱形，由许多小单元组成；（3）醒目的亮红色摩洛哥羊皮，摩洛哥进口特供【参阅：土耳其皮 TURKEY LEATHER】。

海沃德

| HAYWARD |

《乔叟至今英国诗歌初版本及早期版本描述性目录》（*English Poetry, A Descriptive Catalogue, First and Early Editions of Works of the English Poets from Chaucer to the Present Day*，国家图书联合会，1947年插图版，1950年修订版）。

这是约翰·海沃德（John Hayward）兼具个人风格和权威性的目录展示，有着极为宝贵的注解，多年来以海沃德之名在书商和拍卖商的目录里被反复引用。究其原因，一来是因为它描述了许多迄今尚无独立书目的作者所著书籍，二来是因为它几乎达到了帕纳苏斯（Parnassus）的高度，可与格罗勒书单比肩【参阅：福兹海默PFORZHEIMER，罗斯柴尔德ROTHSCHILD，萨德利尔SADLEIR】。

书顶

| HEAD |

书的顶部，如书顶页边或书顶口。

堵头布

| HEADBAND |

通常为丝绸或棉质的装饰带，素色或彩色，内裹皮革、书带、捻纸、（偶或）藤条，固定在书背上下两端成为装帧的一部分。堵头布多缝入书页，有时也缝在封板上。自从壶口环针结缝订法（kettle-stitch）进入西方装帧工艺，堵头布已经没有技术上的必要性，但是在过去的三百多年里它起到了非功能性的装饰效果，批量装订的书

籍有时会塞入拼接的堵头布，以营造高品质的假象。

页眉书名（页眉标题）

| HEADLINE |

“在书页文字内容上端出现的一行字，往往是书名或章节标题，它们或是出现在每页上端，或是出现在相对的两张书页上，也被称为页眉书名或页眉标题。”（麦克罗语）准确来说，页眉书名指的是整行文字，也包括页码，但简明标题仅指文字部分。

剑桥大学出版的手册《手稿的制备及校样的改正》（*Preparation of Manuscripts and Correction of Proofs*）一书很实用地区分了页眉书名和页眉标题，前者是每页上端标出的书名、部册标题、章节标题等，后者用于表示相邻两页内容的简明标题，通常出现在右手的书页上，每次翻页这些标题就会改变。

头饰

| HEAD-PIECE |

在书籍章节或分册起始处的题头活字装饰或小花饰。

希伯

| HEBER |

理查德·希伯（Richard Heber, 1773—1833）拥有罗克斯堡时代体量最大的图书馆（据说藏书十五万册），英国和欧洲文学书籍尤为丰富。他的名言是每种书需要三本，一本供阅读，一本供收藏，一本供出借。他的藏品拍卖共分十三部分（1834—1837年），是一座丰富的宝藏，后世的众多收藏由此派生。他的英国文学目录后来单独印刷发行。

生皮

| HIDE |

从动物身上剥离的整张皮，需要经过鞣制或硝制以备用。这种统称是对装帧皮料的安全定义，尤其是当编目员不能确定皮料来自何种动物时。

追星聚光

| HIGH-SPOTS |

追星聚光式收藏可谓是一种受制于人的无脑行为。若

有人列出或选出某本书作为某位作家的最佳版本，或者是评论家的最爱版本，或者直接冠以最受藏家尊崇的版本这样的名头，于是，那些乐于吃套餐而不善点餐的藏家们自然就会扑向这本书而摈弃其他。这样一来，不仅使他们自己陷入困境，也会让他们的书商感到绝望。现在已不如之前那么流行，这样的书也没那么容易碰上了，但仍是钱多人傻的藏家们的心头所好。

铰合

| HINGES |

如果大家都用链接处指书封和书脊内里的连接处，而用接合处来指书封和书背外面的会合处，那事情就简单得多。但实际上，这两个词一直被混用，把书封和书背间的脆弱部位加固或修补可以叫作重做铰合，也可叫作重新接合。当然也有把两者加以区分的趋势，“铰合部脆弱”大部分情况下指的是内侧，“接合处脆弱”多半是指外侧。但装帧师口中的摩洛哥接合却是指向内侧。现在这种混乱的用法急需一些明确的规范【参阅：缝合（假缝）TACKET】。

辛曼核对（校勘）器

| HINMAN COLLATOR |

这是一种利用棱镜和镜子将一张书页的影像叠加在另一页上的机器，能即时显示两页上文字或排版上的细微差别，由已故的查尔顿·F. 辛曼（Charlton F. Hinman）在研究《莎士比亚第一对开本》时发明。之后也有其他运用相似原理的设备问世，所有这些都可能被图像数字化和计算机所取代。

人形图案

| HISTORIATED |

抄本或早期印本中大写字体或边框字体的人形图案起首字母，正确的含义是指装饰以人形的图案，以区别于用花卉或通用图案所做的装饰。

腔背装

| HOLLOW, HOLLOW BACKS |

“一种装帧形式，缝订时采用嵌入式书绳，皮革书背

没有胶合或粘贴在其上，因此，当书本打开时，封面、封底都能平摊在桌子上，凹嵌的书绳会向上弯曲，在它和皮革书背之间形成一个半圆形的空间。”（格雷厄姆·波拉德语）将一条坚韧的纸带（或管状纸筒）粘贴到书背（或书脊和书心背部）上，这就叫腔背。

这项技术是在十八世纪下半叶的法国发明的，目的是让平脊装帧书籍【参阅：法式缝订FRENCH-SEWN】能平摊开来。这项技术引入英国大约是在1820年，但它从未彻底取代脊部不留缝隙的紧背装，后者的首创者是威廉·莫里斯，出于回归传统和回归更为坚固的装帧结构之目的，在世纪末经科布登-桑德森（T. J. Cobden-Sanderson）之手再次发扬光大。

亲笔的

| HOLOGRAPH |

这是个形容词而非名词，意思是全文完全出于作者的手写，有别于只有作者的亲笔签字或签名。该词通常用于重分量的文档，如某部文学作品的全文，不同于亲笔信件、注解和题词等。

“诚信本”

| “HONEST COPY” |

从该词的字面就可推断，这本书的所有缺陷在目录中都一目了然；也就是说，它可能被清洗过，被重新装帧过，或者经历过其他偏离其原始状态的修补，但编目者并未试图遮盖这些问题，以次充好。它既非刻意被掺假的“老练本”，也非刻意没掺假的“清白本”（这样的描述肯定会把法国藏书爱好者们绕晕，他们的品位总是特别精致且老到，自然期望他们的藏书也是如此）。

时段祈祷书

| HORÆ, or BOOKS OF HOURS |

罗马教堂教规办公室内供私人祈祷用的经文和祷词一类的抄本或印本，上面会有“卢昂用时段祈祷书”或“赛勒姆用时段祈祷书”等字样，以示各教区间的区别。

在十四和十五世纪，时段祈祷书抄本的产量巨大，大部分的印本出自1490年到1520年间，巴黎是最活跃的生产中心。

角帖书

| HORN-BOOK |

“角帖书，原本是一张有字母表（通常还有十个数字、一些拼写规则和祈祷文）的纸，贴在一块有把手的木板上，上面有一层薄薄的透明角帖做保护”，最简单的就是一张纸贴在一块有把手的木质球板上。从十六世纪初到十八世纪，角帖书是孩子们的启蒙读物，A. W. 波拉德曾说过[1]，真正的角帖书比《莎士比亚第一对开本》还要罕见，因为那时没人会想到去保存下来，这句话放在1911年是正确的，今天依然正确。更为豪华的象牙版甚至白银版角帖书可能反而更常见，因为真本角帖书价格高昂且都独一无二，每个真本大概都有一打现代仿真版或赝品，有的粗糙，有的精细。

1 《大英百科全书》(*Encyclopædia Britannica*，1911年版，《书籍收藏》一文)。

I

理想本

| IDEAL COPY |

这个术语曾经是文本目录学家们的高频词，源于以下事实：在手工印刷时期（之后日趋少见），书籍可能在印刷过程中被校正，于是就成了移动的目标，很难达到最理想的一刻。虽然在理论上某个版本是能够达到理想的状态的，在印刷完成之后能够展示作者、出版商和印刷师的终极意图。虽然目标并非不可企及，但所谓理想本终究只是柏拉图式的概念，如同置身于没有飞蛾也不会生锈的真空环境。实际上，发行时的不同情境，不可避免地会造就数个“理想本”；当然时间因素可能会破坏这些突出的特征，因此理想本只能靠推论来修复。但这个词现在已经过时了，依然对此有兴趣的可能是抱着记录传统传承迹象的心态，但也可能为狩猎蛇鲨却迎头撞上了怪物。[1] 当然这两个目标都是令人钦佩和可取的，但也有藏家对此都不感兴趣，他们更关心的是在印刷中或出版后出现的变化，造成的初版和后来版本之间的差异，或是习惯性地追寻最早的

1 《猎鲨记》是卡罗尔所写的一首荒诞诗，讲述了一群人出海狩猎蛇鲨（也为虚构之生物），却遭遇了另一种更可怕的能令人消失的怪物。——译注

文本状态，虽然这些文本可能有更多的谬误且没有进行完全的修正【参阅：形式和状态 ISSUES AND STATES】。

手绘彩图（泥金彩绘）

| ILLUMINATED, ILLUMINATION |

这个术语是手绘装饰图案的统称，可以是通用图案风格，或花卉、人形装饰图案风格，可用金色、银色或彩色颜料。可用于印本（通常是很早期的印本）的起首字母、单词、第一行或初始页面；但在抄本中更常见，页边上可能画满图案，也有许多全页微型画。

插图过程

| ILLUSTRATION PROCESSES |

该过程有两种形式：（1）基本上直接来自作图工具（也可能是相机）；（2）影印。

影印复制的过程包括线条凸版、半色调、照相凹版印刷、共版印刷和光刻等。

另一类别包含了大多数古旧书收藏家感兴趣的插图，可再分为四个小组：（a）凸版印制，如木刻、木口木刻，比较少见的金属雕刻；（b）凹版印制，如铜版和钢版凹雕、针刻凹版、美柔汀、蚀刻、腐蚀制版和凹版印刷；（c）平版印制，如石印；（d）作品原件，由作图工具或照相机制作。

班伯·加斯科因（Bamber Gascoigne）的《如何识别版画》（*How to Identify Prints*，1986年版，2004年第二修订版）为初学者提供了不同创作手法的历史和识别方法。迈克尔·特威曼（Michael Twyman）的《1770年至1970年的印刷》（*Printing 1770–1970*，1970年版，1998年第二版）有更为详尽深入的探讨，并附有出色的书目。有关技术细节，请读者参阅哈罗德·科文（Harold Curwen）的《印刷中的图像复制过程》（*Processes of Graphic Reproduction in Printing*，1949年版）。有关历史介绍，请参阅A. M. 海恩德（A. M. Hind）的《雕刻史》（*A History of Engraving*，1923年版）或汉斯·沃夫冈·辛格（Hans Wolfgang Singer）与威廉·斯特朗（William Strang）合著的《蚀刻、雕刻和其他印制图片的方法》（*Etching, Engraving and the Other Methods of Printing Pictures*，1897年版），其中也包含了完整的书目【参阅：木版书BLOCKBOOKS，彩色全页插图本COLOUR-PLATE BOOKS】。

出资人

| IMPENSIS |

源于拉丁语，原义为代价，用于早期书籍的版本说明或书尾题署中，以明确出版商或提供资金的书商或赞助人。

缺陷

| IMPERFECT |

该词仅用于描述印本或抄本的内部状态，如果是装帧上的缺陷或损坏则通常用“有瑕疵”这个词语来表示。缺陷本为挑剔的藏家深恶痛绝，一般很少用到这个词，除非有严重的不完整现象，比如少了空白页、前扉页或勘误表等，通常情况只标注“有缺失”。

帝裁纸本

| IMPERIAL PAPER COPY |

和皇家或王冠【参阅：版式FORMAT】一样，帝裁也是造纸厂使用的一种特殊（大尺寸）印张的名称。但

是帝裁纸本一词定义宽泛，多少带点浮夸，在十八世纪和十九世纪初期成了大开本或优质纸本的代名词。

制版

| IMPOSITION |

抄写员或排字技工安排版面的方式，使得页面在折叠后以正确的顺序出现在印张上【参阅：版面推算CASTING OFF，版式FORMAT，集帖（书帖）GATHERING，印张SHEET】。

（1）印次 （2）印张 （3）印量 （4）印迹

| IMPRESSION |

（1）在印刷机上印刷印张的行为。

（2）用铜版、石版或木版印制的单张，通常为图画。

（3）某个版本一次印刷的数量【参阅：版本和印次EDITION AND IMPRESSION】，如，“首次印刷限量500本”，或者“标题页无初版版本后续印次的日期”【参阅：千THOUSAND】。

（4）印刷或装帧压印的质量，如，“插图印制效果良好”，或“只有本书这样的早期印本才有印迹清晰的雕版标题”，或“封面封底都有异常清晰的族徽压印”【参阅：纹章 ARMORIAL】。

出版许可

| IMPRIMATUR |

拉丁语，意为允许印刷，这是出版流程中的最后一环，由官方（世俗或宗教）签署授权出版许可。底层官员证明已完成前期审查：无异议（nihil obstat）是第一步，之后是允许印刷（imprimi potest），行动许可随之跟进，构成官方授权的印刷许可。这种许可证常见于十六和十七世纪的各国书籍，通常印在前头，有时也会单独印一页，称为许可页。也有些教会或世俗的授权人员会把出版许可作为印刷许可的一部分，通常会被印制出来，有时也会在被授权的书中独占一页。无论是否在禁书索引里，官方检查员都会阅读一部分书籍，并做相应的修改或段落删减【参阅：涂改 BISQUING】。

另【参阅：许可（页）LICENCE，特许 PRIVILEGE，登记（进入同业公会名录）ENTRY（INTO STATIONERS' REGISTER）】。

版本说明

| IMPRINT |

向读者（和法律机构）说明负责本书制作的人员的信息。一些最早期的印本没有这类信息，但是从大约1465年到十六世纪末，印刷师的版本说明通常置于尾页（在这个位置上书尾题署是更恰当的叫法），通常包括印刷地、印刷师和印刷日期。

到了十六世纪，随着标题页的出现，就有了把印刷商版本说明移至此页的趋势（即使在书尾再现一次），从十六世纪下半叶到十八世纪末，它又常和书尾题署合并，比如，由A. B. 为P. Q. 印刷，或是为P. Q. 和R. S. 印刷（有时还会进一步写上由Y. Z. 销售）。这些不同的记录方式对当时的书籍行业来说有着确切的含义，值得继续研究（尤其是还为判断书籍制作的资金来源以及从批发到零售的分销网络提供了线索）。后来，标题页/前扉页的下半部分通常就留给了出版商的版本说明，同样也包括了地点、名称和日期。而印刷商的名字（或许还有地址）就被放到标题页或副标题页（前扉页）的反面，或者放到书尾；在十八世纪经常就干脆都不放了。这两种题署都可能同时伴有印刷商或出版商的图标或徽章。从1799年开始，法律（乔治三世第39号令第79法案）要求印刷商把名字和地址印在所有的印刷物上，这个规定现在依然有效，但至今肯定已经被违反数千回了。

这个词也用于其他情况：在精装本书背上加盖（或印在纸质标签上）的出版商印章，或是某一印刷商或出版商的全部出品，如“巴斯克威尔（Baskerville）版本合集”。

如果实际印刷地和版本说明或书尾题署所述地点不符，则被称为题署错误。

摇篮本，摇篮本鉴定家

| INCUNABLE, INCUNABULA, INCUNABULIST |

拉丁文对早期印本的描述，指用新生的印刷技术印制，尚在襁褓（cunabulis）之中。后来逐渐演变成一个新造的名词incunábulum（复数incunábula），指代那些在印刷术发明之初的印本，多年来进一步发展为特指1501年之前的印本。这个词的英语化过程，无论是单数还是复数形式incúnable(s)，已有一百多年历史（狄布丁生造了fifteeners这个词，虽有威廉·莫里斯和罗伯特·普罗克特的认可，但并没有流行起来）。这一领域中最常被引用的参考书有《大英博物馆十五世纪图书目录》、按印刷师地理位置编排的普罗克特目录、《维根德拉克摇篮本总目》、海因的《书目大全》、按作者姓名字母顺序排列的高夫以及《摇篮本短标题目录》（ISTC）。

该词更早更宽泛的意思是“处于最初发展阶段的任何事物”（SOED），引申到某些句子中有了新的用法，如，（1839年5月的火车时刻表）是“铁道文档的雏形”，或者，（爱因斯坦的早期论文）是“相对论的雏形”。

禁书索引

| INDEX |

《禁书索引》（*Index Librorum Prohibitorum*）是被教会禁止的书籍清单，从1557年开始由梵蒂冈和其他地方当局定期出版。“上了禁书索引”意味着该书是被查禁的、罕见的（也不一定）、有伤风化的（至少按教义来说）。奇怪的是，罗马发行的一系列版本并没有普遍的权威性，其他地方当局出版的都是有趣的变异版本。

印度纸（摩拓纸）

| INDIA PAPER |

（1）是印度（摩拓）打样纸令人困惑的缩写，和用于雕版打样的中国纸一样，因此也叫印度打样纸。

（2）牛津印度纸（圣经纸），一种非常薄但很坚韧的印刷用纸，色白但不透明，1875年首次成功仿制东方的纸张，为牛津大学出版社所用。

起首字母

| INITIAL |

通常在全书或章节的起始处会给起首字母留出一个空位，填入的可能只是一个大号的字母，或者是有叶子或花朵装饰的字母，这样的起首字母被称为花饰起首字母；如果配以场景，则称为人形起首字母；或者只是一个通用字模，周边无特殊意味的装饰，称为通用起首字母。

镶嵌

| INLAID |

（1）用于装帧：用一块或多块彩色皮革嵌入主体皮

革切开的空间中，嵌入的叫嵌皮。如果书封表面整体都是这种装饰方式，就叫马赛克装帧【参阅：镶贴 ONLAID】。

（2）用于纸张：（a）在较大通常也较厚实的纸页上，切开一个口子，嵌入另一张书页、全页插图或剪切页，从而增加这页的边距，达到扩大整页的目的（这样做通常是为了和同系列的书籍保持一致的尺寸，因而被描述为按尺寸镶嵌）；（b）修整严重受损的书页，需要通过贴覆的方式重新安排书页四周边距。

题词本

| INSCRIBED COPY |

除非有特别的注明，否则这个词就是指有作者亲笔签名或题词的书籍。通常来说，还暗含给某人或为某人题的词，或者是带有与签名相伴的情感成分。

把馈赠本和题词本区分开来很重要，前者是作者主动送出的礼物，对藏家来说自然会有更强烈的情感上的吸引力，而后者通常是在出版之后应所有者的要求而题词的。当然，这种区分并非总能做到，因为作者既有可能真诚地送上多年前出版的书籍，也有可能像对待朋友一样给陌生人写一段题词。如果书商不给这类疑问留一点空间的话，那就太没人情味了。当然，在更多的情况下，可从题词的语气及日期（如果有的话）和标题页上的出版日期之间的关系之中找出一些端倪。

题词

| INSCRIPTIONS |

与题词本不同，题词这个术语并不意味着一定和作者有关联。如果是跟作者或任何值得一提的人物无关的题词（可出现于环衬、护扉页、标题页等处），会被书商目录提及的可能性只有两种，一种是因为过于张扬显眼，已伤及书籍的品相，一种是有一定的值得关注的兴趣点；当然，如果是重要且昂贵的书籍，如有题词，一定会有详细的描述。

但是，现代书籍上，原书主即使只题写了名字和日期，有时也会被描述为“环衬页上有题词，其余完好”，这种为了迎合迷恋完美品相的藏家而采取的过分挑剔的态度，是被尊重书籍流转出处的藏家所不屑的，尤其是当事关早期书主时。

插（入）页

| INSERT, INSERTED, INSET |

这几个术语适合放在一起讲解。插页的定义是“将一折叠的书帖插入另一个书帖中，使页码完整有序；将一额外书页或多页插入书页或书本之中；插入杂志之中的独立广告页；等等”。插页是书籍内容必不可少的一部分，但它并非印刷和装订时的原生部分，如“全书完整有插入前言页”“第148页是平面图插入页”等，以这样方式插入的单页因此就被称为分离页。与之相反，插入的广告页通常是单独印刷的，视不同的书籍内容插入不同的广告。最后还有一种情况是某位书主的自行插入，虽然跟书籍或多或少有点关系，但就结构和意图而言相去甚远，比如，“插入肖像”（暗指该肖像不属于书的一部分），或“插入来自其他较短版本中的两页”（暗指实为拼接），以及“插入了作者的亲笔签名信”，等等。

在最后这种情况里，插入一词通常指通过装订、缝缀或夹塞进入书籍之中。而信件或剪贴之类并不真的与书本合为一体，恰当的描述应该是放入或者松散地夹入书页之间【参阅：包帖OUTSET】。

凹版

| INTAGLIO |

这是把图像刻入印版的雕刻过程，和将表面切除使图像凸显的木刻过程正好相反【参阅：腐蚀制版AQUATINT，针刻凹版印刷DRYPOINT，雕刻ENGRAVINGS，蚀刻ETCHING，凹版印刷GRAVURE，美柔汀MEZZOTINT】。

原生（构成整体的）

| INTEGRAL |

所谓原生页指的是与书帖中其他书页实际相连的书页，与之相对的是独立的分离页，虽然插入书中但其实是独立印刷的；更有别于诸如装帧空白页或插入的广告页等，如，“缺失原生的Q8，虽然上面只有印刷商版本说明”，或者，“完整本，带空白页R4，为最后一帖的原生部分，通常缺失”。

隔页

| INTERLEAVED |

装订时空白页和印刷页交错出现，称为隔页。

国际古籍书商联盟

| INTERNATIONAL LEAGUE OF ANTIQUARIAN BOOKSELLERS |

国际古籍书商联盟（Ligue Internationale de la Librairie Ancienne，通常称为ILAB或LILA）成立于1948年，与各国的主要古籍书商协会有兄弟协会的关系，有国际选举的主席和委员会，与其成员协会交互提供常规服务。它为二十个国家两千家主要书商代言，其标识代表着每个成员所遵从的世界图书交易的诚实度和专业度。该联盟赞助书展和出版成员书商的国际目录及图书销售术语的国际词汇表（八种语言），同时还维护着一个提供图书世界和待售图书数据库的网站（电子邮箱：info @ ilab-lila.com）。

互联网

| INTERNET |

互联网从多方面改变了书籍销售和收藏的面貌，用网站为库存或需求做广告，信息更新及时，具有明显的优势，对书商来说劣势只有一个：如何确保客户以及竞争对手登录。这个难题相比以前已有好转，因为他们也发现了搜索引擎在获取所需书籍信息方面的价值。他们唯一不同的问题是如何保证所提供书籍的质量，比如至少是拍卖师所能提供的担保。荒谬的例子是即使同一本书的相同版本在同时期的广告里都会有非常不同的描述和价格，这可能让行家觉得好笑，但书商和藏家都已意识到某些共同的价值观正在面临挑战。国际古籍书商联盟及其他古籍书商协会意识到了这种风险，但是与控制搜索引擎的各方展开的谈判却收效甚微。

从长远来看，也许更严重的危机是对书商目录的威胁，目前已经遭到部分人的抛弃。但那些依然在印刷文字里做着交易的人还是恋旧的，水井边的陶罐还没有全碎。

形式和状态

| ISSUES AND STATES |

在书籍制作过程中，对内容产生影响的修正增删在“初版日”（这本身就是个确定性存疑的概念）之后仍有可能持续发生，有差别的书籍在销售上却是无差别的。这些变异本按照受影响的各部分（与书籍本身无关）的状态进行划分，从而将它们的形式与版本的推进相关联（一个例外是不同的标题页形式，通常与出版商的版本说明相关）。

可否据此推断版本的时序优先并不好说，但可以断言的是，任何出版的时序其实都是偶然的。如果有明确证据证明相似的差异是在出版后形成的，那么两种（或多种）形式是可以区分的。

当然，在同一版本中完全可能有不同的形式和不同的状态并存。例如，有些文字在印刷过程中已被改正（于是便有了不同状态的书页），然后，受压于书评员的当众羞辱，在尚未卖掉的书籍中以修正页来替换，于是就有了第二种形式。但是第一种和第二种形式的书籍都有可能呈现随意组合的状态差异，必须反复强调的是，这些对判断时序优先没有任何帮助。

从书志的角度来看，形式的差异比状态的差异更简明直接，而且，也更受痴迷时序优先的藏家的追捧，因此许多尚无定论的案例就会被假定为具有形式差异，且会持续如此。然而，在现实中，如果有证明这种可见差异源于出版之后的有意为之，那么写下"形式"两个字的人就要摸摸自己的良心了。一个虽然有一刀切之嫌但依旧可行的建议是，所有这类"形式"在未被证实之前一概称为"状态"，或者，就先简单的以差异视之。

对二者的区别做出最佳论述的当属汤姆斯·田瑟勒的《形式和状态的目录学概念》（"The Bibliographical

Concepts of Issue and State”, *PBSA* LXIX，1975年版，第17—66页），现因被收入国会图书馆手册《善本书的描述目录》（*Descriptive Cataloging of Rare Books*，1991年第二版）而成为经典。

形式：“一组已出版的印刷本，构成了有自主计划的出版单位，通过一个或多个明确设计的差别，把该组书本和同一次印刷出版的其他书本区分开了，形成一个分离的单元。”

状态：“一个或一组书，它们的印刷印张或出版商装订与其他书不同（虽都属同一次印刷或形态），出版商并不希望这些差别引起公众的注意，也不代表任何独立版本。”

【参阅：版本和印次EDITION AND IMPRESSION，年代时序癖THE CHRONOLOGICAL OBSESSION，版本独有特征POINTS，版本独有特征收藏狂POINT-MANIACS，错印MISPRINTS，撤换（修正）页CANCELS，二次装订SECONDARY BINDING】

伪书志学贩子

ISSUE-MONGERS

伪书志学贩子不仅是收藏界里最坏的害虫之一，而且也更危险，因为许多谦逊善良的藏家把他当成应该感谢的英雄。他可能是书目作者（通常是自封的）、书商或藏家，他的祸害程度也按这个顺序排列；他可能是拉斯罗普·哈珀（Lathrop Harper）口中的那个“目录学野鸡大学”的荣誉毕业生；他可能是一个造假大师，即使自己不能从两本书中找到微小差异，也会利用别人的观察结果做出假论断。给他看一个错印或缺字，他会立即抛出一个“独有特征”；给他看两个出版商目录插页有一个月的时间差，他能信口开河地写上一大段；给他看一本正好没见过的纸封平装校样本，他马上会下结论是“试发行版”或“先于首版”，波拉德和麦克罗的棺材板都要压不住了。

他是那些版本独有特征收藏狂天然而无情的猎手，但不幸的是，更多的受害者却是那些耳根软的藏家，他们一遇到时序优先的问题就乱了方寸。平心而论，每个差异都有其重要性，有其在书籍生产历史中的相应地位，都值得藏家的关注，但并不一定都能证明是版本的独有特征。

公平地说，相比1952年此书刚刚出版之时，如今伪书志学贩子远没有以前那么众多、自信、有影响力了，这说明藏家和书商变得更加明智了，也可能是因为以前那些需要辨识差异的常见书现在已经很稀有了。

《摇篮本短标题目录》

| ISTC |

《摇篮本短标题目录》采用了和《十八世纪英国或海外英语书籍短标题目录》相同的基本规则，由大英图书馆的洛特·海林加博士（Dr Lotte Hellinga）担任总编。它的核心围绕着高夫版的目录，但现已扩展到所有已知的十五世纪的印本，无重复地补充了《维根德拉克摇篮本总目》，且条目更完整【参阅：《大英博物馆十五世纪图书目录》BRITISH MUSEUM CATALOGUE OF BOOKS PRINTED IN THE FIFTEENTH CENTURY，海因 HAIN，普罗克特 PROCTOR】。

斜体

| ITALIC |

人文主义字体的倾斜版，阿尔定在1500年赋予其印刷形式。起初和罗马正体通用于完整的文本，后来逐渐取代了它。依十七世纪英国的惯例，在用罗马字体排版的文本中使用斜体来表示专有名词或其他以示区别的词（通常用于修辞），并由此衍生出表示强调的现代功能。

J

书衣（护封）

| JACKET |

书衣是硬壳封装书籍外层纸质护封的通常叫法，缩写为“d-j”（DUST-JACKET）或“d-w”（DUST-WRAPPER）。

詹姆斯

| JAMES |

蒙塔古·罗兹·詹姆斯（Montague Rhodes James，1862—1936），历任剑桥国王学院和伊顿公学教务长，也是一系列中世纪抄本目录的作者，其中包括了剑桥各学院的目录，被引为“詹姆斯”；他还确立了罗克斯堡俱乐部闻名世界的学术标准和优雅的设计风格。

詹森尼斯特（装帧）风格

| JANSENIST STYLE, JANSENISTE (OF BINDING) |

这是十七世纪晚期到十八世纪初期的一种法国装帧风格，特点是外封冷峻质朴，皮质贴衬却极尽奢华。后世的

装帧师将这种风格推向标准化，外表完全不加装饰，而且至少英国的装帧师将皮贴衬用普通环衬取代，但包边依然很宽，上有蕾丝装饰的豪华烫金，或是多条烫金滚线组成的大边框。

日本（式）牛皮纸

| JAP (ANESE) VELLUM PAPER, JAPON PAPER |

质地硬朗表面光亮的纸张品类，因与牛皮纸相似而得名，通常为浅米黄色；主要用于豪华版书籍。日本牛皮纸（法语为papier de japon）在日本手工制作，价格昂贵。日本（式）牛皮纸则是在英国生产的仿品。

接合

| JOINTS |

为方便区分，应鼓励把书背和书封连接处的外面称为接合，里面称为铰合。在书籍描述中很少需要提及书背接合，除非有什么问题；这些问题按照严重的程度可依次描述为磨损、单薄、脆弱、开裂、松动、缺陷、丢失等【参阅：重新接合RE-JOINTED，缝合（假缝）TACKET】。

少儿读物

| JUVENILES |

指童书，是从出版界借来的行业切口，现已基本过时。彼得（Peter Opie）和艾奥娜·欧皮（Iona Opie）更偏向于使用“童书”（children’s books）这个词，因为更坦率，听起来也更受人尊敬。有别于作家少年时代创作的作品。

少年时代作品

| JUVENILIA |

作家在少年时代创作的作品。

K

科尔

| KER |

尼尔·里普利·科尔（Neil Ripley Ker，1908—1982），《大不列颠中世纪图书馆》（*Medieval Libraries of Great Britain*，1941年和1964年版），以及四卷本目录《英国图书馆藏中世纪抄本》（*Medieval Manuscripts in British Libraries*，1969—1992年版）的作者，两部作品通常分别简称为*MLGB*和*MMBL*。

关键书

| KEY BOOKS |

关键性书籍之于一个主题，犹如追星式收藏之于一位作者，这类书籍就是传说中在该领域中拥有最重要地位的或最具开创性意义的著作。这是一个非常容易被无知或浮夸地误用的术语，但是，因为那些急于在科学、哲学、法律、探索和技术等方方面面人类思维及想象活动的历史上找到标杆的人们，这个术语又获得了新生。格罗勒书单、海沃德目录和《印刷与人类思想》（PMM）都被滥用过。

L

标签

| LABEL |

（1）皮标签，也就是人们更熟悉的书名标签，从十七世纪后期开始装帧师将皮标签用于书背之上。皮标签通常与主体皮革的颜色不同，采用的是削得极薄的摩洛哥羊皮（即使书本身是犊皮或半犊皮精装），上面通常是烫金的书名、卷号（如果需要的话）、作者姓名（十八世纪末之前偶尔可见，之后便成为常态），有时还会有出版日期。如果同时有两枚颜色可能不同的标签，通常称为双标签。

（2）纸标签。最早的纸质标签出现在1760年代，十八世纪后半叶开始用在硬板封装的纸质书背上，通常是排版印成，偶尔也有雕版而成。这类标签在十九世纪初期的书籍上非常普遍，即使在硬板封装逐渐被出版商布面装帧取代之后，依然是常用的贴标方式。这种方式甚至用于早期的布面精装书籍，直到1832年后，由于在布面上直接施印标题和装饰的技术得到完善，才迅速退出阵地，但依然是半布装帧的标配。从那些意外得以保留的幸存者中，我们能看到至少从1800年开始，纸标签基本上都是随书同时印成；通常是印在某张多余的空页上，或者印在原本可能是前扉页的纸张上。

排版印成的纸标签其实从未消失，在1890年代和1920年代两度卷土重来，虽然规模有限。后来的出版商意识到纸质标签易损易脏，因而提供了备用标签，黏附在书尾。如果藏家注意到纸标签的成色比书封布面新得多，如比尔博姆（Max Beerbohm）1896年版的《文集》（*Works*）或斯特拉奇（Lytton Strachey）1921年版的《维多利亚女王传》（*Queen Victoria*）的标签，那么多半是备用标签派上用场了。

（3）作者或图书馆标签【参阅：藏书标签BOOK-LABEL，前图书馆本EX-LIBRARY】。

（4）【参阅：竖式标签LONGITUDINAL LABELS】

贴复

| LAID DOWN |

（1）修复破损书籍时，将精装本书封上脱落的皮革或布片粘回到原来的位置上，而不是重做书脊或重新装帧，这个修复过程就叫贴复。

（2）【参阅：装裱MOUNTED（2）】

条纹印痕

| LAID LINES |

【参阅：直纹 WIRE LINES】

直纹纸

| LAID PAPER |

造纸最初是将纸浆放在框架或模具里，下面垫网格托盘，平行的网格线细密有致，与略宽且错落的垂直网格线相交错。这些网格线会在成品纸张上留下痕迹，对着光就能看到，分别被称为直纹和链线。（布纹纸则是在编织网线上制造，所以它的自然形态没有这些痕迹。）从模具里取出的湿纸放入羊毛毡吸水干燥，贴着毡的一面纹理易辨，称为毡面，反面是模面。

大约在1800年之前，无论是直纹纸还是布纹纸，都是手工制造；一些高级纸至今仍保持手工制作的传统。然而不可避免的是，造纸商很快就学会了如何把移动流水线网上造出来的机制纸加入直纹纸的纹理特征，所以，判断现代纸是机制还是手工制作，不能凭借链线甚至水印，这些在真真假假的高级机器纸上都会存在。

热封裱褙

| LAMINATION |

为了给脆弱易损的书页提供保护，将它和透明纸或内侧涂有黏合剂的惰性塑料一起热封。

【参阅：密封保存ENCAPSULATION，丝裱（托绢）SILKED】

大纸本/高级纸本

| LARGE (or FINE) PAPER COPY |

在同一版次印刷的图书中，其中一小部分被印在更大幅或更高级的纸上，不同于此版次的大部分书籍。这种大纸本可用作展示、赠送会员或以更高价格出售。所采用的纸通常质地精良，特别是在十八世纪，这部分书籍常被称为高级纸本、皇家纸本或帝国纸本（有人也会把十七、十八世纪页边距特宽的书籍夸为大纸本，这是没有道理的）。纸面过大的书籍看着很不舒服，除非按比例换用大号字模重新排版，但通常情况下只是徒增书页边距，活字依然是当中那一坨。

在没有确证的情况下，可以认为大纸本通常在普通版本之后印刷，而不是之前，尽管很可能同时出版【参阅：优质纸本 FINE PAPER COPY】。

法律犊皮

| LAW CALF |

这种表面光滑的犊皮呈现很不讨喜的黄褐色，过去常用于装帧法律书籍（半犊皮装更常见），因而得名。注意不要和更早以前用于法律书籍的翻毛犊皮混淆，这种粗犊皮也曾用于账本和记事本，极少见于其他书籍。

落版

| LAYOUT |

版面设计师为了将他设想的印刷效果传达给印工而给出的设计、草图或书面指令。

空铅，插空铅

| LEAD, LEADED |

活字印版通常要填满不留空当，如果行与行之间需要

留有距离，就会插入比活字略低的金属条，这就是铅条，这样处理的书页可称为插铅条页。

书页（书叶）

| LEAF |

书页是最小的书目单位，有正反两面。书页的单数和复数缩写形式为l.、ll.或f.、ff.（源于FOLIO，“对开”）。把页面和书页混为一谈的草率行为看来是越来越多了（如“第73页面的反面”“标题页为撤换页”），发现了就该批评制止。书志学家也不应忽略另一基本事实，那就是任何书页都只是印张这个基础结构单位的一部分。

单叶书

| LEAF BOOK |

早已过时的单叶书，可以算是一定要狗嘴里吐出象牙来吧。一本有着严重缺陷的名著给单叶书提供了机会：制作者会邀请合适的权威为它撰文，优秀的印刷厂为它制版，选取比原书尺寸略大的开张，按残存书叶的数目决定印量，每本书只嵌入一张原书残叶，然后漂漂亮亮地装帧

好就大功告成了。1921年的所谓《尊贵的残篇》(*A Noble Fragment*)就是单叶书之开先河者，以这种方式解构了幸存的二百多页（约占原本的三分之一）四十二行《古登堡圣经》。现如今，事实证明《圣经》的单叶就价值连城（不止其金钱价值），这种做法简直就是暴殄天物；但在当时，这一举动被视为以诚信的方式把不可销售的东西带入大众市场。古谚云，疑难案例出坏法，从某种程度上说单叶书总是疑难案例，但无论出于什么原因，拆散都是不可饶恕的。

传单类散页

| LEAFLET |

传单为小开张印刷页，偶有对开或四开未经缝缀的散页，通常出于促销目的免费发放。

【参阅：大单张BROADSIDE，单页印刷品（传单）FLY-SHEET，小册子PAMPHLET】

皮革

| LEATHER |

这是对未经分类的皮料（例如犊皮、摩洛哥羊皮等）的统称，通常用于不易或不值得从商业角度加以区分的皮料，如普通羊皮或软皮。也有可能是编目员根本分辨不出品类。

人造革

| LEATHERETTE |

人造革也称为rexine，仿造皮的意思，是一种用于出版商装帧的耐磨材料。制造工艺是在布料外面覆以塑料涂层，经研光后呈现皮革外观。

账本装帧

| LEDGER BINDING |

公司或私人账本比供阅读的书籍使用更频繁，因此就出现了专门的账本装帧，从中世纪缝制手法繁复奢华的一体书绳式，到十九世纪金属弹簧腔背式，形态多样。然而，所有这些都和高脚桌、墨水瓶和水笔一样过时了。

（活）字

| LETTER |

直到1800年之前，该术语是字模的通用英语表达，

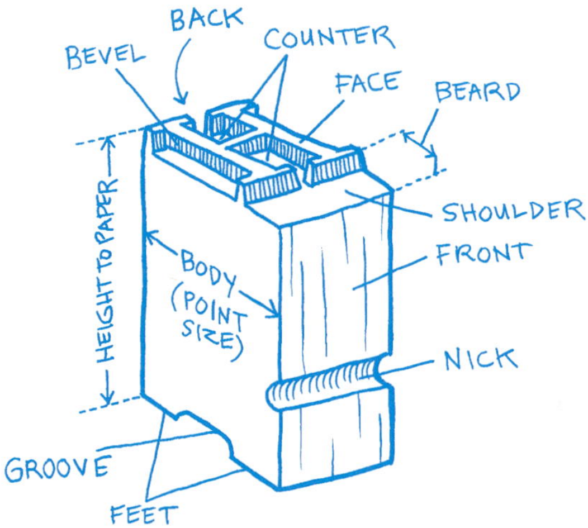

活字字模

专指一个活字字模。一副完整的活字组成了一组字套，而像A、e或&这些单个字符的活字则称为字粒。

加以书名

| LETTERED |

这个术语用于表示书名在装帧后的书籍上的呈现和定位。直接加以书名表示将书名及作者姓名等内容直接压印在装帧材料上，无论是皮革、布料还是纸质硬板，而不是按照自1700年以来的普通做法，先印刻好书名标签再贴

附到书封上。在那之前，书名常常会出现在封面边缘，通常是前书口，书头或书根位置较少见【参阅：竖式标签 LONGITUDINAL LABELS】。

书名标签

| LETTERING-PIECE |

如果是用皮革制成的书名标签，可直接称为标签。

（1）凸版印刷 （2）文字部分

| LETTERPRESS |

（1）通过金属活字或任何其他凸版版面进行印刷的过程。

（2）在宽泛的意义上，这个词指书籍中的文字部分，相对于图片部分而言。

法国法令文书专用字体

| LETTRE BATARDE |

【参阅：哥特式字体 GOTHIC TYPE】

黎凡特羊皮

| LEVANT |

一种纹理稀疏的摩洛哥羊皮，在二十世纪被认为是该类别中最为优雅的皮革，通常被高度磨光。顾名思义，这种羊皮源于近东，之后，品质最优的产于法属北非，通常在法国加工。如今，还能在制革商目录中找到的黎凡特羊皮仅限于产自南非的皮革，在业内被称为“开普黎凡特”或“开普山羊皮”【参阅：直毛羊（无绒毛羊）HAIR-SHEEP】。

图书馆装帧

| LIBRARY BINDINGS |

藏家口中的图书馆装帧本来自流通图书馆，而非公共或机构的图书馆。

从最初开始，流通图书馆就定制自家独有的装帧，通常为半皮装，不裁切书边，这种做法一直持续到出版商布面装帧成为小说类书籍的标配。然而，图书馆装帧又是遮遮掩掩难以明判的，除非有图书馆标签提供铁证【参阅：前图书馆本 EX-LIBRARY】。

在十九世纪下半叶，图书馆下单批量装订的特制布面装帧可能比我们所知道的更普遍，然而明确记录在案的却很少，艾略特的《激情主义者费力克斯·霍尔特》（*Felix Holt*，1866年版）是其中之一。流通图书馆的常规做法是直接采购出版商布面装帧的书籍。

二十世纪的图书馆供应商从出版商手里购得完成集帖的书心，扎实牢固地装订好之后再倒卖给公共图书馆。这类书籍不同于将原始布面重新装订的书籍，后者在重装过程中书边可能会被裁切。除非藏家已经放弃了得到任何一种更好版本的希望，否则这种图书馆重装本根本碰都不会碰的。

图书馆版
| LIBRARY EDITION |

一种用方便阅读的大号字体印刷的版本或合集，虽然富有想象力的书商描绘出一幅绅士在图书馆里捧读的画面，但在现实中图书馆版书籍和绅士都已经过时。

图书馆印章
| LIBRARY STAMP |

这是一个常带歉意的术语，用以描述书名页和其他

页面受不雅观的机构所有者印章的污损。在1870年左右，橡皮图章开始取代金属图章，靛青颜料几乎同步面世，从此图书馆印章的出现频率大增（尤其是在德国）。人们对古旧的图书馆印章持有相对宽容的态度，如果是藏书家印章就更宽容了，比如“属于理查德·希伯”，而诸如“供审查本”或“作者用章”等素色印章更是加分。

许可，许可页

| LICENCE, LICENCE LEAF |

【参阅：出版许可IMPRIMATUR，特许PRIVILEGE，登记（进入同业公会名录）ENTRY（INTO STATIONERS' REGISTER）】

限量声明

| LIMITATION NOTICE |

一种印制（罕有手写）的证书，用以声明某书某版本（或其中的特定部分）的印量，通常每本书会标注序列号，如，“此大纸版本（或“此手工纸版本”或“此签名版本”）共印刷x本，此为第y本”。如果有不止一次特殊印刷，会具体详细列出，如，“本版本有a本犊皮纸版，b本手工纸作者签名版，以及c本日本犊皮纸版，此为其中第d本”。

自十八世纪起，法国人在这方面比英国人有过之而无不及，将这种事做得更夸张，定位于藏书市场的现代法国书籍的“印数声明图表”（justification du tirage）通常会占到半页的空间【参阅：限量版LIMITED EDITION，豪华版ÉDITION DE LUXE，大纸本/高级纸本LARGE PAPER COPY，限量外OUT OF SERIES】。

限量版

| LIMITED EDITION |

指任何一个有限印数量的版本（若声称限量版却没有说明限印的数量，应该怀疑）【参阅：限量外OUT OF SERIES】。

限量版的发行有以下动机：（1）如果有插图，则从铜版、木版或石版上所能获得的合格图片数量决定了该版本的数量；（2）如果是手工印刷，印工对追求顶级作品的激情到了一定的数量会开始消退；（3）出版商认为如果从一开始就营造出稀缺价值，有助于提高销量；（4）如果出版商已经预估到了潜在销售量是几百（或几千）册，也决定了按此数量印刷，于是顺水推舟地发个正式的限量声明。

然而，无论是多么限量，藏家都应该记住一份限量声明所拥有的魔力，它足以确保这本书被丢弃、回收或蹂躏的可能性远小于普通书，而且，书主越是无知，魔力就越大。其结果是，现如今，标注了“限量1 750册，作者签名本”的书，其稀有程度很可能远不及没有高调发布限量声明而印量不相上下的普通版本，一个极其限量（一百或以下）的版本自带稀缺性，但时间的流逝并不会使之更为稀缺。

软皮装帧

| LIMP |

该术语指的是不采用硬质封板的装订方式。软面犊皮纸装帧在十六和十七世纪就很普遍，到十九世纪末又随私人印书坊（PRIVATE PRESSES）而再次兴起。软布装向来用于出版商装帧中的廉价轻薄或教育类书籍，至今仍偶有所见。在十八世纪末和十九世纪初，软皮装则常用于地图册等；后有麦克米伦（Macmillan）出版的吉卜林和哈代的薄纸型袖珍本，以及休·汤姆森（Hugh Thomson）插图的简·奥斯丁。大约在1880—1920年间，软皮装帧也是宗教书籍和感伤诗集的流行选项，有时还带保护性的卷边。

贴衬页

| LININGS or LINERS |

如采用诸如犊皮纸或水纹丝绸等特殊材料时，该词义同装帧师所说的环衬页；如是纸质，则称为（纸）环衬；如果环衬粘贴在封板上的那一面的材质为皮革，则称为皮环衬。

标价

| LIST PRICE |

书籍的原始发行价格：在书商目录中，有时印在（通常在括号中）二手书或滞销书价格的旁边，以示未来买家其价格之低廉。但在经验老到的藏家那里却常会适得其反，他们自然会觉得便宜没好货，虽然这并不一定正确，比如在1850年代，奥杜邦（John James Audubon）的《美国鸟类》（*Birds of America*）可以半价获得，而雪莱的数部初版本也曾经是滞销存书。

平版印刷

| LITHOGRAPHY |

平版印刷不同于凸版或凹版印刷，而是一种平面的印刷；这个平面最初采用石材，现在采用金属版，利用油水的相互排斥性完成印制。这种印刷工艺由阿罗斯·塞尼菲尔德（Alois Senefelder）发明于1798年，这个日期是同类里程碑中较为可靠的一个。它最初用以复制素描和手稿，后在印刷音谱、地图、交易卡和商业文具及各种短效印刷品上赢得了新的市场。平版印刷使彩印变得轻而易举，套色石印术开辟了彩色印刷的新世界，而现代胶印照相平版印刷则占领了几乎所有传统市场上的其他介质印刷【参阅：插图过程ILLUSTRATION PROCESSES】。平版印刷为自费出版提供了新的机会，尤其是艺术家作家的福音，李尔的《胡诌诗集》就是一个著名的例子。

竖式标签

| LONGITUDINAL LABELS |

这是用大号字体垂直地印在书页上的书名标签，在1650年至1700年间的某些英国书上还是经常能发现，没因为翻阅使用而脱落。至于这类标签的意图，虽有过很多专业论证，但仍未得到确认。（在习惯于把书背朝里置放的时期，竖式标签被粘贴在书封环衬上，然后折出覆于书口之上，上架后用作书名标签；但也有印刷标签未被折出的，同时另有手写标签以这样的方式插入，似乎又否定了这个推论。）这种书籍给藏家带来不少麻烦，因为这种标签通常印在组成第一个或最后一个书帖的原生书页上，因此，缺失这个标签的书籍完整与否无须争论。以常被装帧师丢弃的前扉页或空白页类推，多数人会认为这属于不完整。但是，无论这些标签的用处究竟是什么，它们可能在装帧成书时就应该是被裁切的，反而那些保留下来未经使用的标签让人疑惑印刷商和出版商的意图何在。硬板简装加标签时期的书籍，往往为三卷本或四卷本，在它们第一或最后一页书帖上，会印上一组书名标签，裁开后分别贴在每卷的书背上，十七世纪的竖式标签与此有相似之处，不同的是，硬板简装书籍的标签也极少有完美幸存的，而且也不会有人认为缺失这些标签的书是不完整的。

松散

| LOOSE |

该词大多用于描述出版商布面装帧书籍，指书体结构已严重松动，书心与封面的连接岌岌可危，通常说成“封面松散”或“装帧松散”，也可简单地称为“松散”。

用于描述皮革装帧及半皮装帧的书籍，或硬板简装的书籍时，如果出现诸如“封面松散”或“封底松散”，甚或“前后书封松散”等描述，基本上是指书封的一侧或双侧都即将或者已经脱落了。

朗德斯

| LOWNDES |

威廉·托马斯·朗德斯（William Thomas Lowndes）编著了《英国文学参考书目手册》（*The Bibliographer's Manual of English Literature*，共4卷，1834年版），后由亨利·博恩（Henry G. Bohn）修订，于1858—1864年间多次重印。

按现代标准，朗德斯在完整性和精确性方面已经滞后，但仍不失为最有用的参考书，其中包含了大量为藏家提供的信息，在其他地方很难找到。

碱液

| LYE |

碱液是软皂和苏打的混合液，用来清洗使用过的字模。用后的液体如果是与黑油墨混合，略呈紫色；如果与红色混合，则呈红色。节俭的装帧师会重复使用，给书口或犊皮书封染色。用一把刷子轻弹或轻拍，产生洒绘或斑驳的图案，有时两种颜色会同时使用。有时也被用来制作一种原始的装饰纸，这种纸偶尔用于纸质书封，多用于书盒里衬。

“里昂风格”装帧

| “LYONNAISE” or “LYONESE” BINDINGS |

这是常用但被误导的装帧风格，常见于十六世纪后期在里昂印刷的小型书籍，但尚未确证装订于里昂而非巴黎。这种风格为：（1）有绘制、上漆或上釉的几何宽带型图案；（2）有烫金的大型中心装饰（近似于菱形）和大型书角装饰，背景通常遍布圆点或小型装饰。

M

机器配页，核对

| MACHINE COLLATION |

【参阅：辛曼核对（校勘）器HINMAN COLLATOR】

麦克罗

| MCKERROW |

罗纳德·B. 麦克罗（Ronald B. McKerrow）著述的《书志学概论》（*An Introduction to Bibliography for Literary Students*，克拉伦登出版社）一书首版于1927年，1928年第二次修订印刷，后多次重印。

麦克罗之于书志学，犹如厄斯金·梅（Erskine May）之于议会实践，同为不可或缺的基于事实的基础手册和基于判断的经典权威。后续的研究和讨论引发了针对细节的修改，如弗雷德森·鲍尔斯1949年版的《书目描述原则》和菲利普·盖斯凯尔的《目录学概论新编》，麦克罗的学说当然不是现代书籍的定论，但在原则问题上与他相左的书志学家要自担风险。

拼接（本）

| MADE-UP, MADE-UP COPY |

拼接本由同一版本的两本缺陷本（缺失了一页或数页）拼接而成。这个词在书商目录中很少见，因为拼接行为通常不是难以甄别就是不被认可。但是，在遇到稀有或重要的书籍时，用心尽责的编目员在描述时就应该做个说明，比如“第63—66页来自另一残留书页较少（或同样洁净）的书本”。

采用不同版本（通常是更晚期的版本）的书页进行拼接就是伪造，属于目录学意义上的重罪，是买卖双方分手的合理理由【参阅：广告 ADVERTISEMENTS】。

杂志印刷

| MAGAZINE PRINTING |

【参阅：期刊印刷PERIODICAL PRINTING，连载SERIALS，书本形式BOOK FORM】

大写字母、小写字母

| MAJUSCULE, MINUSCULE |

大写字母（majuscules）在印刷厂称为upper-case，普通人称capital letters；小写字母（minuscules）为lower-case或small letters。“统一大写（Even caps）”如“THIS”；“小号大写（Caps. and small caps.或smalls）”如“THIS”，“统一小写”（Even smalls）如“THIS”，“大小混写（Caps. and l.c.）”如“This”。

曼陀罗

| MANDOLA, MANDORLA |

指杏仁形或尖头椭圆形的边框，为众多图案制作者所用，从中世纪的泥金画师到十九世纪的装帧设计师都曾使用。

抄本，手稿

| MANUSCRIPT |

手写作品。就泥金或书法字体的抄本而言，评判的标准是其古典性或美观度，或着眼于对文本或装饰的品鉴；

就文学手稿而言，评判的标准是其内容的可信度兼或趣味性。至于手稿或手稿的增补、注释或更正是否出自作者之手，无须提醒藏家，除非明确标注为亲笔书写。

大理石纹

| MARBLED |

大理石纹湿拓纸的制作方法是，在一缸黏胶或浆料的表面放上颜料，用细棍或梳子把颜料画出图案，然后将纸平铺在上面。这种工艺早在1118年出现在日本，称为水影画（Suminagashi，日语，“墨流し”），但最早把大理石纹湿拓纸用于书籍的是波斯人。十七世纪初，德国、法国和荷兰开始从黎凡特进口，但在西欧开始制造这种纸是在三十年以后。到了1650年代，用它来制作环衬页的方式从法国蔓延到了英国，成为十八、十九世纪半皮装帧或四分之一皮装帧中包覆书封的最常见材料。

大理石纹山羊皮于十六世纪中叶后不久即开始流行于巴黎，但是，和大理石纹犊皮一起传入英国已是一个世纪后。大理石纹书口的处理方式是在大理石纹湿拓纸同样的制作工艺基础上稍做调整。从大约1780年到1830年代用在俄罗斯皮装帧或半俄罗斯皮装帧的书籍上，且此后经常用在犊皮或半犊皮的书籍上（摩洛哥羊皮装帧的书籍通常采用烫金书口）。大理石纹布料曾在1850年代的出版界昙花一现，之后偶尔可见。

机器可读目录

| MARC |

MARC是机器可读目录（machine-readable catalogue）的起首字母缩写，已转入由国会图书馆制定的用于编写此类目录的标准，并由此进入英国，英美两国联合使用或独立使用所必有的差异，表示为AAMARC或UKMARC。图书馆在描述和分类各种格式的馆藏时都遵循MARC，MARC记录可以由计算机读取，在计算机之间传输，并能由计算机解读。MARC目录记录包含多个领域的信息，根据AACR 2中设定的协议组成。每个记录包括对该作品的描述、该作品的其他获取点、该作品所属的类别主题，以及该作品或版本唯一编号，以方便在图书馆书架上按主题和字母顺序查找。

页边线框

| MARGIN RULED |

（1）在1620年至1670年之间，英格兰的印刷商在多数情况下会把文本页、页首标题都用尺规线框起来，连书口页边也不例外，甚至不顾未来是否会在这些位置添加边注。

（2）在同一时期，简洁型犊皮装帧封面上如有单条或双条的滚线压边，那么在封底上也时常会在距书背一英寸或更宽处有同款的滚线压边。

边注符号

| MARGINAL MARKS |

这些是读者可以用来标记单词、词组或段落的符号，或将其中之一与插入的笔记相关联。它们包括星号、匕首和双匕首、分段符、段落符、花押和双S，其中以标志有各种方向的手指或拳头最具装饰性。

页边

| MARGINS |

“版心四周的空白处是页边，分别被称为天头、地脚、切口和订口，订口当然是指最接近书帖折叠处亦即书背的部分”（麦克罗语），左右两页之间的空白有时也被称为版沟（而印刷厂另有叫法），切口又称书口页边。

【参阅：品相CONDITION，毛边DECKLE EDGES，（书口）未裁切UNCUT】

米尔恩

| MEARNE |

塞缪尔·米尔恩（Samuel Mearne，1624—1683）能入围本书并非因为他是英国装帧业黄金时代一位杰出的匠人（受查理二世任命），而是因为在西里尔·达文波特（Cyril Davenport）的非批判性研究著作（《塞缪尔·米尔恩：查理二世的装帧师》，1906年版）的推动下，他的名字曾经冠于所有此类装帧。从H. M. 尼克松的《英国王政复辟时期书籍装帧》（*English Restoration Bookbindings*，1974年版）一书中可看到许多与他同时期的优秀装帧师，以及数量可观的真正的米尔恩风格装帧作品。

行宽

| MEASURE |

一条活字的宽度，由排字手盘的设置决定。

卖书女

| MERCURY WOMEN |

“穿街走巷叫卖书报的人，也被叫成小贩，那些从出版社批发书籍出来零售的妇女称为卖书女”，这是托马斯·布朗特（Thomas Blount）的《难辞详解》（*Glossographia*，1661年版）中关于hawker（小贩）词条的解释，也借此提醒人们，图书交易并不完全像印刷资料显示的那样是被男性掌控的世界。

美柔汀

| MEZZOTINT |

一种凹版插图的制作过程。首先，用细齿摇杆将印版均匀地糙化，然后用平滑圆口的刮板有选择地打磨。印版粗糙的部分将吸收油墨从而印出色泽浓郁的黑色，局部打磨的部分会呈现出不同的灰度，而完全磨光的部分因为不吸收任何油墨，印出了白色的区块。美柔汀正是因为这几种色调的产生而得名（mezzo-tinto或half-tone）。

（1）微型画 （2）微型书

| MINIATURE |

（1）涂红（miniate，该词源于minium，铅丹）意为以红色字母装饰或泥金手绘，原本指的是用朱红色上色或绘画。后miniatures一词演变为绘画的场景、逸事或人物组像等，以别于传统装饰，且比人形起首字母要更为繁复精细，被寺院缮写室或世俗画室的专业艺术家们用来装饰中世纪和文艺复兴时期的抄本（偶尔可见于某些特殊的早期印本）。这种图画通常占据整页，因为页面尺寸不一定小，所以"微型画"一词容易造成伪词源（pseudo-etymological）混乱，不是个令人愉快的话题。[1] 但约翰·伊夫林（John Evelyn）从1645年就开始如此使用此词，现在再想更改无疑为时已晚。

（2）微型书：这类书的卖点在且仅在于其尺寸之小，任何开本小于2英寸 $\times 1\frac{1}{2}$ 英寸的书籍都符合这一标准。

---

1 关于这点以及藏家的品位，请参阅A. N. L. 蒙比（A.N.L. Munby）的《鉴赏家与中世纪微型画，1750—1850年》（*Connoisseurs and Medieval Miniatures,1750-1850*，1972年版）。

品相完美

| MINT CONDITION |

这个词是通过集邮从钱币学家那里借来的（现在他们更喜欢用fleur de coin，意思是“新铸币”），意思是和崭新的一样，并沿用到诸如“完美本”和“书衣有缺陷，其他完美”等用法，但并不鼓励。

装帧错误

| MISBOUND |

装帧错误指有一页或多页甚至整个书帖被装帧师错误折叠或放错位置。只要没有任何遗漏，且出错的量不多或不太明显，藏家对此通常比普通读者更为宽容。

错印

| MISPRINTS |

麦克罗曾经说过，“措辞错误和印刷错误（可单独称为“错印”）有着重大区别”，然而，在有（或声称有）类似特点的书中最常被引用的是印错的字或页码，并认为有错印的书本比同一版本的其他书本在形式上更为优先，如“初版首发，第113页上有错印页码”“初版首发，所有错印未经修正”。

对于那些毫不怀疑书目细节的藏家来说，这类标注有着令人亢奋且让人放心的效果，有时候简直令人心驰神往；当然，版本独有特征收藏狂和伪书志学贩子对此更是难以抗拒。一本或几本书里有些“错印”，并不能证明这些书就比没有错印的书更为优先，偏执狂和半吊子们生性反对这种认可，但对于藏家们来说，这一点再怎么强调都不算过分。

事实上，在手工印刷时代，开印之后再改正活字的情况很普遍，错印经常因此得到纠正。但是在配页集帖折叠装帧的过程中并不会考虑印刷的前后顺序，因此，纠正过的和未纠正过的书页无差别地混合在完成的书本中，同时于出版日出售【参阅：形式和状态ISSUES AND STATES】。所以，即使有明确的证据显示了对错印的纠正，最多也只能说仍有错印的那本的某印张保持了原有的状态，仅此而已。而且，通常来说，除非有幸存的原始样纸，否则没有证据能证明最初这个字就没有印对，之所以出错是因为后来有活字松动掉了出来，重新放回时弄错了，造成了错印【参阅：遗漏的字母和数字DROPPED

LETTERS AND NUMERALS】。

当然，有时候从提供勘误表或勘误页上就可以清楚地看出，在印出一定数量的书籍之后是否就发现了错印的问题。如果发现了文本中错印已经得到改正的书籍，那么可以“初步认定”这些书是后印的；但也难以确认它们属于后期的状态，抑或仅为后期的形式（比如，如果可以证明它们是对批判性评论的反应），或者甚至是一个明显无差别第二印次（全书都被再次印刷）。

在十九世纪，普通书籍的手工印刷已让位于机器印刷，因此错印很少在印刷厂就得到更正，也不会采取用修正页替代这种大费周章的方式。如果错印不是太刺眼，就随它去了；如果必须纠正，那四分之一印张、半印张或整个印张都会重印。在很多现代书籍中，这些小小的错印在所有初版本中都会存在（有可能在未来的版本中持续存在），时不时地被愉快地当作“罕见的首版”的证据，于是这些书籍的身价因为从来不曾存在的“第二次发行”而抬高了。

作为可用作引证的目录学结论，或者可确定的概率，或者可建立的假设的证据的一部分，错印和任何其他不同版本之间的差异一样有它的用处，然而作为确定时序优先的孤立无援的基础，它却如风中芦草般飘摇脆弱。

斜接

| MITRE, MITRED |

这是一个拥有数种含义的装帧术语。在装帧师的作坊里，它用于任何以直角相接但并不交叉的线条；也指形成45度角的交接线，比如皮革书封包边内折时必然会形成这样的角度。

在作家乃至编目员的笔下，这个装帧术语还指用滚线轮和滚轮连接内外框架或框架与边框时形成的直角交接，印刷商的多尺线边框也是用类似的斜接方式在直角处相连。

现代初版本

| MODERN FIRSTS |

这是一个应用广泛的类别，但是如同早期印本一样无法精确定义，因为关于该类别的含义，古籍书商的口径从来不曾统一。起源于1920年代，该类别起初指的是此前的上一代，也就是1890年代那些大胆的书籍，以及之后的书籍，王尔德的作品都算得上，还有《黄面志》（*The Yellow Book*），但梅瑞狄斯（Meredith）不算。自然保守主义确保了这个定义从未被抛弃，所以像“同时代”这样的词适用于更为名副其实的现代初版本。现代出版商采取的迅速停印以保证即时可收藏性的意图，反而使该术语在相反的方向上有了更多的弹性。

摩洛哥羊皮

| MOROCCO |

这是一种美观而结实的皮革，以山羊皮为原材料，易于染成深色。摩洛哥羊皮源于伊斯兰世界，最初途经土耳其和威尼斯进口到西欧，十六世纪初在意大利生根，到了十七世纪早期进入阿尔卑斯山以北，后期进入英国。

由于山羊是在安纳托利亚饲养的，所以把黎凡特的伊斯兰装帧师所用的皮料以及十六和十七世纪欧洲装帧师所用同产地皮料都一概称为摩洛哥羊皮，这其实是后来的错误前溯；山羊皮的品质比这些皮料更高。更加反常的是，1661年，当摩洛哥的丹吉尔作为布拉甘萨的凯瑟琳（Catherine of Braganza，查理二世的王后）的嫁妆被割让给英格兰时，王政复辟时期伟大的装帧师开始接触到在摩洛哥重新鞣制和染色的皮革（从南撒哈拉进口），但仍然坚持称其为土耳其皮，这个通用名一直沿用到十八世纪。

因此，摩洛哥羊皮并没有比它的子类黎凡特皮及土耳其皮蕴含更多的地理意义，因为用于装帧的这类皮料大部分来自世界上的其他地区；以此命名的众多皮料品种唯一的共同点就是它们都是山羊皮。

在目录描述中经常出现的各种摩洛哥皮料类型中，黎凡特、硬纹和尼日尔分别指的是经鞣制和染色后皮革呈现的不同纹理、图案或质地；直纹和压磙摩洛哥皮指的是用于装帧之前的不同处理方法；而摩洛哥皮中的“高级”、“超级”或老派的“优雅”等级别分类则指的是在装帧的装饰阶段挥洒了多少烫金的豪华程度【参阅：直毛羊（无绒毛羊）HAIR-SHEEP】。

马赛克装帧

| MOSAIC BINDINGS |

整体采用对比色装饰的皮革装帧，采用方式有镶嵌和镶贴，也会采用比较极端的绘制方式，来自法语mosaïquée。

斑驳

| MOTTLED |

（1）喷洒酸性液体（通常使用绿矾或皮革碱液），在

犊皮上做出可粗放亦可精细的斑驳效果。

（2）用类似方法给书口上色，也称为加斑点【参阅：洒绘 SPRINKLED】。

装裱

| MOUNTED |

（1）粘贴或轻轻附着在书页上的原拓版画或其他插图，书页可以是普通文本用纸或是特别坚固的纸张（比如，绘图纸）。

（2）铺置于纸上或用纸背衬的受损书页（针对手稿、地图、平面图或插图，有时会用纱布或麻布做背衬）。

损毁

| MUTILATED |

指审查员对书籍造成的有意为之的损害【参阅：涂改 BISQUING，修正页 CANCELLATION，谴责 CONDEMNED，出版许可 IMPRIMATUR，禁书索引 INDEX】。

N

姓名

| NAMES |

引用姓名时力求简短，不带头衔，但要完整，这会给书商或编目者（以及市场）一种作风严谨的良好感觉，打下有公信力的基础。所引用的名字大多代表着书志目录，一些是常用的（如布鲁内特），也有些是专业的（如罗斯柴尔德）。藏家不要被一长串的姓名搞得不知所措，有些姓名可能是无关紧要的。在这种情况下，如同遇到编目员的另一个常见词汇——“未见于……或未收入……”，藏家们就需要责任自负了。

整洁

| NEAT |

这个形容词通常专用于描述装帧状态，带有一丝低调，意思是该书品相上乘，整洁而完好，但意味着该书内敛多于优雅。

针线装订

| NEEDLEWORK BINDINGS |

【参阅：刺绣装帧 EMBROIDERED BINDINGS】

尼日尔羊皮

| NIGER |

摩洛哥山羊皮的一种。真正的尼日尔羊皮产自西非，是一种柔软的皮革，纹理不规则且富于变化。这种皮革的鞣制和染色过程在当地完成，最受欢迎的颜色为鲜红色、橙色到砖红色、绿色或自然的浅褐色，色泽多不均匀。尼日尔羊皮这种纹理和颜色富于变化的特征保证了其被仿制的难度。

无日期

| NO DATE（缩略：n.d.）|

若无特别说明，该术语指所描述的书籍连大致的出版日期都未能（或未曾尝试过）确定。如果书籍本身无日期，但可由外部证据确定其日期，可标注为“n.d., but 1710”，或加括号为“n.d. [but 1710]”，或干脆简写为“[1710]”。用于描述古籍时，该术语有时会用拉丁文表示：sine anno（缩略：s.a.）。

无出版地，无印刷商，无出版商

| NO PLACE, NO PRINTER, NO PUBLISHER |

缩略语一律为n.p.。

和无日期一样，用于古籍描述，时以拉丁文出现：sine loco（s.l.）和sine nominee（s.n.）。

未收入

| NOT IN |

【参阅：未见于UNKNOWN TO】

不予退货

| NOT SUBJECT TO RETURN |

如果拍卖师给一正常的书籍拍品标注以“一经售出，不予退货”或“如有瑕疵，概不退货”时，是出于担心或怀疑该书有缺陷，因此不提供对拍品完整性的最低保证。

按照惯例，某些类别的书籍如有以下情形一概不予退货：（1）高端精装，卖点在于书封而不在于内容；（2）关联本，同样其价值与内容的完整度无关；（3）排版可疑的地图、书籍或合集（包括部分彩色全页插图本）；（4）杂志和期刊；（5）小册子或传单，这类藏品的准确核对既困难又极其费力。按部册发行的书籍有时也会合理地标注以“若缺失广告插页，不予退货”。

对于手稿材料，伦敦和纽约的主要拍卖行虽然不提供完整性保证，但如今买家若能在指定期限内证明该手稿为伪造品，则可以接受退货。

《国家联合目录》

| NUC |

《国家联合目录》（*National Union Catalog*）收入1956年之前的美国各机构图书馆馆藏，由各地上报汇编，该目录质量不一，数量庞大，完整本有704卷之巨，另有致密型缩微胶片版。

罗马数字

| NUMERALS |

罗马数字系统，以字母代表数字，1800年之前常用于

扉页。I = 1，X = 10，L = 50，C = 100，D = 500和M = 1 000，其间的数字用叠加法组成。在十六和十七世纪，D通常用一个I和一个反C组成；较为少见的是M可由一个C、一个I和一个反C组成。

O

绿洲山羊皮

| OASIS |

这是一个尼日利亚进口山羊皮的专有名称，该皮料在英国鞣制和染色，深受同时期装帧师的欢迎。该皮料表面相当光滑，有时也会有诱人的纹理。

八开本

| OCTAVO |

这是自十七世纪初以来越来越普遍的书籍版式，基于三次折叠印张，尺寸随印张大小而变。不像对开本和四开本简单命名，书商习惯以所用纸张的通用名称来区分八开本的大小，从小壶裁到大皇室裁，中间还有皇冠裁和戴米裁。如果有必要注明一本八开本的实际大小，现在用公制尺寸来表示。

有关详细信息【参阅：版式FORMAT和纸张PAPER】。

选印本（单行本）

| OFFPRINT |

用相同的排版单独印刷（或多印出来）的大型出版物

（多为合著本）中的一部分。选印本偶尔也会有自己的页码，通常是纸质平装或类似的独立的书封，有时还会有专门的书名页。它们深受藏家追捧，其受重视程度远远超过它所来自的合集（无论是期刊或书籍合集），因为即使实质上不算首次单独版，在精神层面上也已经成立了；它们没有附加内容，且常带有赠言，因为选印本的正常目的就是为作者提供一些可用于馈赠的书本。事实上，同一领域的学者相互交换选印本已成为一种常规的交流方式。

在涉及期刊、会刊和学报等出版物时，很重要的一点是将选印本和摘录区分开来，前者的目的是为了自成一体，而后者则是在事后转换。

沾印

| OFFSET |

沾印指的是完印的书页或插画上的油墨意外地沾到了与之相邻的书页上，这可能是因为在油墨干透之前就折叠印张或装订而引起的，也可能由于书本后来受潮而导致。相比从文本到另一文本的沾印，从原拓版画或其他插图到文本以及从文本到插图的沾印更为常见，且损毁性更大。

文本沾印有时能提供有价值的书志证据，因为它通常发生在印刷完成后集帖组装成书的最早阶段。一些最巧妙的推论就是根据沾印得出的，不是指从某本书内的一页到另一页，而是从某书中的某页到另一本书的某页，它们在印刷厂里碰巧叠在了一起。至于该词在现代影印法中所表示的“胶印”的意思，虽不大可能出现在书商目录中，但藏家应对此有所了解。

奥尔德姆
| OLDHAM |

J. B. 奥尔德姆（J. B. Oldham）的《英国素压装帧》（*British Blind-stamped Bindings*，1952年版）和《英国装帧师的素压边框》（*Blind Panels of English Binders*，1958年版）罗列、归类和复制了十五、十六世纪中被英国装帧师大量使用的烫压工具、滚轮和边框，引用可按作者所给的编号。

包退包换
| ON APPROVAL |

多数书商寄出的书籍是包退包换的，但前提是客户能在合理的时间内做出接受与否的决定。但是，邮购目录的藏家必须记住，除非你是老客户或重要客户，否则书商肯定会优先考虑那些确认的订单。有些书商会定下规矩，在邮购目录发出去的一段时间内先不给包退包换的订单发货，这种做法可以理解。

镶贴

| ONLAID, ONLAYS |

该词通常用于描述皮革装帧，通过将薄皮块粘贴到皮革书封主体的方式进行多色装饰，从而产生类似马赛克图案的视觉效果【参阅：镶嵌 INLAID】。用于镶贴的贴片称为镶贴片。

在1840年至1860年间，该技术偶尔也用于出版商布面装帧，贴片有时为纸质。从1880年代末到1920年代也有这样裱贴的彩色插图。

仅有

| ONLY |

这是个警示性说明，通常置于括号之中。比如，如果对某书的描述为“含27幅插图（仅有）”，或者某合集

“含7卷（仅有）”，意指其不完整。

原始状态或原始书品

| ORIGINAL STATE or ORIGINAL CONDITION |

编目员和藏家的常用术语，基本用于描述书籍的外观，适用于布面、硬板、纸面、皮革或其他任何可以表明书籍原始质量的封面材料。

自十九世纪后期以来，这方面的关注度日益上升，尤其是面对皮革装帧的书籍，尽管难以拿出实证。事实上，当今大多数藏家都已接受这一行规：在其他条件相同的情况下，原始装帧的书籍永远优于高端精装或装帧得当的书籍。

但是，循规蹈矩的新手自然会问，我怎么才能辨识原始装帧？同为欧洲大陆古籍，在原始简装型纸书封、同时代装帧本、保留了原始纸封的重装本之间做取舍，凭借的是良好的判断力，以此类装帧传世的书籍的稀有程度也占了一定分量。但就英国和美国的书籍而言，只有那些由出版商负责的批量装订本（出版于1825—1835年间），才能确定是否为如原始形态的原始装帧。尽管有二次装帧和滞销存书装订等难题，但出版商布面装帧是为了达到统一装帧的目的，维多利亚时期或现代书籍的藏家很容易对此加以识别。对于同时期发行的拥有统一印制书封或印制封板的书籍（包括诗集、小册子及分册出版物等）来说，也是同样道理。

当我们回到1800年之前（略过有争议的摄政时期），麻烦就来了：有350年的时间，客户购买的书籍或是无装订、未用书绳缝缀、尚未穿缝、只有简单纸封平装或硬板简装、根据自己的喜好加以装帧的，也有部分是书商制作的普通装帧。前者是处于胚胎状态的书籍，即使有书封，也只是临时的；而后者的这些装帧，的确可以被视为“如原始状态的原始装帧”。但是，问题是，既然这些都是单件成品，并无相似的同类，那么，在两三百年后，又如何区别在出版之际就按客户要求所做的简单装帧和二三十年后才完成的装帧呢？答案是很不容易，且很少有绝对的把握。

有关品位问题的众多争议围绕着对以下两类书籍的选择：（1）十八世纪纸封平装或硬板简装、书口未经裁切的书籍；（2）书口经过裁切的原始装帧或同时期的皮革装帧，可参考品相、毛边癖和封板等条目及本书的其他部分。关于“原始皮革装帧”，在行业装帧中有所讨论【参阅：行业装帧TRADE BINDING】。

其他拍品

| OTHER PROPERTIES |

在拍卖目录中，这个说法指任何不值一提或不得公开的拍品。现在，该词特指行业内书商的库存【参阅：拍卖AUCTIONS（4）】。

绝版

| OUT OF PRINT |

指该书的出版商库存已售罄（如果只是暂时的话，正确的说法是“缺货”），意味着市场上只有二手书。在古籍书商的目录中，该词自然只适用于新近出版的书籍。

限量外

| OUT OF SERIES |

有特别数量限定的版本，通常会有一些额外的超印，原因如下：（1）预备有可能产生的损坏印张、装帧错误或其他技术性损伤；（2）为作者、印刷商和出版商预留；（3）为书评预留。要理解这些书籍并不会使限量证明失效，通常会给它们标注以“限量外”而非限量序号。

相对于有编号的限量作者签名本，限量外的书籍通常没有作者签名。除了由作者送出的附有题词的“赠书”，在多数藏家的心目中它们略逊于有常规序号的限量本。

包帖

| OUTSET |

这是一个由盖斯凯尔首创的实用术语，在制版时将书名页印在小册子的最后一页，使得尾页折转翻到前面时处于正确的位置。

盖面纸

| OVERLAY |

盖面纸是一页或一条纸张，有的为透明，上面印有文字或图表细节，以改变或增加下方书页的内容。汉弗莱·雷普顿（Humphry Repton）给他客户的“红皮书”中就有上乘的盖面纸，用精美的素描体现房屋及景观的前后对比。

罩印

| OVERPRINTING |

如果出版商更改地址，库存中的书页就需要更改，以前的版本说明通常以涂改的方式去除，新的出版社地址则以罩印方式添加。集邮界对该词有不同定义，类似于撤换。

牛津风格

| OXFORD STYLE |

一种盛行于十九世纪的仿古或古典的装订风格【参阅：神学犊皮 DIVINITY CALF】。

P

拼版校样

| PAGE PROOFS |

此为第二校样，活版毛样的文本部分在此阶段划分为书页，每个页面都有页首标题和任何其他附加内容，如脚注、肩注或边注。

页码

| PAGINATION |

按数字顺序排列的书页编号，每一页面的编号称为页数，统称页码。如，“页数被擦切”或“第167页页码错印”，以及“初版首发，第2卷页码错乱”或“页码为罗马数字”【参阅：张数号（张码）FOLIATION，页码 FOLIO（2）】。

古文字学

| PALÆOGRAPHY |

原为解读古文字的学科，后延伸为对不同文字的分析和描述，目的在于确定其年代和地点【参阅：手稿学CODICOLOGY】。

压模

PALLET

装帧师术语，一种在书籍装帧中用于书背边框的模具（TOOL），其中有一种应该称为“名称压模”的特殊模具，一次就可压出一个完整的词、名字或书名，而不是用一组单个字母的压模一个个地拼压而成。据装帧师威廉·霍尔（William Hall）的记载，在1780年代，约翰·贝尔（John Bell）的装帧作坊里负责后期装饰的艺匠中只有一位能做到单次压印，“贝尔先生将所有的书名制成一方方名称压模，如莎士比亚、戏剧、诗人等”。

大约从1800年起，这个词也指带有装帧师姓名的签名装帧（SIGNED BINDING），姓名压印在书封包边上；有时还会有委托人或委托公司的名字，如“巴古利装帧，纽卡斯尔安德莱姆（Bagguley, Newcastle-under-Lyme）”“多弗斯装帧坊，1902年（Doves Bindery 1902）”“由伯索尔（Birdsall）为查尔斯·斯克里布纳之子装帧”等。任务交给装帧师时，应该已交代好是否要压印签名。有些装帧师的习惯是只压印姓名缩写，如S-、H-或B-，这种做法令人遗憾，为今后类似于尼克松和霍布森等书籍装帧研究专家们带来了不必要的麻烦。

小册子

| PAMPHLET |

按照定义，小册子是篇幅小于书籍的完整作品，如有装帧，多采用素色或印刷的软面纸封。在老式图书馆里，这种作品往往按内容或版式归类，拼在一起装订成集册。这类合订本的规模经常动辄上百卷，但因后被拆散零落，现在已经很少见。而幸存下来的为它们的出处流转提供了证据，也是了解以往智识动向的一个难能可贵的窗口。

边框

| PANEL, PANELLED |

这是书籍装帧的描述用语，指一个由单条、双条或三条滚线所组成的矩形，可烫金也可素色压印，可在书封上也可在书背的竹节之间。比如，“同时代带边框犊皮装帧”（若无特殊说明，指书封边框）；“带边框摩洛哥羊皮装帧，全烫金书背”；“半黎凡特皮装帧，书背带边框”；或者，这样描述出版商布面装帧的书籍：“原始装帧，封面有烫金边框”【参阅：框架FRAME，装饰边框BORDER】。

边框压印（烫印）

| PANEL-STAMPED |

J. P. 哈桑说：边框印章是“雕刻有图案设计的大块金属，通常通过使用压机压印或烫印到书封上”。通用于十五至十七世纪。

纸张

| PAPER |

作为书籍的主要基材和出版商最大的开支项目，纸张却很可悲地常遭书志学家的冷落。好在变化在显现，最初由已故的艾伦·史蒂文森发起，后经保罗·尼达姆（Paul Needham）、蒂莫西·巴雷特（Timothy Barrett）等人著书推进，已有可喜的苗头。如今任何一位进行书目描述的人员都会按合规的名称记录印张的尺寸，力求识别水印，并完整描述其他相关特征。对纸张的完整描述会包括正反两面，是模面还是毡面【参阅：直纹纸LAID PAPER】。纸张的尺寸自中世纪起就有标准，如皇裁（royal）、法院裁（chancery）、中裁（median）等名称；到十七世纪末，纸张的尺寸日益增大，出现了一批为当时的人们所熟知的名称，如大裁（foolscap，旧时该尺寸的纸张的水印为小丑圆锥帽）、王冠裁（crown）和戴米裁（demy）；随着十八世纪后期以及1800年后印刷和造纸业的机械化，更大的尺寸面世。采用公制和现代技术使得新品纸张的识别或保存变得更加困难。

盖斯凯尔将这些问题做了一个很好的梳理，他把大小不一的纸张按常见名称及尺寸编制了表格。但是，终因造纸技术进步带来的不断变化，达到任何程度的精准依然困难重重。迄今最为完整的参考书当推E. J. 拉巴尔（E. J. Labarre）的《纸张及造纸辞典和百科全书》（*Dictionary and Encyclopædia of Paper and Paper-Making*，1952年第二版，1969年增订版）。虽然只能提供大略的识别，难称精准，但书中收录了令人叹为观止的数千枚记录在册的早期水印，提供了使用的年份证据，亦包括少量后期的水印。

【参阅：直纹纸LAID PAPER，布纹纸WOVE PAPER，手工竹纸（中国纸）CHINA PAPER，印度纸（摩拓纸）INDIA PAPER，日本（式）牛皮纸JAPON PAPER，大理石纹MARBLED，大纸本LARGE PAPER COPY，皇裁纸本ROYAL PAPER COPY，帝裁纸本IMPERIAL PAPER COPY，厚纸本THICK PAPER COPY，链线CHAIN LINES，直纹

WIRE LINES，水印 WATERMARK】

平装本

| PAPERBACK |

早在十五世纪，已经出现了素色或印刷的纸封平装书籍，从十八世纪后期开始，平装本变得越来越普遍。著名的陶赫尼茨出版社的书籍主要就是采用了这种纸质书封，而廉价木浆纸的发明，更是推动了其他的系列书籍也采用更为醒目的印刷封面，其中许多书籍称得上是“低俗小说”。纽约的阿尔伯特和查尔斯·博尼出版社（Albert and Charles Boni）在1920年代出版了一系列平装本，约翰·霍洛依德-里斯（John Holroyd-Reece）创立的信天翁出版社（Albatross Books）在字体排版上都有别于它最终吞并的陶赫尼茨出版社。而艾伦·莱恩（Allen Lane）因出版了莫洛亚（André Maurois）的《雪莱传》（*Ariel: ou la vie de Shelley*，1935年版，企鹅出版社的第一本平装书），无愧于现代平装本的发明者称号。虽然第一代企鹅平装本是在保持优雅的同时兼顾耐用性的典范之作，但其他平装本在保存方面给藏家带来不少问题【参阅：古塔波胶（或橡胶）装帧 GUTTA-PERCHA（or

CAOUTCHOUC）BINDING，纸张PAPER，无线胶订PERFECT（3）、保护PRESERVATION】。

纸质硬板

| PAPER BOARDS |

从技术层面来讲，裱贴纸板由多层纸制成，而马粪纸和草纸板一类的浆板则由纸浆制成。虽然“原始硬板简装”【参阅：硬板简装BOARDS（2）】外面往往是贴了一层纸的，但“纸质硬板”一词也常常出现在书商目录中。如果未加注明（比如注明为原始的、大理石纹的、花饰图案的、装饰性的、荷兰风的等），在用于描述相对现代的书籍时，此词指任何一种覆以素色纸张的硬板，且通常不是其原始装帧。

羊皮纸

| PARCHMENT |

羊皮纸是指羊皮分层后里层的榔皮，又称二层皮，不经鞣制，但用漂白土滤油，再和犊皮纸一样覆以白垩粉。可用于书写或装帧【参阅：犊皮纸VELLUM，装帧用低质羊皮纸FOREL】。

分册（分期）发行

PARTS, PART-ISSUES

分册出版书籍的做法可以追溯到十七世纪下半叶，这种通常为当时流行的指导类或性灵类作品及重印本，会在广告中以“计量发行”为噱头。到了十八世纪后期，计量发行或分册出版已是价格昂贵的插图书籍的常态；几乎每一部十九世纪初期著名的腐蚀制版书籍最初都是以这种方式发行的。百科全书（比如《大英百科全书》的初版本，1768—1771年）、字典以及类似规模可观的参考书都是持续以分册形式出版，这种现象浸透了出版领域，一直持续到近年。在十九世纪的各种各样出版物中，以这种方式发行的比例远高于人们的普遍认知，从莫克森（Edward Moxon）的《诗人们》（*Poets*）和纽曼（John Henry Newman）的《为吾生辩》（*Apologia*，1864年版），到比顿太太（Mrs Beeton）的《居家管理》（*Book of Household Management*，1859—1861年版）和古斯塔夫·多雷（Gustave Doré）的插画书，乃至于无数廉价的血腥而惊悚的冒险类故事。

但是，对于大多数藏家而言，说起分册发行，第一反应便是以这种方式发行的畅销小说。从1836—1837年间引

分册发行的小说 →

10
From Advance Sheets, Purchased of the Author.
THE
WANDERING JEW.
The Original and only Authorized American Edition.
Incomparably the most Correct and Elegant Translation.
BY EUGENE SUE.
AUTHOR OF "THE MYSTERIES OF PARIS," "MATILDA," ETC. ETC.
TRANSLATED BY HENRY W. HERBERT,
New-York:
PUBLISHED BY JAMES W. JUDD & Co.
NEW WORLD PRESS, 30 ANN-STREET.
PRICE 6¼ CENTS.

领这股风潮的《匹克威克外传》(*The Pickwick Papers*)，到后来的《丹尼尔的半生缘》(*Daniel Deronda*，1874—1876年版)，其间大部分小说仍以三卷本形式出版，读者会去流通图书馆借阅。但是，热门作家的很多作品，通常为由流行艺术家绘制插图的平装书，会按每月、每双周或每周分期出售，买齐后再装订成一卷、两卷或多卷，书封可采用出版商供应的壳封，也可按书主的个人品位装帧为全皮或半皮精装本。这些分册发行的书籍根据篇幅长短可分为八或十册，到二十或二十四册（偶尔也会有更多册），最常见的是大八开本，售价一个先令。这类书籍的最后一册往往也会含有书名页和前页，而且册数常常是两位数了，所以，这完整的一套常常可被描述为“原始分册发行12个月13册”。

这种出版方式仅适用于有望吸引大众读者的作品，在维多利亚时代的小说家中，狄更斯、萨克雷、安斯沃思(William Ainsworth)、利弗(Charles Lever)、罗伯特·瑟蒂斯和特罗洛普的许多作品都是以这种方式出版的。

分册发行的书籍给藏家带来了更多的复杂性，且不论文字或插图上的差异，更不论因固定的出版日期而经常造成忙乱的印刷状况，主要的问题还在于以下两点：(1)纸封平装；(2)插入式广告页。分册发行的小说，纸封平装的封皮通常采用彩色纸，比如狄更斯的用蓝绿色，瑟蒂斯的用砖红色，萨克雷的用黄色，等等。这些小说的封面上会设计一些图案或装饰，广告不仅会印在封底上，常常也会印在前后封皮的内面。期数编号和发行月份都印在封面上，这些数字每期自然都会更新，三页广告内容也会经常变动；另外，由于更换损坏的纸封面是常见且被接受的拼接行为，零容忍的藏家必须自行确认每一系列每一册的封面没有被动过，从理论上讲，更换的封面应该取自同一期的小说，但实际上并不是如此。误配的封面通常不难分辨，册数编号会透露细节；但封底是否误配就不容易识别了，凭借内部细节难以做出判断，除非有详细的书目描述可供参考。而且，还有许多幸存的系列小说连书脊护条都被修补过，调换整个书封自然就不再少见了。最后要指出的是，为追求完整性而拒绝差异性的结果反而导致了恶意的版本兼并，这才是对历史记录的伤害。

有关普通的或特别针对分册发行的插入式广告，已在广告条目中做过讨论。

可以看到，像斯宾塞（Herbert Spencer）的《第一原理》（*First Principles*，1862年版）以及廉价惊悚小说《红谷仓谋杀案》（*Maria Marten, or The Murder in the Red Barn*，1828年版）这类零散的作品，如今已经难以见到原封不动的完整本了。而以这种状态发行的维多利亚时代小说，书封本来就不结实，也没打算一劳永逸，保留下来实属不易。所以，很多藏家更喜欢的可能是它们不完美的未经修整的状态，因为这才是真实的稀缺，而不是广告中吹捧的那种刻意为之的完整性。

分册发行书籍的合订本

| PART-ISSUED BOOKS IN VOLUME FORM |

虽然分册发行作品的藏家对此兴趣寥寥，但合订本和分册之间的关系却是一个关注点，自有其重要性。维多利亚时代，这种合订本习惯上采用出版商布面装帧形式，赶在分册的最后一本发行之前推出，因此，就时序优先而言，可列为严格意义上的首版书。另一方面，合订本通常由最后印刷的文本和插图印张构成，因此，尽管发行早于分册书籍的最后完整版，但仍然足以展示任何特别差异的最终状态。

让情况更复杂的是分册书籍的装帧，忠诚地按期购买之后，再以出版商提供并定价的布面封壳进行装帧，或是使用出版商提供的全皮或半皮装帧。这样的书籍很可能是文本和插图的最早状态，采用的是出版商布面装帧。然而，即使本地的装帧师没有像通常那样对书本进行修剪甚至书口洒绘等处理，但作为一个完整体，无论是和一套完整的未装订分册还是和出版商合订本相比，均落于下风。

区分经过装帧的分册合辑和出版商合订本并非难事，虽然有时候出版商提供的书壳和合订本书壳是一样的（当然也有例外，例如狄更斯的作品），但前者书心会有穿孔，可以此进行推断。当然，就算做出了个人判断，最终还是有待书目员和藏家对这些差异做出评估。

环衬变色

| PASTE ACTION |

用糨糊将环衬粘贴到封板上，环衬可能会因糨糊而变色，这种变色可能会影响到书心的第一页或最后一页。

裱贴纸板

| PASTE-BOARDS |

用糨糊将数层薄纸裱贴而成的纸板，有时采用普通纸张或牛皮纸，偶尔也用抄本或印刷废纸。如果采用早期甚至非常早期的抄本残片或印刷校样，有的还是修正过的校样，可能会带来一些问题；尤其是当它们出现在原始或至少是早期的装帧之中，这种情况很常见。那么，什么才是最值得保存的？这个问题没有简单的答案。

贴衬

| PASTE-DOWN |

贴衬是环衬的一半，就是贴在书封内侧的那一半，没贴住的另一半常被称为“护扉”。装帧师通常把贴衬称为“封板纸”。

【参阅：皮环衬 DOUBLURE，贴衬页 LININGS】

罗杰·佩恩

| PAYNE, ROGER |

罗杰·佩恩（Roger Payne, 1738—1797）是一位拥有传奇技术和发明的装帧师，因引入风格鲜明的新古典主义装饰和纯粹原创路线的环衬粘贴而著称。他将装帧师的报酬推升到和艺术家平起平坐的高度。然而，和塞缪尔·米尔恩一样，太多的装帧作品冒用了他的名头，远甚同时期的任何一位装帧师。所以，在考虑购入一部号称“由佩恩装帧”的作品时，必须查看到底是拥有更确定的实证，如发票、有辨识度的纹章或者个性化的环衬工艺等，还是仅仅凭借从十九世纪传下来的一厢情愿的书目描述。

地方/省级书商展会协会

| PBFA |

地方/省级书商展会协会（The Provincial Booksellers' Fairs Association，缩写为PBFA）为遍及英伦三岛的书展提供组织管理。这些书展通常在周末举办，平时因工作太忙而无暇去书店浏览的藏家，一天之内买到的心仪书籍和见到的书商，可能多过往常一个月的旅行所获。如前所述，这种移动的交易体系给书籍收藏带来的时代变化，超越了任何其他因素，当然，除了如今多种多样的电子通信。

（1）完整，无误 （2）双面印完 （3）无线胶订

| PERFECT |

（1）用于"校勘完整"【参阅：配页，核对COLLATION】；在书志学语境中，可指修补缺陷本；

（2）双面印刷时指完成第二面的技术性术语；

（3）一种常用于平装书装订的无线胶订【参阅：古塔

波胶（或橡胶）装帧GUTTA-PERCHA（or CAOUTCHOUC）BINDING】。

期刊印刷

| PERIODICAL PRINTING |

大多数藏家收藏的是标准的书籍，报纸杂志上即使有他们所追求的初版本形式的首印或连载，还是会被冷落。严谨的作者/藏家有自己恪守的底线，有人只是因为其连续性而收藏杂志，有人会将一部分连续的杂志装订成册。但即使是那些只收藏书籍的藏家也有一些异常的例外，多数游走于灰色的地带。比如，柯南道尔的《血字的研究》（*A Study in Scarlet*）的第一次印刷，就是和其他文章一起出现在1887年的《比顿圣诞年刊》（*Beeton's Christmas Annual*）上；于是藏家们决定这才是他们的首选，而不是第二年才出的书本形式的首版，听上去这有点不合逻辑，但这是他们的权力。顺便提一句，这个版本更罕见，数量只有后者的五分之一。也有一些更为合理的例外，比如占据了1888年《伦敦新闻画报》（*The Illustrated London News*）整期版面的莱德·哈格德（Rider Haggard）的"米森先生的遗嘱"（"Mr. Meeson's Will"），还有伊夫林·沃

（Evelyn Waugh）的“所爱的人”（“The Loved One”），原载于《地平线》（*Horizon*）杂志1948年2月号，等等。

期刊
| PERIODICALS |

在本书问世之初，针对藏家需求的期刊只有《书籍收藏家》（*The Book Collector*）一种，当时它也刚起步，很高兴我们一路走来依然在一起。不过，当初书籍爱好者的小世界如今已经发展壮大，像《古籍书评》（*Antiquarian Book Review*）这样后起的杂志满足了更广大公众的需求，每月刊登有关销售和书商目录的评论文章，丰富的交易信息更是它的强项。遗憾的是，刊有“图书征购及待售”长清单的英国的《书商》（*Bookdealer*）杂志和刊有让人尊重的业内活动及讣告的美国《善本书商周刊》（*AB Bookman's Weekly*）现在都已停刊。《古籍书商协会通讯》（*ABA Newsletter*）已经重整旗鼓，《古董交易公报》（*Antiques Trade Gazette*）提供了详尽的图书销售记录。《苏格兰藏书家》（*Scottish Book Collector*）刊登的文章和新闻，关注范围已超越了本土，如今倾心于文本化的研究。立意更高的书志学期刊有书志学协会的季刊《图书馆》（*The Library*）、

《美国书志学协会论文集》（*Papers of the Bibliographical Society of America*）以及《书志研究》年刊。

福兹海默

| PFORZHEIMER |

《卡尔·福兹海默图书馆：1475—1700年的英国文学》（*The Carl H. Pforzheimer Library: English Literature 1475–1700*，纽约）一书出版于1940年，私家印制。

这份拥有1 300页四开页面的详尽目录，得益于主编威廉·A. 杰克逊的特殊权威，和海沃德、罗斯柴尔德及萨德利尔一样，常被按编号引用。

折叠书盒

| PHASE-BOX |

这是一种由切成十字形的无酸纸板折叠而成的简单容器，其中心部分与要存放的书籍尺寸一致，十字的四臂回折形成三个侧面，再用魔术贴或其他方式固定位置。这种书盒起到了两个作用，一是保护脆弱易损的书体，二是提醒读者轻拿轻放。最初的设计是为图书馆馆藏提供临时的保护，有待更为长效的保护措施到位，但是，由于保护预算的削减，许多临时书盒的服役期已经超过了预设【参阅：半开书盒BOOK-SHOE】。

菲利普斯

| PHILLIPPS |

托马斯·菲利普斯爵士（Sir Thomas Phillipps，1792—1872）是十九世纪最著名、最富激情的书籍和手稿收藏家。他的海量藏品包括了十万余件抄本、手稿和文件以及等量的印刷书籍，这种不加选择的购买害得他始终负债累累。在他去世后的一百多年里，他的藏品经历了几十年的数十次出售后遍及各地，流入了主要机构、藏家和经销商手里。

书封绘图（硬板简装、布面装帧或纸封平装）

| PICTORIAL (OF BOARDS, CLOTH or WRAPPERS) |

在1850年代之前，有别于规则的通用图案，书籍封板或纸质书封上的绘画图案大都是单色完成的，最常见的是彩色背景上的黑色勾勒。在1830年代后期和1840年代，出版商布面装帧的书背上烫金绘画图案很普遍。在1853年的一项实验性设计中，彩色绘画现身于梅休（Horace Mayhew）的《留在点心店的信》（*Letters Left at the Pastry-Cook's*）的封面，很快，封面装饰花哨的廉价书风行一时，统称为黄背书。类似的技术不久也应用到布面装帧的书籍，虽然表面光亮的绘画布面装帧向来不如硬板和纸封面那么常见，但直到世纪末之前始终时有所用。

这一类的装帧需求终因直接在布面上进行彩色烫印的出现而黯然失色，烫印工序可以使用金色、彩色箔金和油墨，而且又有纹理，能够达到生动逼真的效果。创造了这些非凡设计的艺术家现在终于得到了肯定，曾经被忽视的作品也终于进入了藏家的视野。

猪皮

| PIGSKIN |

作为一种装帧用皮革，猪皮在用普通方式鞣制之后依然很难对付，尽管皮质坚韧，但由于缺乏油脂而容易变脆。但如果用明矾硝制，处理起来就更顺手，而且非常耐

用。猪皮既不容易接受压印，也不适合烫金。其他经硝制也呈现类似特点的皮革，在业界统称为“猪皮”。这种皮料在日耳曼和斯堪的纳维亚国家很受欢迎，那里的装帧师采用多个滚轮和边框压模的组合制作整体图案，有时还会用黑色油墨添加起首字母或装帧日期。

盗版

| PIRATED EDITION, PIRACY |

盗版通常指未经作者授权或未向作者付款而擅自生产销售的版本，无论是否具有法律上的准确性。随着对作者版权国际性的保护，盗版现象已日益减少，但由于文本可以通过电脑黑客或影印轻松复制，如今又有所抬头，特别是在东南亚地区。

在十六世纪早期的里昂等地区，阿尔定的文本包括版本说明都被随意复制。在十七、十八世纪，那些因宗教或政治原因而无法获得许可、保护甚至承认的书籍，尤其易被盗版，像罗切斯特（Rochester）、斯威夫特和笛福、帕斯卡（Pascal）、卢梭和伏尔泰就是著名的例子。在十七、十八世纪的英国，传阅手抄本的习惯更是给过于热情的朋友或不道德的出版商提供了很多机会，十八世纪在爱丁堡和都柏林的书商经常和有着严密组织的伦敦书商对着干，偶尔也会串通一气。十九世纪是跨大西洋“海盗”的高峰时期，这个说法也许不够准确，因为当时任何一方都无法宣称有法律保护，如果说，纽约和费城的出版商对英国作家比伦敦的出版商对待美国作家盗用更多，那只是因为司各特、狄更斯或哈代在美国比朗费罗或爱默生在英国更走红。

关于现在藏家对各种盗版态度的评估【参阅：授权版 AUTHORISED EDITION，“跟随国旗”“FOLLOW THE FLAG”】。

平版印刷

PLANOGRAPHIC

平版印刷的印纹与表面齐平，既不凹进也不凸出。其中石印术是平版印刷的主要方式之一。

印版压痕

PLATE-MARK

雕刻和其他凹版的金属印版的边缘在纸页上留下的印迹【参阅：插图过程 ILLUSTRATION PROCESSES】。

压印盘

| PLATEN |

这是手工压机的关键部分，这块沉重的木板（后改为模板）经由拉动把手后下移，下压到垫框，再加以压力把印版上的油墨施敷到印张上。

雕版序号

| PLATE-NUMBERS |

（1）刻版乐谱页脚下的数字（可带或不带起首字母缩写），表明该乐谱在出版商产品中的顺序号，是原始出版日期少数可靠的线索之一。

（2）此词更通常指刻于版画插图的雕版上的序列编号，如果序列有增减，很容易将其剔除并重新刻写。这种修正为区分状态提供了有用的线索。

（1）全页插图 （2）印版

| PLATES |

（1）顾名思义，全页插图就是和文本分开印刷占据

整个页面的插画；比如，“全页插图有斑点”，“有《莱达和天鹅》的稀有的额外全页插图”，“二十四幅全页插图缺两幅”，等等。除非有明确的描述（如木口木刻版画或木刻版画），印在文本页面上的插图统称为刻画片（印刷商的习惯用词是 figures），但是这种差别很少被关注【参阅：插图过程 ILLUSTRATION PROCESSES】。

（2）铅版、电铸版或其他类似印版，代替活字用于文本印刷。

犁刀

| PLOUGH |

装帧师用来裁切书边的刀具或原始的切纸机。像“书口裁切如原始状态”这样的描述很难判别，它既可以指原始白边处于完美的状态，也可以指书口维持毛糙不齐的状态。

《印刷与人类思想》

| PMM |

《印刷与人类思想》（*Printing and the Mind of Man*）

原本是1963年在伯爵宫和大英博物馆同时举办的三个展览（另外两个分别是技术和美学）的目录，现在专指展出的500本书籍那部分，揭示“从《圣经》到丘吉尔，印刷品对西方人民思想的影响”。由珀西·缪尔和约翰·卡特编辑的扩展版于1967年面世，依然是该领域的经典之作【参阅：格罗勒书单GROLIER LIST，海沃德HAYWARD】，同为各自领域的经典，PMM这个起首字母缩写，更是书商们惯常引用的“姓名”和“参考书”中的无价之宝。

模版彩印

| POCHOIR |

一个使用多个模版进行彩色印刷的过程。

袖珍书（口袋书）

| POCKET-BOOK |

（1）一种印张略小于普通尺寸的八开本，方便揣在兜里。世上第一个袖珍书（口袋书）系列出自阿尔定之手，陶赫尼茨在十九世纪发扬光大，而艾伦·莱恩则使得企鹅平装小开本在二十世纪广受欢迎。

（2）一种集年鉴、日记和钱包于一体的组合，制作于十七世纪末至十九世纪。

点孔

| POINT-HOLES |

安装在横杆上的销钉固定在垫框的四周，穿过置于其上的印张，形成点孔。在印刷另一面时，这些点孔可作为位置参考，以确保没有移位。点孔的位置随版式的不同而产生变化，摇篮本鉴定家可以根据这些点孔的位置推断出印刷的时期。

（活字的）点制

| POINT SYSTEM (OF TYPE) |

一个用于衡量和描述活字字体大小的数字体系，该体系的第一个版本由佛尼尔于1737年在巴黎提出，狄多（Firmin Didot）在十八世纪末提出了又一版本。而最终被英美两国接受的体系不同于以上两个版本。一个点大约是一英寸的七十二分之一【参阅：活字规格TYPE MEASUREMENT】。

书籍常用字体大小，从6点到22点或24点均有，这个整洁明了的体系取代了传统上浪漫而神秘莫测的称呼，如小卒（minion）、红宝石（ruby）、无敌（nonpareil）、经书（brevier或breveer）、小资（bourgeois或berjoice）、长点火管（long primer）、皮卡（pica）、英式（english）和卡农（canon）等。

点状

| POINTILLÉ |

“皮革装帧上的点状效果烫金装饰，可采用重复单点的方式或者用点状排列虚线压模来完成。”（H. M. 尼克松语）

版本独有特征

| POINTS |

版本独有特征指的是书籍中的任何独特之处，这些特征的存在与否能将某一特定的版本和其他版本区分开来。它们能为书志学家们在以下方面提供版本的优劣的证据（或所谓的证据）：形态、装帧差异、错印、广告差异、撤

换页和文本改动等。

独有特征被一些藏家讨厌甚至憎恶，但也有人视其为珍宝，比如绝大多数的书商目录员。此中道理，正如理查德·库尔（Richard Curle）所言："书无独有特征，犹如妇人之无美色，泯然众人矣。书有特征，方能激发兴趣……因此，流连于独有特征，张扬它【参阅：版本独有特征收藏狂POINT-MANIACS】，甚至去挖掘不是特征的特征，皆为本能。"【参阅：伪书志学贩子ISSUE-MONGERS】

在目录注释中，这种倾向主要表现为三种类型：（1）学术型。对所有细节加以说明，罗列相关的书志学权威，可以是论据或结论，至少是推论；（2）迷惑型。采取障眼法，铺陈大量鱼目混珠的细节，不加任何解释或参考意见（即使有参考，也不挑明权威的立场），或者干脆用大号字体印上"初版首发"，寄希望于读者被迷惑得犯晕；（3）忽略型。摆出一副"这还用得着说"的腔调，或出于天真或实为油滑地假定藏家已经熟悉了所有参考书，于是就有了这种空洞的注释，比如，"独有特征在第16页上"，"有海德西克（Heidsieck）所提及的全部独有特征，只缺其一"，或者干脆敷衍地写上"囊括全部独有特征"。

该术语如果能使用得恰如其分，而不是滥用在大多数书籍都有的特征上，是不会伤及其内在价值的。然而，如果把开普勒（Johannes Kepler）的《新天文学》（*Astronomia Nova*，1609年版）的正常老化褐变、把谢里登（Sheridan）的《评论家》（*The Critic*，1781年版）中缺失的前扉页或者把本涅特（Arnold Bennett）的《老生常谈》（*The Old Wives' Tale*，1908年版）书背上脱落的白字都吹嘘成独有特征，那显然是愚蠢的，洁白的书页、尚存的前扉页和完好的书背才是不可多得的常态，而不能把缺陷和缺失扭曲为“特征”。独有特征是制作或发行中的区别性特点，正常地加以理解可推论出书志学意义上的时序优先，而不能用来描述其他的特点，无论正常，抑或不正常。

版本独有特征收藏狂

| POINT-MANIACS |

这些藏家对独有特征已不仅仅是爱，而是爱到癫狂。得体的鉴赏乐趣，应该包括因为书志上的复杂性而体味到的喜悦，以及因为对技术难题的成功破解而得到的快乐。其结果将是共同为书志知识库添砖加瓦，而不是将异常凌驾于正常之上。但是，正如对品相的极端或教条的态度有时会让藏家大失方寸，对独有特征的狂热也会如此。每有一位经验丰富的藏家，对所见的独有特征做出合理判断，心平气和地欣赏且不逾矩，便有十个年轻的冲头，轻易地相信坊间流传的书志神话，如数家珍般不动脑子地传播。这些立志要掌握藏书技术的天真的人，正是伪书志学贩子的天然猎物，被初版本这种魔性词语下了蛊，突然意识到居然还有诸如第一形式、第一状态、原始装帧等宝藏，目眩神迷之际，轻易陷入时序偏执之泥沼也就不足为怪了。

磨光犊皮

| POLISHED CALF |

这是一个矛盾的术语，作为奖品装帧所用的标准皮料，磨光犊皮光亮的表面其实是通过上光而不是靠打磨来实现的。

后摇篮本

| POST-INCUNABULA |

这是具有摇篮本特质但印制于1500年之后的古籍，至于之后多久，专家们尚未达成共识。这个实用的术语是沃特·奈霍夫（Wouter Nijhoff）在1900年前后创造的。

在荷兰（也许包括欧洲大陆的其他地方），它指的是在1501年至1540年间印刷的书籍，二十年后被斯蒂芬·加塞莱（Stephen Gaselee）沿用，在英国泛指印制于1501—1520年间的书籍。

先于首版

| PRE-FIRST |

这个自相矛盾的术语本身并无实际意义，却被人常用，且疑点颇多、所指暧昧，皆逃不出痴迷于时序优先的巢穴。它所指称的版本、形式或书本都早于公认的首版。“先于首版”这个词现身于很多地方，可以指试发行、预发本、版权版、私家印制、盗版或未经授权版、摘录和单行本，甚至于以杂志形式出现。

前页

| PRELIMINARY LEAVES or PRELIMS |

指正文开始之前的书页，即前扉页、书名页、目录、鸣谢和序言等。它们通常排在最后印刷，且先后次序并无定规，如有页码及帖号，容易造成组合上的不规范。从书

志学角度来看，空白页是第一个书帖的一部分，也是前页/初始页的一部分，但是它们不被纳入按罗马数字编序的页码之中，罗马数字的目的是表示和正文之间的区别。

附加费用

| PREMIUM |

这是拍卖行向买方收取的税款，就像向卖方收取的佣金【参阅：拍卖 AUCTIONS】。

预印本

| PREPRINT |

学术期刊上的文章偶尔可能会提前单独印刷，以便作者在正式发表之前分发沟通，以获得他所看重的参考意见。这种形式的提前发行称为预印本。

馈赠本装帧

| PRESENTATION BINDING |

不同于礼品装帧或作者装帧。

馈赠本

| PRESENTATION COPY |

如果未加说明，该词通常被认为是来自作者的馈赠。但事实上只有作者主动送出的书籍才符合定义，若是应所有者要求而签名则被称为题词本。

对这些礼物不同的赠送方式加以甄别有其意义，在编目人员的笔下可能一概称为馈赠本，但对于有鉴赏能力的藏家来说，引发的热度却是全然不同。

任何一种馈赠本，决定其质量的重中之重始终是它的关联性，也就是受赠人的关注度或重要性以及他和作者之间的关系或其他特殊的相关优势，这比赠送方式中的其他细节都更加重要；不过，在假定关联度不变的情况下，还可大致划分为以下递减的级别：

（1）有作者亲笔写给受赠人的题词，时间可在出版日之前、出版当天或出版后不久。

（2）同上，但未注明馈赠日期或日期远晚于出版日期。

（3）有受赠人的姓名，但落款只有“来自作者”或“作者赠送”，而没有作者亲笔签名。

（4）没有亲笔题词，但有证据表明是作者送出或由作者委托出版商送出。在十八世纪或十九世纪初，出版社职员会用手写或盖印的形式将（3）中的落款附于书中；在更现代的书籍中，会插入一张印刷或打字的纸条。

（5）有受赠人手写证明该书为来自作者的礼物。

（6）有后人提供的二手证明，多来自家族传承等类似途径。

还存在进一步的细分；（4）和（5）之间的选择取决于个人品位。

保护
| PRESERVATION |

藏书界的新词，意在涵盖所有对书籍实体没有任何干预的保护方法。包括折叠书盒等书匣和书盒的使用、对书籍和书架定期而细致的清洁、防止阳光的直射以及任何过度的光照、保持尽量低于18℃的环境温度和50%—60%的相对湿度以及保持空气流通，最后这点可能最重要。以上的所有举措无法阻止腐损，尤其是木浆纸平装书中木质素引起的酸性褐变，但是，照顾得好，损伤会延缓【参阅：修复REPAIRING，整修RESTORATION】。

书坊版

| PRESS BOOKS |

这是一个很有用的专业术语，包括了以下来源的出品：（1）真正的私家书坊版本，如草莓山丘（Strawberry Hill）、李修道院（Lee Priory）、厄哈格尼（Eragny）和格里格诺（Gregynog）；（2）“高端书坊本”，尽管不一定拥有印厂，但因专门从事高端书籍的制作，故自称“书坊”，如威尔（Vale）和农萨奇（Nonesuch）；有时也包括（3）印刷专供收藏的书籍，有的是借商业出版商之名，如布尔默（Bulmer）、奇斯威克（Chiswick）、科文和罗杰斯（Rogers），有的则有自己的版本说明，如阿尔定、艾斯帖尼（Estienne）、普兰丁（Plantin）和巴斯克威尔。第（2）类不包括大学出版社及一众名不副其实地把自己称为“书坊”的出版社。

印刷更正

| PRESS CORRECTIONS |

在印刷进行过程之中对文本所做的更改，它们的存在与否可作为状态时序的指标【参阅：形式和状态ISSUES

AND STATES 】。

印刷标注

| PRESS FIGURES |

十八世纪，在很多英国及少量美国的书籍中，地脚白边处会印有数字、字母或符号，它们通常出现在书页的反面，所以很少会跟帖号混淆。（十七世纪后期和十九世纪早期的英国书籍上也时有所见，如斯科特的小说《韦弗利》就是著名的例子。）每一印刷机或印刷工都有自己的个人标注，用于核算计件工资，这些标注不仅有助于区分难以辨识的重印的印张，也有助于发现半印张制版和其他

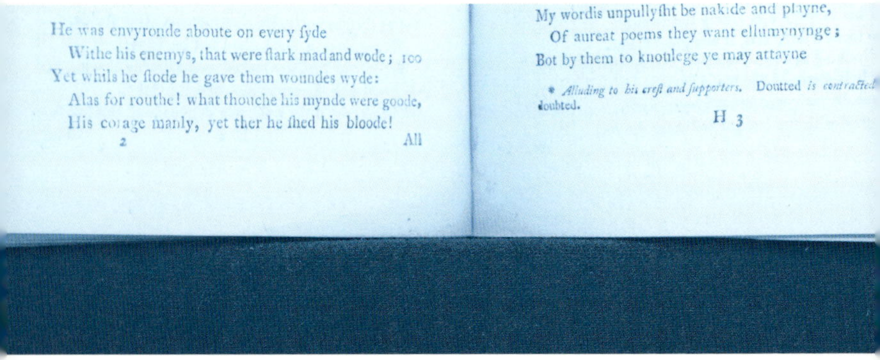

He was envyronde aboute on every ſyde
Withe his enemys, that were ſtark mad and wode;
Yet whils he ſtode he gave them woundes wyde:
Alas for routhe! what thouche his mynde were goode,
His corage manly, yet ther he ſhed his bloode!
2 All

My wordis unpullyſht be nakide and playne,
Of aureat poems they want ellumynynge;
Bot by them to knoulege ye may attayne
* *Alluding to his creſt and ſupporters.* Doutted *is contracted* doubted.
H 3

打开的折页线，在反面展示印刷标注，帖号和导词在正面的页边空白处

版式方面的问题、版本大小的问题以及特定印刷厂的规模和操作的问题。但是，除非有了确定的书志分析结果，普通藏家只需在它们被证明对特定书本的特定版本有影响时再关心它们即可。

索书号

| PRESS-MARK |

但凡图书馆，无论大小，每一本书都会有索书号。这个索书号通常由数字和字母组成，用标签形式贴在书背上。对应的编号也会记入图书馆目录，并注明藏室、书柜及书架等书籍存放的位置信息。

在私人图书馆里，这个编号通常出现在封面的内侧，写在标签上或直接写在环衬上。索书号有时也被称为上架号或入柜号，或是入柜标签。在美国，索书号称为call-numbers。

在《英国书籍和手稿藏家》(*English Collectors of Books and Manuscripts*)一书中，西摩·德·里奇向关注书籍出处信息的读者展示了通过对索书号的研究所能获得的大量信息。

清样校对员

| PRESS READER |

【参阅：审稿员 READER】

印刷活计

| PRESS-WORK |

印刷活计指的是书籍或其他作品的印刷过程，在书籍交易中使用这个术语时，总会另加或好或坏的形容词表达其属性。这个活计需要两位印刷工人的合作，一人将印张放在垫框上，另一人用墨球敷施印版；然后前面那人推到压床上，拉动压机把手，压印出书页印迹。

书价已剪

| PRICE CLIPPED |

指的是书衣的折边被剪，原有的零售价格不复存在。大部分情况下，书价印在前折边内侧的右上角（有时也会在右下角），对角一剪就没了。

书价代码

| PRICE CODE |

书商用来记录书籍购入价格的代码，为的是不让潜在的买家看破。这类代码数目很多，识别特征是：（1）无重复字母；（2）便于使用者记忆，如古斯塔夫·大卫（Gustave David）的代码是“gothylfmir”。伊恩·杰克逊（Ian Jackson）的《书籍交易的价格代码》（*Price Codes of the Book Trade*，2010年版）列举了一些最为著名、最为好笑、最为有趣和最为下作的代码。

首批装帧

| PRIMARY BINDING |

该术语用于区分同一版本的出版商装帧中最早的一批和后续及滞销存书装帧之间的区别。该术语使用范围仅限于批量装帧，而且在实际运用中极少涉及出版商布面装帧之外的任何情况；当然，对于在1820年至1830年间出版的书籍，如果已知后来（也就是1832年之后）发行的版本采用了烫金布面装帧，将该术语用于“硬板简装加标签版本”也是恰当的。

印刷错误

| PRINTER'S ERRORS |

指排字技工所造成的或大或小的差错，以区别于作者更正【参阅：形式和状态ISSUES AND STATES】。这种区别对于印刷商来说十分重要，作者更正的成本可通过出版商收取，但排字技工的错误必须由印刷商自己承担。

印刷商标记

| PRINTER'S MARK |

【参阅：图标DEVICE】

印刷机

| PRINTING PRESS |

在十九世纪实现机械化之前，使用中的印刷机有两种，一种是普通压机，用于将上墨的活字印迹转移到纸上，另一种是辊轮压机，刻印的全页插图就是由辊轮压机印成。在十五世纪，普通压机并不是新技术，类似的压机早已用于压榨葡萄酿制葡萄酒或造纸时挤出纸浆里的水分。

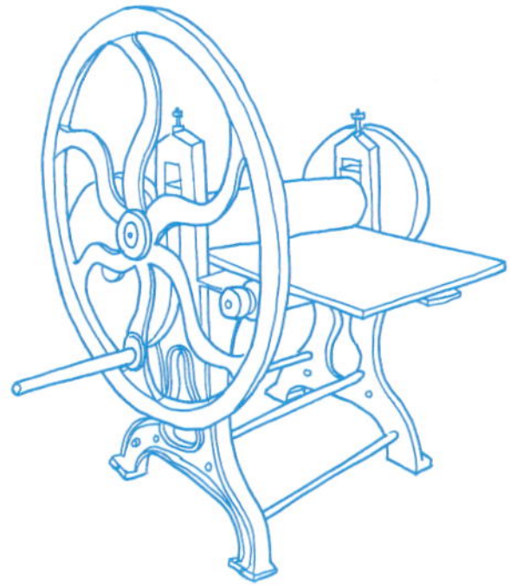

辊轮压机

但是，把印版和垫框一起送入压印盘之下，再转动螺杆压出印迹，这才发展成为现在人们熟悉的印刷机结构。辊轮压机则是一种更为人们所熟悉的简单结构，它的外形和动作原理很接近于普通的轧布机，以前用来压干清洗后的衣服。把纸张放在敷施了油墨的印版上，然后在一对滚轮间通过，由此形成印迹。附图清晰地显示了这两种

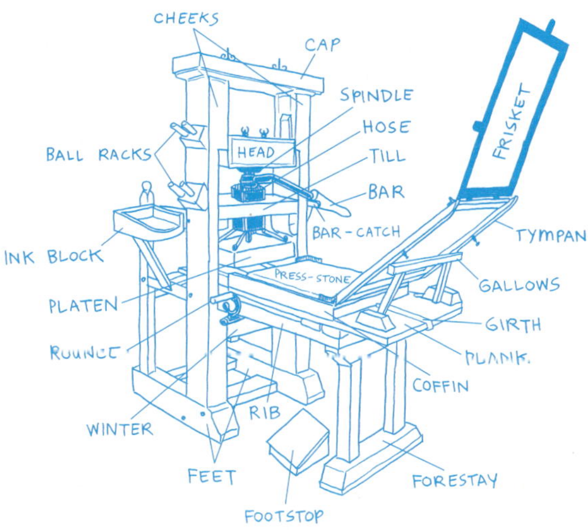

普通压机

印刷机的部件和运行过程。

私家书坊

| PRIVATE PRESS |

私家书坊的所有者或经营者有权决定印什么和怎么印，不会因收取费用而被出版商左右。他可以且经常面向公众出售书籍，或直接提供给订户，或通过书商，偶尔也会通过出版商的渠道，但他的目的是制作一本好书而不是为了赚钱。他可以像草莓山丘书坊的霍勒斯·沃波尔那样雇用一家印刷厂，也可以像金鸡书坊（Golden Cockerel）的罗伯特·吉宾斯（Robert Gibbings）那样自己印刷。无论采用何种方式，他都拥有印什么以及怎么印的自主权。

从严格的意义上来讲，私家书坊应该仅仅指那些手工排版和手工印刷的工坊，然而，当今众多的私家书坊无非只是提供私藏版的高端印刷私坊版。无论是哪一种，版本都应是严格限量的。

私人印制

| PRIVATELY PRINTED |

这个术语不能望文生义地理解为用私下的方式完成印

刷。它可以是私坊版的出品，但通常是不面向公众公开出版的，也就是说，它不是由某个出版社付费预定的产品，而是为作者本人、他的朋友或赞助人甚至是热情的陌生人制作，因而只在私人圈内流传，或经由非常规商业方式发行。或者，出版社可能用这个词来描述有些书籍，因为如果按正常途径出版的话，这些书可能会因诽谤或淫秽内容而招致惩罚。

但这也并不一定意味着这类书籍是免费赠送的，实际上，至少早在十八世纪，人们就已发现，宣称某书是私家印制或仅限于私人发行的真实意图是为了吸引藏家，现在依然如此。

一般来说，真正为私人发行而印制的书籍或小册子的印量都很少，即使当初的印数不少，但能流传下来的仍会非常稀少。如果是为作者送人而印制，那么馈赠本的比例可能会远高于正常出版的书籍。

特许，特许页

| PRIVILEGE, PRIVILEGE LEAF |

在1709年《版权法》颁布之前，印刷师或出版人有时会从主管当局获得在其管辖区域内印刷某本或某一类书籍的特许权（通常为独家所有，但并不完全如此）；这种特许通常有一定的时间范围，但有时以印刷师的任期为限，甚至还有终身的特许。这种情况下，前扉页上或书尾题署上方诸如“经特许（Cum Privilegio）”等字样便是明示，或者是一段更长的声明，通常单独印在书籍开头的某一页。这种例子在1700年以后偶尔还会出现【参阅：出版许可IMPRIMATUR，许可LICENCE，登记（进入同业公会名录）ENTRY（INTO STATIONERS' REGISTER）】。

奖品装帧

PRIZE BINDING

早在十六世纪，大学、学院和学校都会将特别装帧的书籍作为奖品奖励给品学兼优的学生，这种装帧的装饰上会印有颁发方的徽章和标记，有时还有校名，比较少见的是得奖学生的姓名。学生姓名、获奖日期和缘由一般会写在前衬页上，或者是在特别印制的藏书票上。到了十九世纪，这种奖励方式成了学校的标准，而磨光或树纹犊皮随之成为这类书籍的标准装帧。于是其他有类似装订的书籍就被称为奖品犊皮装帧。

普罗克特

| PROCTOR |

罗伯特·普罗克特（Robert Proctor，1868—1903）是《大英博物馆馆藏早期印本：及牛津大学图书馆馆藏注释》（*Index to the Early Printed Books in the British Museum: with Notes of those in the Bodleian Library*，1898年版）一书的主编，后经康瑞德·伯格进行增补及索引，1938年由伊萨克（F. S. Isaac）续写，1960年再版。

剑桥大学的亨利·布拉德肖（Henry Bradshaw，1831—1886）是将比较解剖学的原理和自然历史的类比法运用于书籍历史分类的第一人，而大规模地运用于早期印本则归功于年轻的书志学家罗伯特·普罗克特。其结果是诞生了普罗克特法则：依循科学印刷原则，按国家、城镇和印刷师对早期印本进行分类。虽然自从有了BMC之后，普罗克特本人的著作已不太被引用，但这位伟大的摇篮本专家依然值得我们向他致敬。

前插图校样

| PROOFS BEFORE LETTERS |

指添加了图片说明、版本说明、日期等其他内容之前的原拓插图的校样（有时使用特殊纸张印制），是原拓插图设计的最早状态。

十八世纪末和十九世纪初出品的篇幅宏大的插图书，有时会发行价格昂贵的特别版本，文字印在大张或优质纸上，并标注“插图的印版校样”，这些通常都是指尚未添加说明文字等的“插图校样”。

校样、校样本

| PROOFS, PROOF COPIES |

印刷商的第一校样【参阅：活版毛样GALLEYS PROOFS】，可供作者纠误和出版商查验，经修改的校样是最终校样或直接到最终成书之间的过渡。作者校样本肯定会有很多由他本人写在页边上的更正和补充等，可以是寥寥数字，也可以是重写的整段文字。印刷商的审稿人审阅最先印出来的印张，出版商会预定不少修订校样或最终校样（通常是穿线成册的平装本），以供公司内部及推广之用；现在的校样都是集帖后锁线缝缀的平装本。从书志学的角度来看，纸封的最终校样本完全不同于预发本，但从外观上来看，两者相差甚微，或根本没有差别。

除非是专业的作者藏家，对书籍的每个胚芽阶段都抱有兴趣，或者除非已知在校对阶段进行了重大改动，否则的话，藏家往往把作者本人和他人的校样区分得很清楚，前者是从手稿或打字稿到初版本之间的过渡，而后者往往数量不少，校样中最多附有一些印刷商或出版商审稿人的常规标记，或者更多的是没有任何标记。但是，即使是未经修改的校样也具有书志学上的重要意义【参阅：“跟随国旗”“FOLLOW THE FLAG”、陶赫尼茨 TAUCHNITZ】。

新书宣传册
| PROSPECTUS |

和其他商人一样，出版商在全部资金投入之前会先考虑销售以保证回报。一份相当诱人的广告，可能的话应配上插图样本，再列出书籍的篇幅、规格甚至装帧状态等详细信息，当然还包括重要的价格。形式完整的宣传册可追溯到十七世纪后期，随着时间的流逝，已成为藏书家们钟爱的短效印刷品。

流转（出处）
| PROVENANCE |

书籍拥有者的流转是一本书所有权的传承血统。这个血统可能由所有者的姓名、家徽、藏书票或其他书中的自有证据来明确表示；也可能由不那么明确的索书号来表示；甚至可能要结合拍卖记录或书商目录等外部信息才能推导出来。关联本就是某本书流转的一个重要特征，除此之外，某本书的早期历史也总是让人关注，无论从记录的角度或情感的需求而言，都自有其重要性。任何书籍流转的记录都不应被损坏、删除或改动，应该珍惜并增添新的内容。

从这个意义上来说，书籍经由书商之手所留下的标注和代码也应是其历史的一部分。一部文艺复兴的文本，曾立于路德维希·罗森塔尔（Ludwig Rosenthal）或戈德施密特（E. Ph. Goldschmidt）或里欧·奥尔什基（Leo S. Olschki）或拉斯罗普·哈珀的书架上，不是一件小事；一位刚刚核对完新近入手的伊丽莎白时代四开本的藏家，当他用铅笔在后衬页上添上自己的名字时，他知道自己是和可敬的同道中人在一起。“经核对，完整。伯纳德·夸瑞奇有限公司（Bernard Quaritch Ltd）”，如果这句话的后面签了F. S. F.三个字母，那可就是F. S. 弗格森（F. S. Ferguson）啊，书志学会的前任主席和金牌得主。

书籍流转的吸引力和前任书主们自身的吸引力成正比，他们可能和这本书身处同一时代，或者他们本身就是重要的人物，或者他们是藏书界的名流。流转的渊源，对于评估非常杰出或非常稀有的书籍，非常重要，或可将它与已知存世本进行对照鉴定，或因它曾被一位受人尊敬的鉴赏家收藏过而得到了品质上的保证。

在大多数情况下，编目员关于书籍流转的描述方式是直白的；如，“德·叟（De Thou）藏本，装帧上有他的族徽，和他第二任妻子的族徽相连”“来自理查德·希伯的私人图书馆，有他的印章”“沃多尔（Wodhull）藏本，护扉页上有他手写批注”“勒努阿尔–科瑟–阿什伯纳姆（Renouard-Corser-Ashburnham）藏本”。但是，有数个知名图书馆并不以所有者命名，而是因所有者家族所在地而闻名于世。因此，希斯顿公园（Syston Park）就是索罗得（Thorold）家族；布列特威尔（Britwell）代表了克里斯蒂·米勒（Christie Miller）；汉密尔顿宫（Hamilton Palace）肯定就是威廉·贝克福特（William Beckford）；罗方特（Rowfant）是弗雷德里克·洛克（Frederick Locker）；白骑士（White Knights）就是第五代马尔堡公爵（fifth Duke of Marlborough），或者更为藏书家所熟悉的布兰德福德侯爵（Marquess of Blandford）；阿什利（Ashley）指托马斯·怀斯。

然而，近年来，对书籍流转正常而有分寸的关注有时会走向极端，变得盲目而随性。比如，向传承有序的“科宁斯比-洛克斯里·霍尔-亨佐-卡萨马西马-德伯威尔（Coningsby-Locksley Hall-Hentzau-Casamassima-D’Urberville）藏本”致敬是一回事，但是用“黑-白-绿-棕-灰（Black-White-Green-Brown-Gray）”来虚饰本质平庸的书籍则完全是另一回事。而且，血统并不因其藏家姓名罗列的长度而更显尊贵。

关于书籍流转这个话题的方方面面，至少就英国而言，现已完整地包含在大卫·皮尔森（David Pearson）的《书史流传研究》（*Provenance Research in Book History*，1994年版）之中，令人敬佩。该书内容包括了题词、藏书票、标签、印章、纹章和其他重要的装帧压印、销售和其他目录，并对诸如纹章学、古文字学和传记手册等与书籍流转相关的概念都做了详尽的细节描述，在此无法一一展开。

出版
| PUBLICATION |

该术语在词典里有两个主要定义，一为“向公众发行或提供书籍”这个事实，二为其衍生义，即如此而来的著作。

尽管版权版、私家印制版或仅向订户发行的书籍都可能被藏家视为初版本，但是，面向公众依然是出版的关键因素。

根据英国法律，出版这个事实的成立，不是因为在同业公会做了登记，也不是因为书籍已存入主要的版权图书馆或大英图书馆，而是因为有证据显示该书已向公众销售或开放销售渠道。而出版日就是第一次开始销售的日期，对今后收藏初版本的藏家而言，这是个重要时刻，因为在这一天可以得到完整形态的书籍（有别于孵化过程之中的前出版版本，有校样本、预发本、试发行本等不同阶段），也是第一次以完美形式出现，早于后续可能发生的二次发行或二次装订等。从书志学角度看，出版日就是这本书的总攻日。

公共图书馆

| PUBLIC LIBRARIES |

十九世纪免费公共图书馆的出现对提高识字率和扩展图书贸易产生了重大影响，为此，在英语国家，我们无论怎样敬仰安德鲁·卡内基（Andrew Carnegie）这个名字都不为过。和之前被逐渐取代的流通图书馆一样，公共图

书馆通常也有它们自己的专属装帧以及再装帧【参阅：图书馆装帧LIBRARY BINDING】。

出版商布面装帧
| PUBLISHER'S CLOTH |

出版商采用布面进行批量装帧的历史可追溯到1823年前后，到1835年，已成英国和美国出版物的普遍现象，诗集、其他狭长开本和部分有特殊原因的小说除外。从1850年前后开始，几乎所有批量生产的新书都用上了布面装帧。其最初的出现，是作为当时流行的纸面硬板书封的新奇替代品，而且也被认为仅仅是皮革装帧之前的临时封面，直到1830年代初，才明确意识到可能成为永久的装帧；虽然很多买家购买了出版商布面装帧的书籍后，要等到将其正式装帧之后才会放上书架，但这样的做法逐渐减少，以至几近消失。后又出现用仿布纹的结实纸张来替代真正的布料，但没成大气候。

一旦确定采用布料完成批量装帧，就意味着出版商承担了部分的最终成本，这部分成本原本由买家承担，无论是他自己支付装帧费用，还是零售或批发商收取额外费用。对于藏家来说，这意味着一个在功能上和书籍不能分离的统一原始装帧的确立，而且易于识别，即使不是一眼明了，与同版本的书籍也是比较即知。

对于较早期的书籍，那些坚持要求原始状态的藏家之间有不同的意见，因为许多原始装帧几乎不可能确认【参阅：原始状态 ORIGINAL STATE，行业装帧TRADE BINDING】。但是，一旦猎物统一着装，就不容易认错了，即使它们的标志和其他细节可能会发生变化【参阅：二次装订SECONDARY BINDING】。公认的惯例是，最初以出版商布面装帧发行的书籍，如果后来重新装帧换了行头，那就难以跻身于挑剔的藏家的书架。当然，对馈赠本或关联本或许可以网开一面，还有就是特别罕见的，错过也许就是一辈子。但这种例外极少。

Q

四分之一皮装帧

| QUARTER BOUND |

四分之一皮装帧指的是用皮革包覆书脊，书封为布面或纸面且没有皮革书角的装帧形式。

【参阅：半皮装帧HALF BOUND，半布装帧HALF CLOTH，罗克斯堡风格ROXBURGHE STYLE，四分之三皮装帧THREE-QUARTER BOUND】

四开本

| QUARTO |

四开本是在集帖之前将印张对折两次而成，因此在形状上基本接近方形，尽管尺寸相差很大，但通常介于对开本和八开本之间。在图书贸易的语境中，电话簿就是典型的大号四开本，但它却是詹姆斯一世时期普通的四开剧本的两倍大小。

有关详细信息【参阅：版式FORMAT】。

书帖

| QUIRE |

在装帧师或书目作者的口中，该术语是GATHERING

或section的同义词；对造纸工人而言，它意味着一令纸（500张）的二十分之一。业内也常把它用作书籍的篇幅单位，称一本书有“多少个书帖”。

楔形版夹
| QUOINS |

一种楔形夹，最早为木制，后改为铸铁；用来将空铅固定在印版之中，以便将印版安全抬起并运送到印刷机的压床上。

R

竹节

RAISED BANDS

竹节是书绳的外观，而书绳是装帧内部结构的关键部分。拉丁语中有个说法，叫lucus a non lucendo，直译出来就是“因无光而有林”，也可以说是“无木而有林”，这是古代语言学家发明的一个不合逻辑的推论，指的是本质与其名称相反的事物。同样，竹节一词进入装帧师的词典的时候，其实对竹节的结构性需求已经消失了。但是书籍藏家喜欢它，装帧师也没让藏家失望，书商更是推波助澜。在古籍中，它们是理所当然的存在，所以也就基本不被提及，除非有不同寻常之处，比如有华丽的装饰，或者按意大利的习惯用略细的壶口环针锁线代替正常的竹节。所以，竹节一词出现于书目描述之中，往往指有些皮面装帧的现代书籍上的假“竹节”，那是没有任何实质性功能的累赘，只是为了制造一种高级装帧的表象。

稀缺性

RARITY

稀缺性对藏书来讲就是调味盐，但是，如果放太多，

犊皮精装竹节背并有书口烫金

好好的一道菜就毁了，如果空口吃呢，还会恶心。同样道理，那些将稀缺性置于所有其他标准之上的藏家大概是患上了三级书狂症，那可是一种既痛苦又不无荒唐的毛病。

A. W. 波拉德曾给书籍收藏下过这样的定义："把内容、形式或历史方面具备持续关注度的书籍收藏在一起，这些书籍可能确实非常稀缺，也可能只是很难买到。有时稀缺性被藏书界过于拔高，以至于压倒了书籍的可关注度；其实，如果没有可关注度，稀缺性就没有意义。但在另一方面，如果一本书（或任何东西）一直都很容易购得，那也就失去了被收藏的理由。当然，持续可购这种预期往往没有依据，但只要预期存在，就会抑制收藏。”（《大英百科全书》）

“珍本”这个概念是藏书爱好者最喜欢玩味的游戏。保罗·安格尔（Paul Angle）常被引用的经典定义是“重要、想要却难得”；罗伯特·H. 泰勒（Robert H. Taylor）的即兴定义是“很想要但是找不到”，在此首次引用。

稀缺性是书籍收藏中的重要因素，因此，区分不同的稀缺特征和评估不同的稀缺程度是有意义的，前者包括以下类别：

（1）绝对稀缺。这是任何印数极少的书籍所拥有的自然特征，幸存数之少也就可想而知了。例如，霍勒斯·沃波尔的《象形文字的故事》（*Hieroglyphic Tales*，1785年版）印了七本，丁尼生（Alfred Tennyson）的《情人的故事》（*The Lover's Tale*，1833年版）印了六本，弗罗斯特（Robert Frost）的《暮光》（*Twilight*，1894年版）只印了两本。

（2）相对稀缺。这是和印数间接相关的特征，它以幸存的数量为基础，其实用指标是在市场上出现的频率，而其关注度是此频率与公共需求之间的关系。

（3）暂时稀缺。这种稀缺性源于有些书籍刚开始被收藏而导致市场供应不足，或源于已受追捧而导致的暂时短缺。

（4）局部稀缺。这是由于在原始流通区域之外或滞后的流行所引发的稀缺。

《莎士比亚第一对开本》和《古登堡圣经》当然是公认的“罕见本”，然而，经过百多年来的活跃收藏，另有几十部书籍的稀缺程度创下纪录，更为罕见。例如，1557年原版的《陶特尔杂集》（*Tottel's Miscellany*）和莎士比亚1593年版的《维纳斯和阿多尼斯》（*Venus and Adonis*），如今都只有孤本幸存于世；而在意大利出版的第一本书，苏比亚科书坊（Subiaco Press）1464年版的《圣徒》（*Donatus*）至今尚未找到幸存本。但是，一本无人问津的书因为被遗忘同样也很难找到，于是这种书籍在现实中的稀缺度和许多昂贵而著名的珍本是一样的。查尔斯·兰姆（Charles Lamb）曾说过，“第十版有时比初版更稀罕”。

由迈克尔·萨德利尔开创的比较稀缺性研究目前尚处于起步阶段，无法在我们这样概略的书中展开讨论。至于具体的某本书的稀缺性评估，至少从一定程度上可以根据拍卖记录和书商的综合目录来做判断。现在，计算机的应用【参阅：《短标题目录》SHORT-TITLE

CATALOGUE、互联网INTERNET、易趣EBAY】承诺为所有存世书籍列出详尽的清单，现在已不是一句空话。但是，经验不足的藏家在摸索了一段时间后还是常常要依靠别人，有时就是书商。如同很多其他事宜，他会信任那些既能保持清醒头脑又富于专业知识的人，同时也对那些充满激情和冲动的人保留一丝半信半疑。

关于稀缺度的表达有众多其义自见的词汇，有些看上去很准确，比如，"自1902年后再无被拍卖"、"GKW仅录有七本"、"据GOFF或STC，美国现存仅一本"或"未见于波林格（Bollinger，作者的编目员）目录"。稀缺度可能与书的品相有关，比如，"极其稀有的硬板简装"、"罕见的良好状态"或"所有已知版本几乎都严重褐变"。稀缺性的跨度可能从少有、很少有、珍稀、很珍稀、极度珍稀，直到未见记录或显然为孤本，但是，必须始终牢记的是，无论是书面记录还是书志学家都不可能是绝对正确的；基于经验的判断取决于经验的广度、深度和敏锐度；最后，用于表达稀缺度的术语在不同的表述人口中也会有微妙的差别。

显然，稀缺性如同婚姻一样，"不应该冒险进入，也不应随意、轻率或肆意地承担其责任"。在婚姻的背后并与之混淆的，是"人的七情六欲"，稀缺性也一样，背后有其他因素，正如著名的珍本书店W. H. 鲁滨逊（W. H. Robinson）的口号中所清晰表达的那样："最稀有的书籍，最完美的手稿"，很明显，两个形容词都指向同一个意思："昂贵"。令人怀念的理查德·沃尔姆塞（Richard Wormser）口中的"不同凡响的珍本"，恰恰暴露了认为所有珍贵书籍都必须昂贵，反之亦然的愚蠢行为。从基本含义引申出的还有第三种现象，即"珍稀书籍图书馆"，这已远远超出了本书的讨论范围。

《资源描述及获取规则》

| RDA |

《资源描述及获取规则》（*Resource Description and Access*）是按照统一标准对珍稀资料所做的描述性目录，其基础为《英美图书编目规则》第二版。

审稿员，清样校对员

| READER, PRESS READER |

审稿员是印刷商常备雇员，他的职责是为排字技工准备稿件，以防因字迹模糊难认或其他特殊情况而引发的

各种错误。审稿员也会校对活版毛样，尽可能减少印刷错误，也会校对随后的拼版校样，并为第一批完印的印张做最终校对，以应对所需的印刷更正。审稿员是受过教育的人士，通常本身就是学者，但他们独特的天赋是识别并纠正那些被作者遗漏的错误。

出版商审稿员的主要职责是审读提交出版的作品，因为出版商自己太忙或对自己的判断力没有信心。一些审稿员因重塑作者的作品而获得了传奇般的声誉，但作者经常不买账。

审阅本

| READING COPY |

这是一个通常抱有歉意但偶尔略有自卫性质的术语，意指该书未达藏家标准。审阅本的外观可能不及二手书，但强于工作本【参阅：品相CONDITION】。

令

| REAM |

纸张数量的标准单位。盖斯凯尔的《目录学概论新

编》一书在这方面所做的概述令人叹服，书中附有大量列表，囊括了常用名称、大致尺寸和不同尺寸的纸张数量。一刀（QUIRE）由24或25个印张组成，一令为480或500印张。

书背修复

| RE-BACKED |

该词的意思是修复书籍装帧的背衬护条或书脊，通常用于皮革装帧、硬板简装或纸封平装的书籍，这种很有必要但并不雅观的维修形式很少用于出版商布面装帧。除非有特别注明（例如，“原始封板，书背用布料重新装帧”“同时期犊皮，书背用摩洛哥羊皮重新装帧”），否则可以假定新书背材质近似于原书背。

背衬修复通常不同于重新接合，但是，如果旧书背被部分保留下来，重新粘贴到新书背上，就会产生类似于拼接过的新旧混合体。如有这种情况，通常会在目录里提供详细的信息，例如，“旧犊皮，书背经修复，保留部分原有背衬护条”或“硬板简装，重做书背，贴复原始残缺标签”。除了标签（无论是皮革或纸质）之外，如果不能保留大部分的书背，就不值得采用这种方式，因为这样修复

出来的混合体很像拼接的结果，但事实上又不是，反而吃力不讨好【参阅：背衬BACKED（2）】。

重新壳封

| RE-CASED |

把松散晃动的书心从原来的书封中取出，重新加封装订使其稳固，这个过程就是重新壳封。操作过程中会有胶水黏合、重新缝缀以及通常的更换环衬等步骤，重装的布面书籍与皮面书籍的比例大约为二十比一。因为如果遇到类似状况的皮面装帧，更合适的处理方式是拼接或书背修复，但如果书封完好无损，则可以考虑重置书心。

大多数重新壳封的书籍都不难辨别，因为书背通常十分僵硬，书本打开时很不服帖，书封有轻微刮擦或泛光，环衬不平整（即使是原装环衬），书顶有时会有刮痕，如果将书本完全打开，可能会看到缝缀过的书帖背面贴着新的护条。但是，如果修复工作做得出神入化，可能就不容易识破，即使心存怀疑，有时也会一忘了之。

但我们应该保持怀疑，因为市面上重新壳封的书籍数量远超过大多数藏家（甚至包括所有书商）的想象。虽

← 书背修复的犊皮精装

然，是选择一本略有松动但未经修复的书，还是选择一本重新壳封但更加结实的书，这要取决于个人的判断，但是，始终要记住的是，一旦书心和书封离了婚，最终走到一起的还是不是原配只有原来的主人和经手的装帧师才知道了。

很多书籍的第二版在装帧上和第一版没有区别，例如，《白衣女人》（*The Woman in White*）、《远大前程》（*Great Expectations*）或《软帽子》（*Trilby*）等，因此，即使初版本的书封受损，只要书心依然完好，就可以轻而易举地放入完好无损的第二版书封里去。而完美的第一版和第二版的市场价格却可能相差二十倍，所以这种调包的诱惑力实在是太大了。

当然这种情况比较极端，但出于对重新壳封书籍的疑虑和不信任，几乎所有谨慎的藏家都宁可选择别的版本。

正面

| RECTO |

书页的正面，也就是书本打开时右侧的页面。（阿拉伯语和希伯来语的书籍从另一边打开，其正面在左侧。）

另一侧就为VERSO（反面）。

红腐

| RED ROT |

皮革因暴露于煤气灯和其他环境污染物中发生降解而产生的现象。

红尺线

| RED-RULING |

从十六世纪开始，用笔和墨水在文本页四周画出延伸到页边的红线，后来也用滚轮【参阅：尺，尺线RULES】压印，成为一种区分标记，用于优质纸本尤其多。1740年以后红尺线日渐少见，到1800年左右消失，但在账簿、日记和其他需画线书写的书籍中仍属必要。

推荐

| REFERENCES |

相比自吹自擂的推介，即使不够标准化的推荐也算是高品位的提升，它赋予目录注释以学术意义上的尊重，如果有一串大名加持就更有威望了。业界的普遍看法是，多重推荐不仅助力销售，还能弥补很多不足，方家几笔签名缩写，胜过千言万语。

（1）名录 （2）登记 （3）套准

| REGISTER, REGISTRATION |

（1）在早期印刷的年代，印刷商有时会在书尾题署的上方或单独的页面上提供帖号字母列表以及书帖结构注释，作为给装帧师的提示，这个列表称为名录。

（2）像“登记于5月16日，1605年”这一类的描述，指的是在同业公会做版权记录。但这种程序从来不曾常规化（亦无法律上的必要性，除非根据1662年的《许可法》），在十八和十九世纪稳步减少，自1911年的《版权法》颁布之后就宣告过时。

（3）印刷厂用到这个术语时，指的是在同一个页面上多次印刷时内容都正好对齐（例如，插图或彩色起首字母与文本分开印刷时）。因此，起首字母或小型图案可能会被描述为“未套准”。这个术语也表示纸页两侧对应的活字区域，由双面印刷来完成，以前或称为“重复操作”。

重做铰合

| RE-HINGED |

【参阅：重新接合 RE-JOINTED】

再次发行

| RE-ISSUE |

这个术语的含义比重印更不确定，最好不要使用。它可以指原始版本后来再次发行，基本没有改动，只换了新的书名页或不同的装订；它也可以指一次新的印刷，无论是否有类似的更改；或者也可以指一个全新的版本；像“该书后以袖珍形式再次发行”这种不够严谨的描述，透露了该书其实是以新的形式出现，偏离了“再次发行”的本义。

重新接合

| RE-JOINTED |

当书背接缝处经历了磨损、柔弱和脆弱这样的溃退，已经不足以用“稍有”缺陷来描述了，这时书主有可能决定把接缝翻新一下。如果损坏程度还不算太严重，而且装

帧师技术娴熟，那么很有可能做得放在书架上基本看不出重做的痕迹，有时甚至连拿在手中也找不出破绽。但是，它无法纠正装帧结构中潜在的任何缺陷。总体而言，编目员会认真地如实记录，除非是实在不易察觉；但肯定会用上一些令人宽心的形容词，于是，技工程度的修复通常会被冠以“技艺高超”或“几乎无法察觉”，即使补鞋匠级别的修复也有可能被夸成“精致”。

然而，无论拼接得多么天衣无缝，对于注重原始状态的藏家来说意义有限，但是显然在追求完美品相的藏家心里分量更重。除非是十分难觅的珍本或的确遭受了重创，否则前者一定会为要不要放弃自己珍视的品质去换取外观而踌躇再三，后者大概想都不用想【参阅：铰合HINGES，书背修复RE-BACKED，重新缝缀RE-SEWN，缝合（假缝）TACKET】。

浮雕

| RELIEF |

这是用表面切除方式留下与活字等高的凸起图形的插画凸版制作法，与之相对应的是用凹刻方式制作凹版（如腐蚀制版、针刻凹版、木刻法、蚀刻法、凹版影印和美柔汀等）【参阅：木刻，木口木刻WOOD-CUT，WOOD-ENGRAVING】。

滞销存书装订

| REMAINDER BINDING |

遇到滞销的书籍，出版商会以大减价的方式清理存货，可直接销售或者通过批发商或书商，这就是去库存。在十九世纪十分普遍（如今也时有发生）的一个现象是，存货并未装订完好，而是未装订的书帖甚至是未折叠的印张，出售前出版商或批发商只好先装订，可想而知，这种情况下肯定采用尽可能廉价的装订。于是就有了存量装订，这种装订可能与原始装订相去甚远，比如两卷和三卷的作品有时会被装订成一卷。

对于十九和二十世纪的书籍来说，滞销存书装订一词仅适用于批量装订或由非原发行者面向批发市场所做的装订。如果原发行者后来又自发地想要装订，那是不同的概念，称为二次装订。

重修页边

| RE-MARGINED |

针对书页的三道外页边所做的修复，称为重修页边；如果只修复内侧的订口页边，正确的术语是延展；如果四道页边都重新修复，那么就是镶嵌。

改装

| REMBOÎTAGE |

该术语没有对应的英语词汇，可能是因为这种做法在法国比在英国更普遍，但其实也并不常见。语义最接近的是重新壳封，但该词并无舍弃原书封而装进其他书封的含义。

改装是指将一本书从原装订中剥离，移入一个更优雅、更当代、更合适的装订之中，总之，让原书更具吸引力；也指将文本转入更高级的装帧，提升其魅力和价值。改装后通常会有新的皮质书名标签，如果做工精细，有时很难识别。但这是对历史证据的歪曲，因此应受谴责。

修复

| REPAIRING |

一些较为极端的修复措施及其后果已在如下条目中点到【参阅：整修RESTORATION（1），书背修复RE-BACKED，重新接合RE-JOINTED，重新壳封RE-CASED，

重新缝缀RE-SEWN，拼接MADE-UP，重修页边RE-MARGINED，延展EXTENDED，镶嵌INLAID，装裱MOUNTED，清洗过的WASHED】。至于藏家考虑是接受还是拒绝一本修复过的书籍，或者考虑要不要把自己的藏书修复一下，其实除了上述这些方法，还有很多轻量级小修复可供选择。比如，修补撕裂或破损的页边、补上有瑕疵的环衬或书名标签、重贴书封上损坏的大理石纹湿拓纸或普通纸、填补虫洞、烫平卷曲或褶皱的书页等，所有这些以及许多类似的措施都已被证明是可行且有必要的。

如今在英国和美国，藏家对原始状态的高度肯定促使人们把对书籍的改动降到了最低限度，即使是面对那些破损到大多数人都难以接受更遑论购买的书籍。（而法国人走的是截然不同的路线。）现在的惯例是，"完全未经修复"的书籍中的缺点可以原谅，修旧如新的优点难以容忍。

事实上，我们对前辈无差别的修复和重装的反应可能有点过分了。一本经修复的书籍不一定就是掺假或伪造的赝品，即使市面上有很多这种例子提醒我们保持警觉。如果藏家能够在购买时睁大眼睛，仔细辨别是结构的改动还是浅表的美化，并把自己的修复工作交给可靠的装帧师（然后记下所做的修复，因为有些书志证据已被改动），那就无须向任何人道歉。

重印

| REPRINT |

该术语指向宽泛，可用于从同一个活字排版出来的新版本或者新印次，因此，它的着眼点在于书籍的内容而非生产历史。

底价

| RESERVE |

这是拍卖中的保底价格，低于此价就不再出售拍品。从前底价被视为必须严格保守的秘密，以此抑制竞争，但自从买方市场转为卖方市场，通过估价（ESTIMATE）来获取底价已成为公开的常识。

（1）重新黏合 （2）重置书心 （3）重新排版

| RE-SET |

（1）当一张或多张书页甚至整个书帖从装订中脱落，通常会用胶水或糨糊粘回去，这个过程称为重新黏合。

（2）如果整本书都松散摇晃到没法正常使用，可重新安置书心【参阅：重新壳封RE-CASED】。

（3）印刷厂为新版本或者为插入新的书页而重新排版，如“初版本，但该版次的前扉页重新排版”。

重新缝缀

| RE-SEWN |

如果一本书已经衰败零落到绳线断裂书帖离散，那就只有重新缝缀这一种拯救方式了。这是所有修复方式中最为极致的一种，哪怕原始状态尚有任何一丝可挽留之处，藏家都不会冒险走到这一步。但是，与其采用诸如重新壳封这种作践的方式，不如就此赋予它一个崭新的生命。足够用心的话，甚至还能保住原始的书封。

（1）整修 （2）王政复辟时期

| RESTORATION |

（1）曾经是个中性的术语，现带贬义，指对书页或装帧过分的修复。

（2）最初始于皇家装帧师塞缪尔·米尔恩的装帧风

格，继查理二世复辟（1660年）之后，开始了英国装帧艺术的黄金时代。严格来说，应仅限于查理二世（卒于1685年）的统治时期，但后来被宽泛地用于直到十七世纪末甚至更后世的高端精装。

（书页的）反面

| REVERSE (OF A LEAF) |

背面，常称为反面。

翻毛犊皮

| REVERSED CALF |

【参阅：翻毛犊皮ROUGH CALF】

书评本（条，印）

| REVIEW COPIES, SLIPS, STAMPS |

在十九世纪，作为正式出版之前送出的书评本，有时在衬页或护扉页有手写的便条，有时会有夹在书中的印刷纸条。后者极少能幸存下来（已知最早的例子是1834年的），但沿用至今成为一种普遍的做法。不过，二十世纪

早期的一些出版商还在送出的书评本上盖印，墨印、穿孔或盲印均有，通常盖在书名页上。一些藏家视其为污损，如同图书馆章或书主印章一样不受待见。但也有藏家能愉快地接受这种污损，因为它证明了这是早期本。

（拍卖）团伙

| RINGS (IN THE AUCTION ROOM) |

拍卖团伙是指两个或两个以上的人（通常是书商，也可能不是）组成的团体，他们在拍卖前达成不互相竞价的协议，通过避免竞争而获得落槌成本价，并分享节省下的费用。随后再把团伙中某个成员买下的拍品私下重新拍卖，两个总价之间的差额由团伙成员平均分摊。这种私下的拍卖称为转让或淘汰，每个人在总价差中所分摊的份额称为分红。

对这种共享信贷余额的预期，通常涉及大额资金，增强了团伙代表在拍卖初期阻止外部竞争对手的能力，因为单个书商会发现一连串高竞价的费用非常昂贵，因此会暗示局外人最好还是去书店或退而求其次去集邮。但是，这种团伙行为的成本由所有成员共同承担，同时也共享由此带来的安稳平和。与外界的理解相反，最终的大赢家并不是得到转让的人，反而是那些被淘汰的，他们仅仅因为弃权而获得了真金白银。所以，出乎意料的是，团伙操作竟然有点类似互助会，保护了弱势成员的利益。

可以看到，团伙的工作原理与其他企业联盟非常相似，它们是欧洲大陆许多国家的常规做法（用法语来说叫la révision），但从未在美国蓬勃发展。这在十九世纪和二十世纪初的英国也很常见，直到1927年的议会法案将其定为非法，之后在伦敦的拍卖行日渐式微。1956年，遭到英国古旧书商协会的正式谴责，现在已禁止协会会员加入该类团伙。关于它们目前在英国乡村拍卖中的普遍性尚无统一意见。

软皮

| ROAN |

一种薄而软的羊皮。大约从1790年开始，装帧师把这种羊皮用作摩洛哥羊皮的廉价替代品。这种皮革不耐用，即使保存得当也难显优雅。

滚轮

| ROLL |

装帧师术语，最初是指一种在边缘上雕刻有连续重

复图案的轮子，后延伸为这种滚轮在皮革上的压印，如，“滚轮烫金边框”或“滚轮盲印装饰”。

罗马数字

| ROMAN NUMERALS |

在短语、句子或其他文本中出现的代表罗马数值的字母，通常很明显，叠加后表示日期，也称为纪年铭文【参阅：罗马数字NUMERALS】。

罗马字体

| ROMAN TYPE |

正如哥特式字体源自十五世纪的书写字体，经由神父、哲学家、律师和经院学者之手，在漫长的岁月里通过《圣经》文书和各种礼拜仪式逐渐成形；所以，又一种不同的字体的出现正是因为新一代作家的诞生，他们热衷于过往的古典主义和随之而来的人文主义新学说。在追寻最古老的文学残章的过程中，他们欣然接受了其中最漂亮的卡洛林小写体，现在加上了旧体罗马大写。这种字体可以回溯到大约1400年，由最早的一批印刷商在处理拉丁文经典和最古老的基督教文本的尝试中形成。它的最初形式，出现在1464—1465年间苏比亚科的印刷师康拉德·斯文海姆（Conrad Sweynheym）和阿诺·潘纳茨（Arnold Pannartz）的作品之中，虽然精美，但更多地保留了哥特式的风格。第二个版本在大约1469—1470年间为约翰内斯·德·斯皮拉（Johannes de Spira）和尼古拉斯·詹森（Nicolas Jenson）同时刻制，更准确地体现了竖直的人文主义字体；经过不同的艺术家对之后数百年不同的品位和需求的适应，终于造就了今天我们所熟悉的罗马字体。而拥有相似血统的斜体字，随后出现于十六世纪。

罗马式

| ROMANESQUE |

（1）罗马式装帧。这个概念最早由詹姆斯·威尔提出，之后G. D. 霍布森（G. D. Hobson）在《1500年前的英国装帧》（*English Bindings before 1500*，1929年版）一书中正式为之命名，这个十二世纪和十三世纪初的装帧“家族”，到目前为止有百余件记录在案的作品。这种装帧总是采用深棕色的皮革，饰以重复的金属压印花纹。最好的例子来自法国或英国，但是，这种不同于早期奥托风格及晚期哥特风格的装帧形式在德国也很普遍，但没有出现在西班牙和意大利。

（2）罗马式字体。通常指十一世纪后期至十二世纪末的抄本字体。

浪漫风格（的装帧）

| ROMANTIQUE STYLE (OF BINDING) |

这是一个宽泛的定义，涵盖约1815—1840年间出现于法国的豪华印版纹饰装帧，尤指带有彩印的装饰，其中包括大教堂风格。

罗斯柴尔德

| ROTHSCHILD |

《罗斯柴尔德勋爵十八世纪印刷书籍和手稿收藏目录》（*A Catalogue of the Collection of Eighteenth-Century Printed Books and Manuscripts Formed by Lord Rothschild*）出版于1954年，私家印制。

这部罗斯柴尔德书目是由索耶小姐（Miss N. M.

Shawyer）在约翰·海沃德（罗斯柴尔德勋爵在前言中称他为“我忠实而耐心的导师”）的全面指导下编就。时下经常以书目编号直接援引（同约翰·海沃德、福兹海默及萨德利尔的目录一样），特别是有关那些尚无独立书目的作者的作品，或是为了提供更可靠的细节证据。

翻毛犊皮

| ROUGH or REVERSED CALF |

自十七世纪以来，翻毛犊皮多用于参考书、乐谱、操作手册等印刷品的装帧，皮革的里层朝外，不加打磨，表面呈现出麂皮效果。翻毛犊皮书封通常饰以边框，十七世纪的其他书籍还饰以页边线框，尤以文学作品为甚，十分罕见而富有价值。

起脊

| ROUNDING AND BACKING |

装帧师把一本缝缀完毕的书心放入压机，书帖背部朝外突出，然后用锤子敲打，书帖的外侧弯曲形成弧度，与柔背装的弧度相吻合。

罗克斯堡俱乐部，罗克斯堡风格

| ROXBURGHE CLUB, ROXBURGHE STYLE |

罗克斯堡俱乐部由一批藏书爱好者发起，成立于1812年6月17日，以庆祝当日举行的第三代罗克斯堡公爵约翰（1740—1806）私人图书馆的出售，此后每年都有纪念活动。最初的成员包括那个时代最伟大的藏书家第二代斯宾塞伯爵（2nd Earl Spencer）和其他贵族收藏家，也包括这些荷马英雄的颂扬者，如约瑟夫·哈斯尔伍德（Joseph Haslewood）和托马斯·狄布丁牧师，他们既非贵族亦非显要富豪人士。俱乐部的成员组成至今仍如此，而且从一周年会议开始，其成员和俱乐部也有了出版物。最初只是些“黑字小册子”的重印版，之后进一步发展到印刷未经出版的中世纪及其后的英文文本限量版。到了十九世纪末，再次改为印刷抄本仿真版，并因此闻名于世。从一开始，罗克斯堡出品的书籍就实行统一的装帧设计，烫金字的光滑皮革书背，色调通常为棕色或黑色，暗红色燧石纸板书封，无皮革书角，这就是人们一看即知的罗克斯堡风格，虽然之后俱乐部更偏好于采用摩洛哥羊皮书背和巴克兰书封。事实上，不管采用何种组合，罗克斯堡风格始终都采用彰显色彩搭配的四分之一皮装帧。

MEMOIRS OF THOMAS, EARL OF AILESBURY-II

皇家装帧

| ROYAL BINDINGS |

被定性为皇家装帧的书籍，书封上多半会有皇室烫印徽章，但是并不一定有皇家承传血统。其实这种装帧并不少见，尤其在十六世纪和十七世纪。至于英国的装帧师，很早以前就随性地将皇家徽章当作装饰品。例如，亨利八世国王统治时期的盲印装帧，上面就饰有皇室徽章，而其实全都是行业装帧。同样，几乎所有纯犊皮装帧都带有伊丽莎白女王的徽章或者戴皇冠的猎鹰标记。带有王室徽章的大开本祈祷书或《圣经》可能来自某皇家教堂，但同样也可能只是来自任何教区教堂。因此，除非偶尔捡了大英博物馆的漏，因为乔治二世曾向它赠送了老皇家图书馆的馆藏，乔治四世也捐赠了他父亲的大部分藏书，如今市面上带有皇室徽章的书籍来自英国的国王或皇后的可能性极小，而目录员肩负着提供证明的责任。

皇裁纸本

| ROYAL PAPER COPY |

指十八世纪至十九世纪初用大张或高端纸张印制的特

← 罗克斯堡风格装帧

殊版本【参阅：帝裁纸本IMPERIAL PAPER COPY】。

磨损

| RUBBED |

磨损以及更为温和的同义词皲裂就是法国人口中的fatigué。如果在目录中称书脊护条或接合处有磨损，虽然并不一定意味着很脆弱，但也已经差不多了，如果是皮革装帧的话，该考虑着手修复了。

红字标题

| RUBRIC, RUBRICATED, RUBRISHER |

红字标题就是用红色印或写的章节标题（用于宗教书籍，有其特殊含义）。在描述抄本或早期印本时，如果注明有红字标题，一般是起首大写字母或段落标记套绘红色。Rubrisher义同rubricator，是指负责绘写红字的缮写人，可惜此词早已过时【参阅：手绘彩图ILLUMINATED，微型画MINIATURE（1）】。

Rubricated这个词还有一种错误的用法，被误用为指称套有红色尺线（比如在书名页上加红色边框或添加红色下划线），十六、十七世纪的一种普遍做法。

尺，尺线

| RULES |

一个多义词。可指用金属尺条印出的或粗或细的连续线，也指这种印刷效果。也指一种切制成一定规格的铜尺，排版工用它确定行宽，也叫排版尺。十七世纪和十八世纪初期，标题页通常都用简单的尺线框围，后来又出现了连续或固定长度的装饰尺，通常是排版花饰或印刷师花饰的组合。1800年前发行的一些特殊版本通常会用类似装帧师滚轮这样的圆形工具把白边用红线框住。该词有时甚至宽泛地延伸到用来描述装帧中用滚线轮压印出的边框或装帧。

画出尺线

| RULING |

借助尺子在皮料或纸张上留下素色或铅笔划痕印记，给缮写员提供抄写手稿文本的网格。

简明标题

| RUNNING-TITLE |

【参阅：页眉书名（页眉标题）HEADLINE】

俄罗斯皮革

| RUSSIA LEATHER |

经特殊工艺鞣制而成的牛皮，气质高贵，手感光滑，经过白桦树皮精油的浸润，香味独特。俄罗斯皮革于1700年前由莫斯科公国引进，不久便用于书籍装帧。通常做格纹图案压印处理，1780年至1830年间尤其受英国装帧师的欢迎。可惜容易在接合处断裂，且现在几乎已无获取途径。

S

萨宾

| SABIN |

《美洲书史：从发现新大陆到当代与美洲有关的书籍词典》(*Bibliotheca Americana, a Dictionary of Books relating to America from its Discovery to the Present Time*)，由约瑟夫·萨宾（Joseph Sabin，1821—1881）发起编纂，威尔伯福斯·埃姆斯（Wilberforce Eames）接力，最终由R. W. G. 威尔（R. W. G. Vail）完成。这套词典在纽约出版，时间跨度从1868年至1936年，共29卷。劳伦斯·汤普森（Lawrence S. Thompson）于1973年开始编辑新版萨宾，并于1984年完成十卷。这是最全面的美洲史料参考书。

萨德利尔

| SADLEIR |

迈克尔·萨德利尔（Michael Sadleir）在1951年出版了《十九世纪小说，自藏书目记录》(*XIX Century Fiction, A Bibliographical Record based on his own Collection*)。

萨德利尔的十九世纪小说收藏以其完整度而闻名于世，现存于加州大学洛杉矶分校图书馆，这本目录现在常简便地按编号引用，有时添补于独立的作家书目以增加分量，更多的时候是因为作家并无个人书目可供参考。其他按编号引用的书目还包括海沃德、福兹海默和罗斯柴尔德。

洒盐
| SALTING |

整体出售所有藏品（比如某著名藏家所藏）时，如果人为地加入外来的书籍，这些书籍会因为沾了真藏品的光而提高价格，这样的销售可谓是鱼目混珠，行话称之为“洒了盐”。这种暗搓搓的做法有时却会因为特制的藏书票反而变得明显化了。十九世纪的伪书制造者托马斯·怀斯指责同伙巴克斯顿·福尔曼（Buxton Forman）给滞销存书“减了盐”（salting down），用法略有不同。

推销员样本
| SALESMAN'S SAMPLES |

这是成品书籍的缩小版样本，内含文本样页尤其是一些插图，装订成册外观同成品书装帧，如需护封亦同成品书；这种样本便于出版商推销员旅途中携带，分发给书商以期订购【参阅：空白装帧样书BINDER'S DUMMY】，二者有明显不同。

合集

| SAMMELBAND |

该词源于德语，意指装订在一起的两部或两部以上从书志的角度看相对独立的作品。这种做法在中世纪很普遍，并一直延续到摇篮本时代，所以，就出现了把抄本和印本合订在一起的书籍。图书馆（更不用说藏家）有将抄本和印本分开对待的偏见，导致此类书籍比其他书籍更多被拆散。该术语常被用于后摇篮本，但如果用于更往后的类似书籍就有点不合适了，小册子合集是完全不同的东西。

（1）薄板 （2）行距细条

| SCABBOARD |

（1）包覆了装饰纸的薄木板，用于十八世纪少儿书籍的标准装帧。

（2）低于活字字模高度的细木条，插在排好的活字行间，以生成细窄的行距空间【参阅：空铅，插空铅LEAD，LEADED】。

薄板装帧→

勋伯格手抄本数据库

| SCHOENBERG DATABASE OF MANUSCRIPTS |

缩写为SDBM。该数据库由手抄本收藏家和学者劳伦斯·勋伯格（Lawrence J. Schoenberg）建成于1997年，从最早的记录到目前的状态来追踪抄本的收藏处、流转传承和价格变动。其数据来自书目、库存清单、普查及其他来源。SDBM现托管于宾夕法尼亚大学，免费使用。

褶痕犊皮

| SCORED CALF |

犊皮经挤压处理后产生的褶皱效果，其纹理类似于糙面直纹摩洛哥皮。流行于十九世纪的前三十年，很受英国装帧师的青睐，之后热度逐渐消退。

丝网

| SCREEN |

在照相复制的过程中，无论采用凸版还是平版印刷，

都需要用直线丝网将图像分割成大小不等的点，这些点的印迹呈现出或浅或深的色调。丝网由疏朗到致密，每英寸有65到300条丝线不等【参阅：插图过程ILLUSTRATION PROCESSES】。

字体

| SCRIPTS |

根据古代抄本的重要程度及编目员的学术能力，对古本的描述会或多或少地在细节上对字体加以确认。主要的字体有以下几类：圆体、半圆体、不列颠拉丁体、草体、人文主义体、罗马体、哥特体、文书体；其中还有更为特别的卡洛林体、贝尼文托体、黑正体、圣公会体及法官体等。

当然，在我们这样概略的书中提供对各类字体的分析是不现实的，有意深入了解的读者可移步埃德蒙·芒德·汤普森爵士（Sir Edmund Maunde Thompson）的《希腊和拉丁古文字学手册》（*Handbook of Greek and Latin Palæography*），这部著作虽已有百年历史，但从未被超越。而且，过去的四十年中，欧洲许多国家的各种“抄本断代”的目录也提供了更多字体图示，国际古文字学委员会正着手编写一本多种语言的字体和古文字学专业术语大全。

二次装订

| SECONDARY BINDING |

出版商很少会对某一书籍的信心充足到一次性把所有的印本都装订完毕，通常的做法是根据销量和需求预估缓步而行；遇到卖得慢的书，甚至可能在数年内分批装订。这种做法在十九世纪比在今天更为普遍，间隔的时间也拖得更长：批量装订已变得越来越机械化和标准化。因此，不同批次的书籍之间或细微或重大的装订差异在十九世纪比二十世纪更为常见。

通常情况下，比如说，1871年装订的500册和1872年装订的250册书籍不会有明显的差别；因此，尽管严格地说起来后者是较晚的形式，但藏家无须知道。如果外观装订毫无二致，但不小心因为印在环衬上或插入的广告泄露了属于后续的装订本，那么即使不算严格意义上的首批装订本，依然属于首批中的一个分支，虽然不是最称心，但就装订本身来说并无实质性的差别。

如果存在差异，那后续的就属于二次装订；在目前的用法中，二次装订包含了同一版次中任何有差异的后续装订，除非能证明其为滞销存书装订。有时出版商无意更改装帧的颜色、装饰和布料，不论是为了省钱，还是难得地为了增加吸引力，但这种改变还是会发生，比如装帧师可能会使用不同的版本说明的模具（每个出版商都可能有数个备用的不同模具），也可能之前所用的布料断货了，或可能出现这样那样的细微差别。

一旦这些差异得到确定，对拥有最早版本有执念的藏家必须依据这些差异，尽自己的能力来判断哪些代表了最早的版本，哪些代表了后续的二次装订。对此书有特殊感情的藏家甚至会希望把所有找得到的版本统统收入囊中。若有任何人觉得不必在此将问题复杂化，可参考约翰·卡特的《1820—1900年英国出版界装帧变异》及《再论装帧差异》（*More Binding Variants*，1938年版）加以确认，书中有数个对极端例子的深入分析。

二手本

| SECOND-HAND COPY |

二手本的品相根本谈不上完美，通常达不到完好且整洁的标准，可能勉强比很差的或有缺陷的好一点，当然比审阅本要强得多，更不要提工作本了。简而言之，良好的二手本意味着品相还算过得去，但也仅此而已。

书帖

| SECTION |

义同GATHERING和QUIRE，都是书帖的意思，主要用于这样的表述："整洁本，但有两沓书帖已松散"，或者，"一书帖开合不当"。

自费出版

| SELF-PUBLICATION |

如果没有出版商愿意承担出版的成本和风险，则作者可以自行承担，出版商只提取服务佣金。很多好作品都是自费出版，可见出版商经常看走眼，比如吉本的《罗马帝国衰亡史》（*The Decline and Fall of the Roman Empire*，1776年版）和米切尔的《飘》（*Gone with the Wind*，1936年版）最初都是自费出版。还有一些作者是自己喜欢这种出版方式，以便获得更多的主动权，这些作者有斯特恩（Laurence Sterne）、卡罗尔、罗斯金、萧伯纳和凯恩斯。

平版印刷的出现可以让作者自己做印刷商。

缀饰

| SEMIS, SEMÉ |

这是一个源于纹章学的装帧术语，字面意义为播种，意指撒上或点缀以小装饰品。

连载

| SERIALS, SERIALISATION |

以期刊连载形式重印小说的做法可追溯到十八世纪初，早期的例子有1719—1720年《伦敦邮报》(*The London Post*)上的《鲁宾孙漂流记》(*Robinson Crusoe*)。最早分期发表的小说可能是斯莫列特(Tobias Smollett)的《朗斯洛特·格里夫斯爵士历险记》(*The Adventures of Sir Launcelot Greaves*)，刊登于1760—1761年《不列颠杂志》(*The British Magazine*)。直到十九世纪二十年代之后，对藏家而言更为重要的后一种形式才得以普及；自那以后，流行小说家的作品大约有三分之一到一半是首先以连载形式出版的。(在十九世纪，分册发行有时也称为连载。)

格雷厄姆·波拉德给连载小说的出版做出了最佳概述[1]，提出了一个有说服力的论据，证明了被那些宣称要追寻最早印刷形式的藏家所普遍忽略之处。然而，除了那些专心收藏某一作家的藏书家，连载小说依然被人们漠视；而书本形式的首印本，也就是通常意义上的初版本，始终是大部分藏家的心头所好。也许，只有普遍地意识到小说的连载内容与之后的成书内容的差别是多么常见又是多么大，杂志文本才有可能受到更多的关注。但是，杂志（内含许多其他内容）数量庞大，即使归拢到一起也不方便置于书架上，如果仅仅摘取连载部分加以装订（去掉无关内容），也还是缺乏书籍的流畅感。

缝缀

| SEWN, SEWED |

印好的书页经折叠和集帖成为书帖后，要缝到绳线

1 见于《书籍收藏新路径》（*New Paths in Book-Collecting*, 1934年版）一书；该书后单独发行于康斯特伯父子（Messrs Constable）的《书籍收藏面面观》（*Aspects of Book-Collecting*）系列。另请参见R. M. 怀尔斯（R. M. Wiles）的《1750年前英国的连载出版物》（*Serial Publication in England before 1750*，剑桥，1957年版）。

上。在不同的时期诞生了很多不同的缝缀方法，书籍最终的牢固程度就取决于缝制的技法。缝缀这个术语用于小册子、单行本和瘦长的诗集类印刷品时，如果后面跟着“如原始状态”这样的确认性短语，意思是书帖以通常的方式垂直缝缀在一起（有别于穿孔缝订、穿孔及钉合），仅此而已；也就是没有被装帧，没有加壳封，没有加封板，甚至连临时的纸质书封都没有，就这么裸装发行。骑马订是一种廉价的现代装订方法，数张书页叠在一起，对折后用金属订书钉装订。

缝缀这个词单独出现时，多指未经装帧。

鲨革

| SHAGREEN |

最初由鲨鱼皮制成的颗粒状皮革，后来用马皮或驴皮做出类似效果。

摇晃

| SHAKEN, SHAKY |

主要用于描述出版商布面装帧，指书心在书封内不再

牢固。用摇晃这个词来描述一本书时，几乎可以肯定铰合部已呈败相，环衬或已开裂，但不一定是完全脱离。

擦切

| SHAVED |

如果装帧师裁切书口时，切掉了页边并碰到了文字，但并未切去整个字母，而只是触其外缘，其结果通常表述如下："页首标题轻微擦切"，"部分边注被擦到"，或"16到20页的导词被擦到"，等等。如果切到了文字，出血了，那么合理的用词应该是近义词"刮切"；但如果切进去了，就变成有伤口了，相应的表达是"裁切"。

羊皮

| SHEEP |

羊皮是一种柔软且极少纹理的皮料。优质羊皮如果处理得当（比如在1800年左右的德国），可以做出不错的装帧。它是十七世纪诗集及小开本行业装帧的流行选择，不过多数还是用于更普通更廉价的作品。羊皮书封表面易损，划伤后会造成长条撕扯，而且接合处较薄弱。

印张

| SHEET |

印张是印刷单位。将两页（对开）、四页（四开）、八页（八开）的活字排在印版中，然后印在印张的一面，然后在另一面印上相等数量的页面以完成双面印刷。完印的

未折未裁的书页印张

印张折叠成书帖，然后按顺序配页，以待缝缀和装订（或壳封）；这些步骤不是在印刷厂完成，而是在装帧师工坊里完成。不经折叠的整印张常用于大单张或单幅年鉴。被描述为“如原始状态的印张”的书籍，可推断为由折叠印张组成，但未经穿孔或缝缀（未折叠的印张极罕见，无须提及），亦无后加的纸封平装或书壳。

以上描述基于十九世纪末之前手工印刷的大多数书籍，并不适用于现代高速印刷机产出的大量印张，更不适用于连续大卷纸旋转印刷的滚筒印刷方式（这可是书志学家的噩梦）。

上架号

| SHELF-MARK |

【参阅：索书号 PRESS-MARK】

过度裁切本

| SHORT COPY |

指页边被装帧师严重裁切的书籍【参阅：擦切 SHAVED】。

短标题

| SHORT-TITLE |

最初指由英国议会法案正式指定的简明标题，用于书籍时含义相同；比如，短标题清单或短标题目录，都是指所提供的书籍信息简单明了能保证识别。

《短标题目录》

| SHORT-TITLE CATALOGUE (STC) |

全称为《1475—1640年在英格兰、苏格兰、爱尔兰印刷书本及海外英语印刷书本的短标题目录》（*A Short-Title Catalogue of Books Printed in England Scotland and Ireland and of English books Printed Abroad 1475–1640*，简称STC），波拉德和瑞德格瑞夫（G. R. Redgrave）主编，书志协会出版，伦敦，1926年。STC是计数式书目的里程碑，也是最常被引用的参考书目之一，现已多次重印。修订版于1976年由已故的W. A. 杰克逊（W. A. Jackson）启动，凯瑟琳 ·庞泽（Katharine F. Pantzer）完成于1991年。

STC也用于泛指比完整说明更为简短的条目，而不一定是标题页的简写转录，这方面的例子包括大英博物馆十六世纪书籍的短标题目录，现已扩展到十七世纪；WING也是一个STC，和新版ESTC及ISTC 一样，它的最新版本已和电脑数据库连接。要明白的一点是，短标题目录的出现是为了让印刷书卷在有限的范围内容纳尽可能丰富的记录，但如今这种限制已被计算机强大的吸收和搜索功能打破了，新的约束来自计算机系统和AACR。现在说来也许为时已晚，但STC的确已成为过度使用的缩写词，该休息了。

肩注

| SHOULDER-NOTES |

印在页面天头切口页边处的注释。

边注

| SIDE-NOTES |

印在靠近所注解文本的切口页边处的注释。这个位置天然地暴露在装帧师的裁刀之下；例如，“部分边注遭裁切”，或者，“第61页的边注完好”（言下之意是通常会遭裁切）。

帖号

| SIGNATURES |

印在书帖首页地脚处的字母（部分现代书印数字），引导装帧师按正确顺序装订。帖号通常从A到Z，按惯例跳过J和U，因为早期它们的大写是I和V，还跳过W。如果整个字母表都用完，通常会再启用AA、BB或Aa、Bb等，这些在书目描述中通常表示为2A、2B、3A、3B等。如果只用单个字母循环重复，简便的方法就是将后续字母表示为2A、3A、2B、3B等。

前页有时不标任何帖号（这种情况下文本页始于帖号B）；有时会用一个或多个小写字母；偶尔会用星号或类似符号作为帖号。书名页几乎从来不标帖号，前扉页或前空白页偶有帖号（尤其是十六和十七世纪的英国书籍）；未标帖号的前扉页或书名之后的前页经常被标为A3或A2等。

书商编目员会用“Signature”指代书帖本身，书志学家则不会这么用；如，“最后书帖有污损”，“缺少两个书帖”，或者，“缺少F书帖的第一页”。

有关未标帖号的书页和书帖的书目描述【参阅：配页，核对COLLATION】。

签名装帧

| SIGNED BINDINGS |

高品质或有一定关注度的装帧，如果知道装帧师或设计师的名字，通常会出现在目录描述中，如，“漂亮红色摩洛哥羊皮装帧，卡尔特霍伯（Kalthoeber）的作品”，或者，“半黎凡特皮装帧，烫金书顶，扎恩斯多夫（Zaehnsdorf）的作品”。

有几种证据可以确定装帧师的身份：

（1）早期装帧作品中，书封外侧会有素色压印的缩写字母、暗号或名字，可由单个压模压印，或可与滚轮及边框组合。

（2）通过印制或刻印的标签识别，这种标签称为装帧师标签，通常贴在前环衬的上角，较罕见的是贴在书名页的底部。自1720年代引入后，装帧师书票从1780年开始在英格兰和法国广泛使用，但在1830年代后急剧减少。

（3）通过压印在书封内侧边缘的装帧师名字（很少用缩写）来鉴定；有时名字会出现在书背下方，这在十八世纪末和十九世纪初的法国很常见，英国就很少；较少见的是沿着封面朝前或朝下的边缘压印；或者像亨

利 · 沃尔瑟（Henry Walther）那样独树一帜地贴着封面的链接处压印；也有像十九世纪二三十年代兴起的那样，在环衬上烟熏印刷。如今这些签名通常用名字压模来完成。

（4）通过装帧所有者的手书声明来鉴定。

（5）偶有一些外部证据，比如装帧师的账单或有关的通信记录。

但是，以上的证据通常是不具备的，那么编目员必须退一步借助推测，而这种推测的依据往往就是装帧师的个人风格。这种行为通常比想象的更有风险，因为无论何时何地，装帧师都有可能采用相同的材料，相互借鉴或抄袭设计。的确，要确定早期珍稀或重要的装帧作品，可借助于一些个性化的装饰风格，从而明确其装帧师。但除此之外依然是一片无从考证的区域，对这种推测的信任程度必须建立于对个人的信心之上：首先是要对推测者的知识和判断力充满信心，其次是要对推测者的品格充满信心。专家凭借知名装帧师的装帧风格和技艺做出推测时，或许区分斯塔格梅尔（Staggemeier）或赫林（Hering）的作品不算难，但分辨贝德福德（Bedfords）后期作品和里维埃（Rivières）早期作品就没那么容易了。显而易见，被乐观地认定为出自德罗姆、帕德鲁普（Padeloup）、米尔恩、爱德华兹（Edwards）或佩恩之手的装帧作品肯定远远多过真正出自他们的工坊的作品。

因此，谨慎的藏家在拍卖行或书商目录中看到任何与装帧相关的特征时，首先要看它是确定的还是推测的结果；如果是后者，他需要思考推测人在此类问题上是否有足够的知识并且值得信赖。当然，无论推测有多么可信，受人敬仰的装帧师签名本肯定比无签名本昂贵；而有可信推测的作品往往也会标个好价格，高于那些躲躲闪闪地采用诸如“是某某的风格”或“是某某的手法”等描述语言的作品。任何有经验的藏家在出手一部主要因装帧出彩的书时，肯定会习惯性地认真检查可作为证据的特征。即使书本就在他的眼皮底下，他仍然要牢记的是，尽管名字压模很难模仿或者篡改，但无良之人会将装帧师标签从无趣或损坏的书里取出，移花接木地放入有这位装帧大师的风格却无他的签名的书里。

1835年至1850年间的出版商布面装帧偶尔会在书封上有装帧师的名字印章，通常会出现在边框的某个地方。在十九世纪下半叶和二十世纪初，精心设计的书籍上经常会出现艺术家的名字，比如古斯塔夫·多雷（Gustave Doré）和奥布里·比尔兹利（Aubrey Beardsley），或者姓名起首字母的花押字，比如John的J和Leighton的L。

丝裱（托绢）

| SILKED |

当书页脆弱到需要全面的修补，一种方法是在两面用轻薄而透明的织品裱衬，称为丝裱【参阅：密封保存ENCAPSULATION，热封裱褙LAMINATION】。

单页

| SINGLETON |

一个比较新近的行话，指配页时在不规则位置插入的单张书页。单页的存在，可能是因为其他书页被裁开且移花接木到别处，或者是自身就是被裁下的书页，也可能是最后单独加印的额外书页。

六十年代本

| SIXTIES BOOKS |

近年来，该标签已成为书商目录中经常出现的主题，因格里森·怀特（Gleeson White）和福雷斯特·里德（Forrest Reid）开创性的研究而流行，严格意义上指的是

1860年代英国插画家的出版物（特别是前拉斐尔画派），但也包括此前不久的先辈，如1857年莫克森出版的多位艺术家插图的丁尼生《诗集》(*Poems*)，也包括之后几十年的追随者。这类书多有装饰精美的装帧，书口烫金且常为斜切（有时称为摆设书），壳封装订经常采用古塔波胶而非缝缀，因而品相上佳者极少。

浆、上浆、重新上浆

| SIZE, SIZED, RE-SIZED |

浆是一种用骨头或动物性物质制作的稀薄而黏稠的汁液，能在某些品种的纸张及其他材质的表面形成有黏结力的薄膜。藏家关注的只有一点，当书页为去除污垢或字迹而被清洗的时候，化学洗涤剂同时也洗去了纸张中的浆，书页因此而变得绵软脆弱。所以，清洗过后的书页或书帖通常会被重新上浆，此举不免让书籍本身离原始状态又远了一步。

开本

| SIZES OF BOOKS |

【参阅：版式FORMAT】

字模/活字规格

| SIZES OF TYPE |

【参阅:(活字的)点制 POINT SYSTEM(OF TYPE),活字规格 TYPE MEASUREMENT】

活字版框架

| SKELETON FORMES |

按照既定的制版，印刷完成的页面需要取出以更换待印的页面，但是像活版空铅和页首标题这种在整本书的印刷中都是固定的部分则留在原处。空铅只是起到填补版面上的空当的作用，藏家根本不放在心上，至于页眉标题，因为有规律变换的页码和无规律变换的简明标题成了常犯的印刷错误。这两种错误如此常见，不值得在书目记录中提及(尽管偶尔会出现)。不过，这类错误偶尔可以正儿八经地被视为版本的独有特征。

绵羊粒面剖层皮

| SKIVER |

这是装帧用皮革中最低端的品类，分离自绵羊皮的内侧，质薄，以漆叶汁鞣制。磨损后伤痕累累，与软皮难以区分，即使区分也无意义，两者都不被看好。

纸条

| SLIP |

和书籍有关但又小于书页的印刷纸张，可能是粘贴后与书实体相连的修正页，或是贴上（TIPPED-IN）的勘误表或广告页，也可能是夹在馈赠本或审阅本里的小条子。

函套

| SLIP CASE |

【参阅：书匣和书盒CASES AND BOXES】

索兰德书匣

| SOLANDER CASE |

这种书匣最初发明出来是用于保存大英博物馆的植物标本，发明人是林奈厄斯（Linnaeus）的学生丹尼尔·查尔斯·索兰德（Daniel Charles Solander，1736—1782），他是那里的助理图书馆员。后来被用于存放印刷品，有时

也用于存放书籍。严格来说，索兰德书匣是个前后可以完全摊平的盒子，而不是匣子【参阅：书匣和书盒CASES AND BOXES】。无论是用全皮还是半皮包覆，其标准形态为圆弧后背，也像书封一样有飘口，还有一个或多个弹簧扣。

老练本（被掺假的）
| SOPHISTICATED |

这个形容词在藏书的语境中是经整治的或仿造的同义词，只是较为委婉而已。适合描述以下情景：在第二版中插入初版本的书名页；“第二版”这几个字被小心翼翼地擦掉；用第二版书封重新壳封第一版；前扉页来自其他书籍，或来自其他版本，或是仿品。

正因为如此，该词自然就很少出现在目录描述中，除非是否定形式的“（未被掺假的）清白本”；比如，“有点松动但未掺假的清白的珍本”，首次有记载的使用时间是在1790年。

完好本
| SOUND COPY |

字面意义一目了然，无须多言，因为如果能称得上完好本，编目员肯定会强调的。

空铅

| SPACES |

印刷书页上的空白是通过在印版中添加低于活字高度的空铅而形成的。单词之间的空铅可分为极薄、薄、中等、厚、对开空铅/半身空铅（en-space）和正方形空铅/全身空铅（em-space）等，以活字为依据按比例铸造。行间空白来自插入的特制金属条，叫作铅条，也可用木条削切而成，叫作活版填料；最窄的空铅宽度约为6点，叫行距细条。较宽的金属空白单位叫作间隔空铅，是用来填充面积较大的空白区域；空白处被填满叫满铅【参阅：尺，尺线RULES】。

西班牙犊皮装饰

| SPANISH CALF |

一种起源于西班牙的装饰方法，用红色和绿色酸性染料在犊皮装帧的书封上饰以粗放线条或大块斑点。另一种更为夸张的效果为西班牙所独有，将这种染料压印在皮革上，使之有帘幕的效果。

书脊

| SPINE |

书脊是书本合上置于书架之上时的外露部分。在珍本书界里也被称为BACKSTRIP（书背条）或BACK（书背），所以自然就有诸如“书背光滑”、“书背边框”和“烫金书背”等有关皮革装帧的描述，但要注意避免和back cover（封底）混淆。

螺旋装订

| SPIRAL-BOUND |

用连续不断的环状金属或塑料丝穿过预留的机打方孔以装订散页（比如文件稿或推广校样等）的方法，有时也叫梳式装订。

洒绘

| SPRINKLED |

这种装饰方法是指通过喷洒小点小斑上色，可用于（1）犊皮装帧；（2）书心切口。犊皮上的洒绘通常用比皮革自然色更暗的深棕色（染色犊皮很少用洒绘），书口洒绘最常见的颜色是暗红色。约1850年前用犊皮或羊皮装帧的书籍，可能大部分都有洒绘书口。近年来该技术主要用于参考书、技术书及图书馆重新装订书等【参阅：碱液LYE，斑驳MOTTLED】。

飘口

| SQUARE |

装帧中的技术性术语，指书封板伸出书心的书顶、书脚和书口三边的空间，斜接包边可对角穿过。如果这些飘口面积过大，甚至更为不妙的是不是方形，必须怀疑被改装过。

方括号

| SQUARE BRACKETS |

如果抄本或印本中的作者姓名、出版人、出版地点及日期等细节不是来自此书本身，而是来自外部资料，那么，这些细节就加以方括号表示。

例如，将贝克福特标为未署名的《瓦特克》（*Vathek*）的作者，或者，以“[伦敦，约1890年]”来标明勃朗宁夫人的《葡萄牙十四行诗》(*Sonnets from the Portuguese*)的出版地，因为也有人称此版本于1847年在雷丁印刷。

穿孔

| STABBED, STAB-HOLES |

大部分书籍的书帖是在正中折线上缝缀的，但一些较薄的书、小册子、期刊杂志或分册发行书籍有时会在书页的侧边缝合，将书页穿孔，缝书线从这些孔中上下通过。这样处理的书籍称为“穿孔缝订本”，其现代术语是“侧穿缝”，无论是用线缝还是用订书机订合。分册发行的书籍后来被装帧或壳封成一本，“留有原始穿孔”这个描述短语就可以证明被装订的都是原配，因为它们分册发行时通常会被穿孔，而不是后来整本发行的，否则书帖会以正常的方式缝缀【参阅：分册发行书籍的合订本PART-ISSUED BOOKS IN VOLUME FORM】。

（1）印章 （2）压印

| STAMP, STAMPED |

（1）【参阅：藏书章BOOK-STAMP，书评本REVIEW

COPIES】

（2）非专业装帧师术语，但现已在装帧描述中占一席之地。应用范围最好限制于一块雕刻着图案的刻版，或是刻版在书封上印下的图案，以别于滚轮压模或皮雕产生的装饰效果。例子有边框压印、纹章以及十六世纪下半叶和十七世纪上半叶使用的那些必须借助压机压印的大号中心及边角印章。

留版

| STANDING TYPE |

书籍完成印刷后，有时不予拆版放回，而是保留下来以备再印之需，称为留版印刷。

书钉订合

| STAPLED |

铁丝书钉大约出现在1880年，用在出版商装订中以代替线缝；除了容易生锈，书钉应用于布面装帧书籍的表现始终不尽如人意。不过，它们仍被用来装订小册子、杂志等纸封平装或无书封的印刷品。

状态

STATE

（1）用于描述插图、卷首插图、雕版标题等，可能全部或部分地呈现磨损、改动、重新雕刻的痕迹，或者可能以其他的形式呈现；例如，描述斯威夫特的1726年版《格列佛游记》："完美本，肖像画为原始状态，椭圆形上无格列佛名字"；描述狄更斯的1836—1837年版《匹克威克外传》："第十二章中的插图是最早的状态，前方长凳上尚未添加帽子"；描述索顿（Robert John Thornton）的1799—1807年版《花之神殿》（*Temple of Flora*）："罕见的完美，插图有单色和彩色两种状态。"

（2）用于描述印刷文本【参阅：形式和状态ISSUES AND STATES】。

（3）用于描述单本："处于良好状态"【参阅：品相CONDITION】或"罕见的原始状态"。

英国书籍印刷出版经销同业公会

STATIONERS' COMPANY

创立于1403年，1557年获皇家特许状，该公会包括了伦敦图书贸易的大多数主要成员。根据其规则，成员必须将要印刷的所有书籍的书名登入其名录。该公会是政府监管媒体的意愿工具，对这个行业是控制，对其他行业就是企业联盟。这些注册簿是早期英国印刷书籍无与伦比的信息源，爱德华·阿伯的1875—1894年版《伦敦出版同业公会书目录 1554—1640》（*Transcript of the Registers of the Company of Stationers of London, 1554–1640*）由公会主要出版商乔治·艾尔（George Eyre）私人印刷，因为记录了大量（但不是全部）幸存书籍而令人赞叹，又因为记录了那些未能留在人间的书籍的详细资料而令人神往。该公会注册的要求属于1709年《版权法》的规定之一，但在十九世纪逐渐被废弃。

法定本

STATUTORY COPIES

【参阅：版权图书馆 COPYRIGHT LIBRARIES】

《短标题目录》（缩写）

STC

【参阅：《短标题目录》SHORT-TITLE CATALOGUE】

铅铸版

| STEREOTYPE |

把用活字排好的一张书页或一块印版浇铸成同样形状的薄金属铸模，这个过程比铸造活字字模时间更长。把经常重印的书籍的活字印版永久地固定下来，其中优势一定很早就被意识到了，但做成铸模的好处是能把活字腾出来派其他用场，并浇铸第二套以备第一套日久磨损。

这种方法可能始于十七世纪下半叶的荷兰，雅各布·阿蒂亚斯（Jacob Athias）采用铅铸版来印刷违禁的英文《圣经》，当时只有国王印刷厂（King's Printer）和剑桥以及牛津大学出版社有特许证印刷这部《圣经》。莱顿的约翰·穆勒（Johann Muller）再次将这种方法用于印刷叙利亚《新约圣经》（1709年和1713年版），这一流程先后经由1720年代后期爱丁堡的威廉·盖德（William Ged）和1780年代的亚历山大·蒂洛赫（Alexander Tilloch）的努力得到改进。最终，在1800年到1820年间，斯坦霍普（Earl Stanhope）伯爵所做的改进终于使之有了立足之地，此后，从1820年代开始，该技术在英国尤其是美国得到了广泛的应用。

排字手盘

| STICK |

排字手盘是排字技工的基本工具，他从活字盒里将活字字模取出放入这个浅盘，把每个字母沿着排版尺放好，其间隙最初是固定的，后来改为可调节，设定每一行的行宽并对齐（调整单词之间的间距，使每一行都填满）。如果排版完成并进入校对阶段的文本之后需要重大的改正，那么有可能需要把整行活字从活版中取出并且在手盘中重排一遍。

超伸

| STILTED |

装帧术语，意指飘口或书封伸出书心边缘部分的深度超乎寻常。有时，为了能让小开本的书籍在书架上和高大的同伴并驾齐驱，故意采用超伸的做法［不过，佩皮斯（Pepys）更喜欢在这种小书下面垫个平台］。但有时也因为超伸而露出了改装的尾巴。业余水平的重新壳封也会给人超伸的感觉，如果布面装帧本的顶口擦得过于干净；而分册发行的书籍在不由分说地裁切的本地装帧师手下也会难免超伸。

点画

| STIPPLED |

在雕刻（ENGRAVINGS）中用点来形成颜色深浅的方法，尤其是腐蚀制版；延伸义指装帧上有烫金细点的背景。

穿孔缝订

| STITCHED |

目前保存下来的穿孔缝订本的数量，不足以反映穿孔缝订方式的普通程度。仔细察看十六至十八世纪用传统方式装帧的书籍，通常会发现订口页边有穿孔。里彭大教堂（Ripon Cathedral）的安东尼·希金主教（Dean Anthony Higgin）图书馆中藏有许多由穿孔缝订改为犊皮纸或纸质书封的古籍，如唐谢尔（Downshire）家族收藏的大量未经装帧和裁切的小册子都是这样。从十七世纪末到十八世纪中叶，在英国有专门的穿孔缝订本的市场，大卫·福克森曾撰文探究，见于《藏书家》（1975年度，第24卷，第111—124页)【参阅:缝缀SEWN、穿孔STABBED,STAB-HOLES】。

斯托达德

| STODDARD |

《1610—1820年美国诗歌书目说明》(*A Bibliographic Description of Books and Pamphlets of American Verse Printed from 1610 through 1820*)一书由罗杰·E.斯托达德(Roger E. Stoddard)编纂,大卫·R.怀特赛尔(David R. Whitesell)编辑,宾夕法尼亚州立大学出版社2012年出版。

此书可谓该主题的《圣经》,包罗美国两个多世纪以来出版的一千多种诗歌作品,它不仅赢得了第八届现代语言协会的书目类大奖,也赢得了所有追随缪斯女神的美国人民永远的感激。

直纹摩洛哥皮

| STRAIGHT-GRAIN MOROCCO |

直纹摩洛哥皮由人工处理而成(对整张皮料的处理,

而不是对装帧完毕的书籍），呈现出大致平行的线条。法国历史学家称该项技术为英国首创，最早可追溯至十八世纪下半叶。

页根

| STUB |

（1）页根是将书页从对页上裁切后留下的窄长纸条（有时非常窄），这一步骤通常发生在缝缀之前。在装帧扎实的书籍里，即使看到裸露的页根也会被忽视，其实，看到这样的页根应该马上有所警觉：这里原来有什么？为什么要把它切掉？

有些页根很无辜，它可能来自单独印刷的卷首插图、全页插图，或是临时加入的额外书页，所有这些都需要有特意留出的窄小的复叠处或页根，以便它们能够按应有位置被缝缀到书帖中。但是任何原因不明的页根，都有必要仔细检查，尤其是那些粘贴了替代书页的页根，表示有过撤换，这种情况最隐蔽不容易觉察。

（2）全部都为页根的书籍的作用是将不同尺寸的单页或折叠印刷书页、信件及其他印刷品装订在一起，这种书籍有时被称为加固本。

预订者、按预订

| SUBSCRIBERS, ON SUBSCRIPTION |

在十七、十八和十九世纪初期，昂贵的书籍、私人印制的书籍、特殊版本（如巨幅开本或带有校样插图的版本）甚至整个版本有时都会按预订来发行。对初期提案或出版简章有回应的订购者可能需要提前支付部分费用，也许在正式出版后会有一定优惠。很多时候会将预订者名字印成名单，因此就有了如下的目录注释："附有预订者名单的完整本"，"完好本，但无预订者名单"，或者，"预订本，有阿玛尼亚克红衣主教的签名（"两册帝国裁本"）"。

小标题

| SUB-TITLE |

这是一个解释性的附加标题，作为主标题的补充，通常印在主标题的正下方。以此有别于副标题和简略标题。

查禁

| SUPPRESSED |

（1）书中段落遭查禁：（a）表现在不同印次之间，例

如，“布莱斯（James Bryce）的1888年版《美利坚联邦》（*American Commonwealth*），初版，有被查禁的特威德集团相关章节”，意味着该章节在初版本中有，但之后版本中都没有；（b）表现在出版之后，但该版本库存仍在，遂以撤换书页方式更改。因而最早发行的是原始的版本，而之后发行的均有修改。例如，“瑟蒂斯的1854年版《汉德利岔道》（*Handley Cross*），插图本初版，首次发行的前言中提到里奇（Leech）的名字”；（c）表现在出版之前，如果被查禁的段落偶然漏网，还是会用撤换书页方式更改，如“博斯韦尔的1791年版《约翰逊传》，初版，第二卷Qq3为最初形式（出版前被撤换），包含有关夫妻不忠的著名段落”。

（2）整书遭查禁，出版前后均有可能，前者例如卡罗尔的1865年版《爱丽丝漫游仙境》（*Alice's Adventures in Wonderland*），后者例如爱尔维修（Claude Helvetius）的1758年版《论精神》（*De l'Esprit*）。如果是在出版前，那么意外幸存或故意保留下来的数量会较少；如果作者没有向朋友或可能的书评人分发的话留下来的也非常少；但如果预发本已经发出，或者临时向书商发出召回指令的效果不佳，会导致流通数量并不像想象中那么少。

无论是出于法律、政治或宗派原因，还是作者因为蒙羞而发出指令，致使已在流通的书籍受到查禁或回收，之后的稀缺程度主要取决于查禁之前发放的数量。在评估诸如“作者回撤，非常稀缺”或“该书遭公开焚毁”等注释时，最好要记住，一本流行或引起轰动的书即使在出版后很快遭查禁，也很可能已经大量发放，比如伽利略的1632年版《对话》(*Dialogo*)；而就影响力有限的诗集来说，比如阿诺德（Matthew Arnold）的1849年版《迷途浪子》(*The Strayed Reveller*）或布里奇斯（Robert Bridges）的1873年版《诗集》(*Poems*)，如果在出版后十年或二十年再遭查禁或撤回，不会对五十年后的藏家所能收藏的数量造成任何影响。

T

缝合（假缝）

TACKET

假缝是简单连接材料的统称，用以将装帧的部件（或其他任何东西）缝合在一起。在书本结构中，它们可以是“长条形的材料，通常为鞣制皮革、明矾硝皮或羊皮纸，但也可以是线或绳，用来将一个大结构中的两个或多个部件固定在一起，其本身可能是一个更大的整体的一部分”，尼古拉斯·皮克沃德（Nicholas Pickwoad）语，见于《装帧之爱》（*For the Love of the Binding*，2000年版，大卫·皮尔森主编，第119页）。假缝的用处很多，从拉平包边使其服帖到增强书帖缝订结构，类似的复杂结构在账簿装帧中并不少见。假缝也可以和其他修复技术相结合，比如，不论是否重做书脊，书封都可以用假缝连接起来，又如，损毁的缝线也可以用假缝再重新连到一起。

精装书是靠绳线维系着整体结构的，如果绳线断了，那么连接处只能通过修补断裂才能恢复原有的强度。在极端情况下，这种状态的修复需要重新缝缀，但是技术高明的装帧师自有多种修复方法，将绳线松散的一端拢到一起进行缝合或编织，恢复连接处的牢固度，这个过程的结果就是一个假缝连接。虽然看起来不会完好如初，但比重新接合更为牢固，如果能做到应有的小心谨慎，足以承受今后的使用度。

书根

| TAIL |

书根为书的底部，如用于地脚或书脊底边堵头布，或者，如“书背条底边有签名”（这是十九世纪上半叶著名法国装帧师的做派）。

书脊底边堵头布

| TAILBAND |

【参阅：堵头布 HEADBAND】

章尾装饰图

| TAIL-PIECE |

指出现于书页下部空白处的装饰图，通常位于一个章节或一首诗的末尾。

（多留切口的）特佳版本
| TALL COPY |

装帧师仅略微裁切天头和地脚的版本。

鞣制
| TANNED |

将生皮浸入不同的树皮泡液，使之变成牢固而柔软的皮革的过程。经鞣制的皮革为棕色，但之后可以再染成任何颜色。无论是否用金箔，鞣制皮革压印的效果都很好。在以防腐为目的的第一次鞣制之后，可再次鞣制（现在有时使用矿物鞣制剂）以丰富皮革性能。

陶赫尼茨
| TAUCHNITZ |

克里斯蒂安·伯恩哈德·冯·陶赫尼茨男爵（Baron Christian Bernhard von Tauchnitz，1816—1895）的莱比锡印刷出版社推出的英美作家合集系列，共出版5 000多种书籍，都是纸质书封装订，可谓是现代平装本的前

身。陶赫尼茨真诚地尊重作者版权，经常能提供由原出版商出具的校样，因此，他的出版物有时成了判断英美初版本的依据【参阅 :“跟随国旗”“FOLLOW THE FLAG”】。

硝制

| TAWING |

硝制的过程和鞣制相似，只不过生皮是浸泡在明矾溶液里。硝制比鞣制的皮革坚固，但没那么柔软，不容易折叠或染色（因颜色不易渗透表面），也不易压印（盲印除外）【参阅：猪皮 PIGSKIN】。

书心

| TEXT BLOCK |

这是一个粗俗但有用的术语，批量装订日益机械化的产物。指的是一本书的书页部分，也许经缝缀和裁切，但无环衬，尚未壳封；现在手工装帧师也使用此词。

织品装帧

| TEXTILE BINDINGS |

中世纪采用天鹅绒或提花丝绸等纺织材料制作的世俗豪华装帧，在同时期的书籍盘点中被反复印证，但幸存下来的却很少。印刷书籍也有类似的装帧（有别于刺绣装帧），尤其明显的是十七世纪末和十八世纪牛津和剑桥大学出版社为皇家及其他国家事由出版的颂歌诗集。

厚纸本

| THICK PAPER COPY |

【参阅：优质纸本 FINE PAPER COPY】

千

| THOUSAND |

在过去的百来年中，部分出版商偶尔会标出重印、新印或新版的顺序，不是按常规方式标注（在书名页上注明“第三版”或在其反面做一个书目注明），而是通常会在书名页上注明到目前为止已印刷的第几千册。比如，虽然标注着

"第十二千册"，但并没有说是第二次印刷还是第十二次印刷（更不要提版次了），除非我们碰巧知道每次的印量。不过，有一点是明确的，即使下面印着初版的日期，但若无正式说明表明本书的版次和印次，可以肯定的是绝非初版本【参阅：版本和印次 EDITION AND IMPRESSION】。

三卷本

| THREE-DECKER |

三卷本的书籍，使用时往往特指十九世纪的三卷本长篇小说。

四分之三皮装帧

| THREE-QUARTER BOUND |

和半皮装帧相仿，只是书背和书角上的皮面更宽。

标签

| TICKET |

【参阅：装帧师和书商的标签 BINDER'S AND

BOOKSELLER'S TICKETS】

系带

| TIES |

穿入书封外缘的成对的带子，系上以防书封弯曲或张开。根据系带留下的槽缝痕迹来看，它们流行于十五、十六和十七世纪初的犊皮纸装帧书籍，用于皮革装帧的也不少见；但是原始系带能保存下来的自然很少。大多数系带是用编织的绿色亚麻制成，也有蓝色亚麻或丝绸，一些十七世纪初的软质犊皮纸装帧的馈赠本会采用撞色的红或黄丝带。为丢失的系带而配的现代替代品通常很容易辨认。

自十七世纪中叶始，系带日渐退出市场，其间也有过复古风潮，但主要用于如私家书坊或其他比较矫情的作品。

黏附

| TIPPED IN |

轻施胶水或糨糊，贴在书页内侧，此为黏附。插画、勘误表或单张书页的插入有时都会被描述为“黏附”，以区别于“缝缀”。但是，该术语更多的时候指黏附原本不属于该书的东西，是前任拥有者放入书内的，比如作者的亲笔签名信之类的有关文档。

棉纸
| TISSUES |

棉纸贴附或松散地覆于插画上，起初是为了吸收沾印，后来有时是为保护但有时是为卖弄。除非棉纸像偶尔出现在现代书籍中那样印有图片说明或其他内容，否则一旦棉纸完成了吸收沾印或潮气的使命，大多数藏家都能心平气和地接受它的存在与否。

书名
| TITLE |

（1）宽松地用于称呼书名页，例如，“书名页是修正页”，“书名页延展”，或者，“书名页上有签名”，“第一状态的书名页”。

（2）指某一本书，仅用于如下语境：“该畅销书的初版本”，或者，“《在两面旗帜下》（*Under Two Flags*）是韦达最稀缺的作品”。

模具、模具压印

| TOOL, TOOLING |

用装帧师的术语来说，模具是带有木柄的金属纹饰工具（常见材质为黄铜），用手操作，将其压印在封面上。书籍装帧的模具包括了滚轮、滚线轮、压模、凿子和其他单独的花饰。该术语也指用这些模具在书封上压印的印迹。

模具压印有别于刻版压印，后者的压印需要用到压机。当压印盲印时，模具直接压在皮革上，印迹图案仅显示为皮革表面暗沉的凹陷。而在烫金压印时，热量通过压

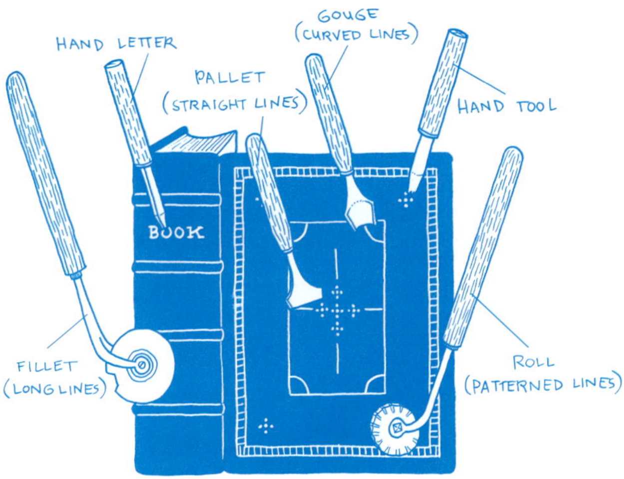

模具压印

模传递到金箔，留下金色的图案。

书顶烫金

| TOP EDGES GILT |

【参阅：书顶烫金 GILT TOPS】

刮切

| TOUCHED |

【参阅：擦切 SHAVED】

集册（小册子合装本）

| TRACT VOLUMES |

那些篇幅短小内容琐碎的短效出版物小册子，原本都是穿孔缝订的，将它们装帧成册，不仅能多加一层保护，也常常使这些小册子得以保存。托马斯·博德利爵士（Sir Thomas Bodley）曾贬斥这些集册为“乌合之众”，但如今它们十分罕见且很有价值，能部分幸存下来全靠用这种小册子合装本。旧式图书馆经常有数百本集册，是一个了解过往的独特的窗口。有时这些集册的内容有一个共同的主题，但更常见的是按时间顺序装订成册，虽然这明显是更简便的方式，但反而自带了历史感。著名的集册收藏家纳西萨斯·卢特瑞尔（Narcissus Luttrell，1657—1732）更是有心，他把购买的时间和价格都仔细地记在了书名页或反面。但是，更多的情形是，集册中可能会有某些藏家特别看好的，例如莎士比亚四开本或早期的新英格兰小书，它们会被从集册里挖出，经过里维埃的装帧，被某位富有且执着的十九或二十世纪藏家收入囊中。在那些日子里，很多东西都被不经意地丢弃了，无数种可能出现于STC或WING的书籍都是这样消失的，其中不少可能是孤本。早期合集如果不是收集成册的话也会遭此厄运，虽然它们的内容可能得以保存下来。对将整书拆散这种恶行的谴责一直不断，但可悲的是，只要单本的价值之和高于完整的集子，这种现象就不可能杜绝。

行业装帧

TRADE BINDING

在批量装帧和出版商布面装帧出现之前，也就是从1450年的约翰·古登堡到1823年的威廉·皮克林之间的这段时期，印刷书籍通常以不同的外观和不同的价格向公众零售；（1）未装帧的折叠书帖（后来有缝缀书帖由纸质书封或硬板简装的书封做暂时性装帧），客户可按自己的喜好，自行定制装帧，费用自理，这种现象在欧洲大陆一直持续到今天；或（2）以较高的价格，由书商自己或请人进行简单的装帧。

出于这样或那样的原因而从未被装帧的书籍可以在封板或纸封里幸存下来，或者，连这种简单的保护也没有，只是缝缀、穿孔或简单地折叠等，这样幸存下来的书籍从书志学角度来看往往引人入胜，当然也有例外；它们对于技术派来说可能更有意义；它们自身的特征决定了它们一定是稀有的；它们因脆弱而需要被慎重对待。但声称它们是原始形态，还不如说它们只是胚胎状态，某些藏家对它们的重视程度有些过高。拿一本1750年的硬板简装的书和一本1850年的出版商布装帧的书进行类比，这本身就是不成立的。

愿意在这一点上纠偏的藏家会承认，当他声称希望得到有原始装帧的书籍时（相对于漂亮的、得当的或关联的装帧），他指的其实是“如公开发行时的原始装帧”。而诸如小册子、剧本和其他外形狭长的未经装帧就出售的出版物，就其性质而言，并不能满足他的心愿。符合条件的只能是那些在出售之前就被零售或批发的书商装帧完好的书籍，这些装帧在早期可能是软犊皮纸、羊皮纸、羊皮或犊皮的，到十八世纪，经常采用的是犊皮或半犊皮。它们就被约定俗成地称为行业装帧，从书志学角度而言，它们等同于十九世纪早期以来的出版商布面装帧。

但问题在于，辨识这样的装帧难度很大，通常无法做出有绝对把握的推断。经验丰富的藏家或许能有六成的胜算，但无论是他们还是同样经验丰富的书商，能给无知而疑心的外行吃定心丸的概率不会超过百分之二。因为虽然行业装帧在不同时期都有明显的风格标记，并且在任何特定的时期都有很强的家族烙印，但是，批量装订的整齐划一是它们永远难以企及的。因此，没有任何书可以套用一个干脆利落的标准；而且，正因为藏家偏爱肯定而统一的描述，以此作为判断的标准，所以他们之中那些愚钝而谨慎的人自然总是抱着怀疑的眼光看待行业装帧这个类别。

誊写本

TRANSCRIPT

无论是出自作者还是抄写员之手，抑或出自打字机，誊写本意味着它是作品完成之后的复制品，而且常常可能是复制已经出版的书籍。例如，当一位诗人为他的朋友或仰慕者抄录最喜欢的一首诗，即使是他的亲笔手书，结果也就是一个誊写本，而不是严格意义上的原始手稿。

树纹犊皮装帧

| TREE CALF |

犊皮装帧的一种（流行于十九世纪，如今已不常见），其书封经绿矾和珍珠粉的相互反应染色，形成了类似于木纹的图案，然后高度磨光。书封务必及时彻底清洗，否则绿矾会侵噬皮革，这就是目前众多树纹犊皮状况堪忧的原因。据说这种风格起源于十八世纪后期，在伦敦的约翰·博姆加顿（John Baumgarten）手中得到发扬光大。羊皮材质的相同风格被称为树纹羊皮装帧。

样本装帧

| TRIAL BINDING |

从早年的出版商布面装帧开始，装帧师通常会向出版商提交书封设计的样本（偶尔也有出版商向作者提供样本），一般都是可供选择的不同颜色和质地的布料，书名和装饰则比较少见。其中一些被做成空白装帧样书，印刷厂也会送几套“早期印张”给装帧师，装帧师再用不同布料或烫印方式装帧好后交还给出版商。偶尔会有幸存下来的样书，内容无异，只是装帧上（比如颜色）和正式出版的版本有所不同，且有可靠的来源（比如出版商的员工）。甚至还有些节俭的出版商似乎把这种样本书送交版权图书馆以尽其义务，或挑六本当作给作者的免费样书。

在上一段中，之所以谨慎地用了“似乎”二字，是因为指证这是普遍现象的证据不足为信，而指证具体操作的证据又难以获得。有完整记录甚至仅有可信证据的样本装帧都自然成为藏家的最爱，具有代表性的实例是特罗洛普的1882年版《玛丽昂·费》（*Marion Fay*）、梅瑞狄斯的1894年版《我们的征服者之一》（*One of Our Conquerors*）、曼斯菲尔德（Mansfield）的1922年版《花园茶会》（*The Garden Party*）。然而，这个术语常被误用，原因不言而喻：用于无法解释的怪异之处，远比想象的要普遍；用于实属正常但未被记录的颜色差异；偶尔也用于高端定制布面装帧（和出版商布面装帧完全不是一回事）；也许最常见的是用于连编目员自己都从未见过的差异或二次装帧。

试发行或试样版

| TRIAL ISSUE or EDITION |

有些作者有提前排版的习惯，早早地印出几份，用于给朋友传阅，也方便自己修改。丁尼生是其中的一位，而已故的斯坦利·莫里森是另一位，他的一些作品就此停留在这个阶段。如果该书随后在印刷发行之前被重新排版，那么前者就成了“试样版”；如果没有再排版，那么前者就是“试发行”，无论目的为何，其前期印刷的版式和其他条件都使之有别于校样本。

话虽如此，但其中的区别并不容易辨识，那些沉溺其中不能自拔的年代时序癖们往往力图回避这个问题，但是“试样”二字的准确性是难以回避的。

修剪

| TRIMMED |

根据某些权威人士的说法，“裁切”是指书本书页的边缘被切得很光滑，而“修剪”只是粗略地修整一下。遗憾的是，这种简便的区分并没有得到印刷商或珍本书籍编目者们的认同，因而实际上“裁切”和“修剪”几乎就是同义词。“粗略修剪”一词有时用来指没有切平的页边【参阅：（书口）未裁切UNCUT（OF EDGES）】。

土耳其皮

| TURKEY LEATHER |

由山羊皮制成的皮革，十六世纪的英国装帧师偶尔会采用，但在1650年之前并不常见，因其原产地而被称为土耳其皮。牛津勋爵【参阅：哈雷风格HARLEIAN STYLE】在1721年从菲斯进口皮革时，他的装帧师在账单中把土耳其皮革和摩洛哥皮区分开来，后者的质量较差，纹理更像羊皮；其实很可能是直毛羊。

包边

| TURN-INS |

包边是指将包覆封板的皮革沿封板边缘内折，皮革在封板内侧未被贴衬覆盖的可见部分。在十九世纪，包边往往留得较宽且有华丽烫金。

垫框

| TYMPAN |

垫框是用铰链固定在压机机床上的双层金属框架，内层锁定在外层之中，上面都有羊皮纸或棉布覆盖，将印张放置在其上并用大头针固定位置（这样印张之间能够套准）。印张上再盖上纸框，一同下降到位于机床上的印版上，垫框覆盖之间的空间里充满了纸张、棉布或毯子，根据加印纸张的表面状态和质量来选择施以轻或重的印迹【参阅：印次 IMPRESSION（1）】。

活字

| TYPE |

【参阅：（活）字 LETTER】

活字仿真

| TYPE-FACSIMILE |

这是晚于原始版本的版本，用近似于原始版本印刷样式的活字排版，既不完全逼真，也没有欺骗的意图。有时很难区分最终的结果是出于刻意模仿还是因为排字工对原

书的极度忠诚。活字仿真很大程度上已被照相复制取代，但并非全部。

活字规格
| TYPE MEASUREMENT |

自十六世纪以来，活字及其规格的术语得到其创造者和印刷师不断地推进和发展，但是针对早期印本尤其是摇篮本，书志学家就必须自造术语。他们把某本书中的活字大小通过某一单位深度来表示，例如每二十行的深度，77R表示该书用罗马字体印刷，其二十行的尺寸是77毫米（如本书英文版第九版）。一个更精确的方法是用刻度为十分之一毫米的10倍放大镜，从一行的一个公共点到下一行的相同点来测量单行。

有关其现代术语【参阅：（活字的）点制POINT SYSTEM（OF TYPE）】。

活字样本
| TYPE SPECIMEN |

一种单纸、小册子或展示性的印刷品，旨在显示各种活字字体的不同特征和大小，有时还附有印刷商的装饰。活字样本可以由字体创造者发行（主要针对购买活字的印刷商），也可以由印刷商发行（针对出版商和其他购买印刷品的客户）。

打字稿

| TYPESCRIPT |

用以定义作者打字稿的术语到目前为止尚无定论（很多人直接在打字机上创作）。亲手打的打字稿有时被用来区分是出自作者之手的打字稿还是出自专业打字员的打字稿，但该词在语言学上是粗鄙的，必须加以抵制。

有三种类型的打字稿需要加以区分，至少前两种肯定带有作者的补充或更正，它们分别是：（1）作者的原始打字稿，相当于原稿，或亲笔初稿；（2）作者亲手打出的誊清打字稿，相当于亲笔手写稿；（3）打字员打字稿，由别人打出的誊清稿。

Typescript的缩写词为TS。

排版印刷

| TYPOGRAPHY |

正确的定义是将文稿转换成印刷品的整个工序和技艺，但文盲会把它用作落版的代名词。

U

未经授权版本

| UNAUTHORISED EDITION |

【参阅：授权版AUTHORISED EDITION、盗版PIRACY】

无装订本

| UNBOUND |

该术语正确的定义是指所描述的书籍或小册子从来不曾有过书封；若是有意为之，编目员可能会加上“如原始状态”；但可能是出于偶然。该词有时也会指曾经被装订过的书籍，义同“去装订本”。

【参阅：缝缀SEWN】

未经修正

| UNCORRECTED, UNREVISED |

未经修正的打字稿，无论是复写或是复印的，都会让藏家兴奋，未经修正的校样更是如此。正是这种不完整，让人觉得与作者的最初想法更为接近，这是经修改的打字稿或校样所没有的。其实这可能不说明任何问题，没有修正标记也许只是被忽略了；常识告诉我们，修改才是作者意图更真实的表达。

（书口）未裁切、裁切

| UNCUT, CUT (OF EDGES) |

“未裁切”可能是最被滥用的编目员用语，并对收藏新手产生了不太健康的催眠效果。当然，幸好他不会和圈外人分享这种幻想，否则真是给藏书反对派递现成的子弹了，因为圈外人眼中的未裁切和未开裁是一回事，由此推论，藏家追捧的不仅是没被读过的书，而且还是没法读的书，岂不是让外人看笑话。“未开裁”指的是印张还没有用裁纸刀裁成书页。一本未裁切的书在书志学上的意义怎么强调都不过分，无论是版式和制版还是点孔和印张大小，在这样保存下来的书籍中更能领会和欣赏。但是，除非对未裁切书口在功能上的重要性保持正确的理解，否则的话，原本理性而平和的偏好很容易沦为毛边癖。

藏家总是偏好有宽幅页边的书籍，这也不无道理，因为从很早开始，装帧师裁切书口的习惯就是宁多勿少，远超过版面设计者的本意；而且每次重新装帧都有可能失去更多的页边。因此，在批量装订出现之前的书籍中，在其他条件相同的情况下，多留切口的特佳版总是更受青睐。

然而，即使没有之后的烫金、大理石纹、洒绘、轧纹或上色等装饰效果，书口边缘也理应裁切光滑，所以任何留存下来未经裁切的书籍其实是个意外，属于书籍生产过程中胚胎阶段的样本。它们确实罕见，从书志学角度来看也很有意思，但并不代表书籍在读者书架上应该有的样子【参阅：行业装帧TRADE BINDING】。

随着1830—1840年间出版商布面装帧成为英美书籍原始和永久封面的主流，藏家对书口的态度发生了根本性的变化。因为，如果依然像往常一样追求公开发行的原始状况，必然会要求其书口（无论是未裁切、粗略修剪还是裁切光滑）符合时下标准化的页边宽度，也就是说，要确保页边没有在重新装帧或修补时再被裁切过。而书商在他们的书目中都会开宗明义地宣布所有原始布装书籍都保留如原始状态的书口，因而不必多费口舌重复未裁切这个词，节省了不少空间【参阅：毛边DECKLE EDGES，修剪TRIMMED，擦切SHAVED】。

第二高竞价者

| UNDER-BIDDER |

在一场拍卖中，第二高竞价者是个有着双重重要意义的人物，首先，因为是他，而不是中标者，决定何时落槌；其次，如果中标人违约，拍卖师就会转而去找他。因此，精明谨慎的拍卖师会仔细记录第二高竞价者以及击败他或她的人。

独一无二的（孤本）

| UNIQUE |

毫无疑问，一份手稿、一封亲笔签名的信函或一幅画肯定是独一无二的孤本。而带有题词或评注的书籍就添加的内容来说也可名正言顺地称之为独一无二的，因为作者或其他题词者几乎不可能在同一版本的另一本完全相似的书中重复相同的内容。但是，很少有书本身可称得上独一无二，而且，即使是试探性的描述，如“看来是独一无二的”也需要配备大量的证明材料。

未见于……或未收入……

| UNKNOWN TO ... or NOT IN ... |

无论是藏家还是书商，没有什么比捡了一个连有名望的权威都忽略或未知其重要性的漏更令人得意了。但是，我们不能被编目员的溢美之词蒙蔽，依然要理性地考虑以下几个问题：（1）遭到否定的权威是否真的有权威；（2）参考书目的范围和性质是否严格相关；（3）是否有可能其实就在书目清单里，只是被归入了一个不那么明显的分类。

击败过气的作者书目或非常不称职的书目员很容易，但是，要求并无责任的普通调查不可遗漏任何细枝末节，然后揪住里面不曾提及的东西自吹自擂是不公平的；例如，一本匿名的祈祷选集是否收入STC就很难确定。当然，一部“未收入格雷格”的伊丽莎白时代剧本或者一部“未见于萨德利尔”的特罗洛普初版本还算是吹嘘的资本，但一本“未被《英国传记辞典》（*Dictionary of National Biography*）提及”的书就不能说明什么问题，这部辞典从未自诩为书目参考书，而且它的最新电子版毫不留情地将该主题的机印作品排斥在外。

无标名

UNLETTERED

该术语指的是在装帧的书背上没有任何书名或作者的名字。直到大约1600年，相当多（如果不是绝大多数的话）的书名是用墨水或颜料写在书口上，因为它们或立或躺在书架上时，书背对着墙。装帧师在书背上不放书名的习惯（或许跟金箔的成本有关）在进入现代化装帧后的很长一段时间里依然保持着。在1660年前的英格兰，即使是定制的装帧上也很少有皮质书名标签，因此十六世纪和十七世纪上半叶的无书名装帧很正常。书的主人常会用墨水在纸质标签上写下书名，或干脆直接写在犊皮纸或皮革上。但是，如果在这类书上看到有烫金书名（直接烫在书封上或烫在标签上），通常都是后加的。

直到十八世纪后期，较廉价的犊皮和羊皮质地的书商或行业装帧上也常无书名（有时倒是有书卷号）。

直到1780年代，无书名（无标签）的纸质书背一直是硬板书封的标配，之后日渐减少，到了1810年之后更是成了罕见的例外。偶尔会看到无书名但有墨印卷号的纸质书背，当然还有很多手写的墨水标题，但是到了具体的例子中到底是书商还是购买者加上去的谁也猜不准。

未开裁

| UNOPENED |

指书籍发行时完全是毛本，折叠后的书帖在书口和书顶保持完整，尚未用切纸刀将页与页之间分开，绝不能像

无知的人那样经常将它与未裁切相混淆。

未施压
| UNPRESSED |

严格来说，该词指的是被描述的书籍从未经历过装帧师的压机。由于印刷油墨干燥的时间不确定，特别是在潮湿的环境中，有时装帧师用压机轻轻地压一下，或仅用锤子敲打书籍边缘。如果压得太早，存在油墨可能染到对面页面的风险。但该词通常宽泛地用于装帧后的书籍，这些书籍的纸张还保留了原有的质感，触手如新的挺括一词准确地表达了这种感觉。

未录入
| UNRECORDED |

以恰当而负责任的态度对待书籍，每本书都理应记录在册，因此，在稀缺度的等级排名中，该词一骑绝尘，遥遥领先。但是从另一个角度来看，越是无足轻重的书籍，被后世忽略的可能性越大，忽略的代价也就越小【参阅：未见于……UNKNOWN TO...】。

未缝缀，未穿缝

| UNSEWN, UNSTITCHED |

【参阅：折叠本 FOLDED】

清白本（未掺假的）

| UNSOPHISTICATED |

纯正而真实，未经修复【参阅：老练本（被掺假的）SOPHISTICATED】。

二手本

| USED COPY |

这是很糟糕的版本，水平大致与审阅本相当，但没比工作本强多少。

V

作者自费出版商

| VANITY PRESS, PUBLISHING |

作为印刷出版商，他们愿意为那些有能力自己支付费用的作者出版精致的书籍，无论是否为了出售，所以这并不完全是个受鄙视的词。除了虚荣心之外，还有很多其他原因吸引着作者将作品交到他们手里。

具体例子【参阅：自费出版 SELF-PUBLICATION】。

差异（变异）本

| VARIANT |

这是一个通用术语，用于描述书籍在同一版本或印次中呈现的某些差异，无论是文本、书名页、插画，还是纸张或装帧。此词的使用并不意味着所涉及的一本或多本（或其中的某些书帖）不正常，事实上，这个词最常见且最正当的用法，出现于对两个或多个观察到的差异之间的先后次序甚至是它们之间的确切关系产生怀疑之际，而此时何为正常并未确定。这个术语有时还指文本上的差异，与其书本的实体形式无关。正如格雷格所言："我认为书志变异本质上是无序的。"

所以，诸如“尚迪加夫（Shandygaff）初次发行的变异本”或“布面装帧的蓝色变异本（一般为红色）”这样的描述，远比以下的泛泛而谈更为严谨而实在，“最早发行本，未见于尚迪加夫”或“样本装帧，可能为孤本”。

【参阅：伪书志学贩子ISSUE-MONGERS】

不同日期、年份

| VARIOUS DATES, YEARS (V.D., V.Y.) |

用于描述：（1）包含数个不同时期作品的某本书；以及（2）包含数部不同时期作品的某套书。

犊皮纸

| VELLUM |

犊皮纸多取材小牛皮，不加鞣制，但用漂白土去除油脂，再覆以白垩粉，然后固定在犊皮纸制作工具上，该工具为几乎弯成环状的棍子，上有夹子和绳子。凭借棍子回弹伸展的张力，把小牛皮拉伸平展。犊皮纸的毛面和肉面不难区分，而且我们可以从书帖的组成方式中了解到很多中世纪的书籍制作方法：毛面对毛面和肉面对肉面，或毛面对肉面和肉面对毛面。犊皮纸可用来书写或印刷，也用于装帧，有时也取材于小羊皮或山羊皮（甚至还有取材于兔子皮的）。在关于抄本的描述中有时会发现“子宫犊皮纸”这个词，源于十三、十四世纪用尚未出生或死胎的动物皮制作犊皮纸的历史。

中世纪的大多数抄本都是写在犊皮纸上，无论是否有手绘泥金彩图。而从第一本印刷书籍（1455年前后的《四十二行圣经》）开始，时不时就会出现几本印在犊皮纸上的作品，带有业内特有的矜贵之气，通常是按受赠人或其他顾客的特殊要求定制。

到十六和十七世纪时，软犊皮纸或软羊皮纸多用于装帧，有时带烫金边框，但通常都风格质朴。之后的几个世纪中，犊皮纸和皮革一样被更普遍地使用，也就是说，普遍地用于装帧（以及半皮装帧或四分之一皮装帧）。绿色犊皮纸在十七世纪偶有使用，十八世纪更多，但除了为人所知的“纽伯瑞（Newbery）方式”之外，使用率远不及法国装帧界。犊皮纸可以染成任何颜色，但很少染色。它非常耐用，但在干燥的环境中易变形或起皱，而在适当的湿度下，又会恢复原形【参阅：保护PRESERVATION】。在清洁方面，应像躲避瘟疫一样躲避老派的牛奶加湿面包屑配方：表面污垢拿书籍专用清洁布擦拭即可，至于更顽固的污渍，就当作该书历史的一部分来接纳吧。

反面

| VERSO |

即书页的背面；如果对着一本打开的书，就是左侧的那页（但请注意，如果是阿拉伯语和希伯来语的书，反面是打开后的右侧页面）。和反面对应的是正面，这些词在技术性较强的书目描述中常会用到；例如，“A4正面，献词；反面，插图列表”，或者，“S8反面，空白页，但有印刷商图标”【参阅：配页，核对COLLATION】。它们也用于非正式的描述中，用来指任何没有页码的书页两面。如果仅指书页的反面，也经常用同义词 reverse（相反面）来代替；如，“书名页的相反面为空白页”。

维亚利旧书网

| VIALIBRI |

成立于2006年，这是在线买卖二手书、珍本和绝版书的主要网站之一，尤其着重于古籍。该网站还汇总了

许多其他二手书和珍本网站的搜索结果，尽管其他网站如ABEBOOKS和ALIBRIS RARE BOOKS在低端市场上很有竞争力，但ViaLibri还是吸引了众多珍本和古董书的藏家，因为它支持按特征筛查（如签名本、护封本、前国际书号ISBN本等）。有购买清单的买家可以把想买的书上传，会收到自动搜索的提示。ViaLibri在十几个国家/地区都有当地合作伙伴，能满足英语国家和国际市场的需求，该网站还为用户提供付费的高级服务。

（1）小花饰 （2）晕映

| VIGNETTE |

（1）小型装饰性图案，可用于书名页，或章节开头结尾处。

（2）任何插图，如果外圈没有边框，或者外缘不清晰，呈现渐变晕映的效果，雕刻师一般粗称之为晕映。

轮盘图表

| VOLVELLE |

“由一个或多个可移动的羊皮纸盘或纸盘组成的装

一对轮盘图表

置，这些盘能绕轴旋转，四周是带刻度或图案的圆圈。借助它可以解决有关日历、潮汐表、天文学和占星术等方面的问题。”（H. M. 尼克松语）

W

清洗过的

| WASHED |

法国人习惯于清洗，不仅仅清洗书页，还清洗整本书，且乐于承认；如，“完美的原始状态，清洗彻底（En parfaite condition originale. Bien lavée et encollée）”（意味着重新上浆），英国人和美国人就克制得多，低调得让人觉得他们对此感到羞耻，其实这只是个习惯问题。用化学品清洗最有效，不仅洗掉了斑点、污渍、字迹或其他瑕疵，也洗掉了纸张里的浆，于是通常又会把书页放入浆池重新上浆。清洗过的总会留下气味，打开书本，把鼻子凑近订口处，就能解答书页或书帖是否被清洗的疑问，那里是余味最浓的地方。

废纸（印刷厂或书商的）

| WASTE (PRINTER'S or BOOKSELLER'S) |

损坏的或多余的印纸称为废纸，装帧师通常会废物利用，用来制作纸质封板，早些时候还会用来做环衬。此类废纸可能来自印刷师（校样、试印张、超量部分等），也可能来自书商（多余的书帖、损坏的新书、废弃的旧书残

片等）。因为书商的废纸来源多样，所以即使在装帧中发现可以确认的废纸，也并不能简单得出结论；但是印刷师的废纸通常就近处理，它们的使用可以作为本地装帧的佐证。

水印
| WATERMARK |

一种识别标记或图标，形成于手工造纸时网格托盘中纸浆沉淀的过程之中【参阅：直纹纸LAID PAPER】，把成品纸对着光照就能显现出来。如果加上制造商的名称或缩写以及产地或生产日期的话，更常见的做法是采用附加标记（countermark），这是一种始于十七世纪的小号标记，通常出现于和正式水印相对的另一半纸张上。从十七世纪起，法国纸中能看到带有日期的水印，但在1794年乔治三世第34号令第20法案强制规定（34 Geo. III c. 20）之前，英国很少见。不过，作为日期的证据，还是应该谨慎对待，因为法律仅要求有日期，而并没要求每年更新。直纹纸上有水印很正常，但用于书籍印刷的布纹纸上就较为少见。水印为一本书的构成提供了宝贵的证据，经常成为发现撤换页或使诈插入其他书页的线索。

C. M. 布里奇特（C. M. Briquet）和爱德华·希伍

水印

德（Edward Heawood）率先描摹记录了有日期可循的存档纸张上的水印，多卷本《纸张历史里程碑》（*Monumenta Historiae Papyraceae*）和皮卡德（Gerhard Piccard）的水印档案现已成为纸张史学家的案头必备书。摄影记录远比描摹准确；尤其是β射线照相，作为一种不受文字干扰的水印拍摄方式，已被使用四十年；还有其他更经济更快速的方法也被开发利用，例如重氮复印和X射线照相。

为水印建立索引的先驱是布里奇特，但是，拍摄、识别和确定年代的整套技术仍处于发展之中。

批发商装帧

| WHOLESALER'S BINDING |

（1）用于十八世纪书籍的时候，少数情况下可作为行业装帧的同义词。

（2）指摄政时期和维多利亚早期流行的一种做法：书籍批发商（尤其是那些做省际和海外贸易的）批量买入新书的书帖，然后再批量装订，和出版商无关。在批量装帧出现（1825—1830）之前，这种做法很普遍，在小说界最为常见，且持续地流行于小说分销批发商之中，小说是最晚归入统一的出版商布面装帧的书籍种类。

结果是，从1820年直到至少1845年间，硬板简装半布装帧的批发商装帧和出版商布面装帧的数量不相上下。它们使用同款的印刷标签，而且，因为很少且很难记录硬板上纸张的颜色差异，这两种装帧几乎无从分辨，除非批发商在装帧中插入了他的目录。所以，这一说法很少可以完全肯定。

藏家总体上始终没有意识到其中的差异，或许，他们应该继续无视这些差异。对任何原始状态早期维多利亚时代三卷本的追寻都已成艰巨的任务。

韦因

| WING |

《1641—1700年间在英格兰、苏格兰、爱尔兰、威尔士和英属美洲印刷的书籍以及其他国家印刷的英语书籍

短标题目录》(*Short-Title Catalogue of Books Printed in England, Scotland, Ireland, Wales and British America, and of English Books Printed in Other Countries 1641–1700*)一书由耶鲁大学图书馆的唐纳德·韦因编撰，纽约哥伦比亚大学出版社为索引协会印制。

该书是在波拉德和瑞德格瑞夫最初的《短标题目录》基础上对1700年之前的延续，仍然被书商频繁且过于频繁地引用，从两方面来支撑其有关稀缺性的声明，或是所提及版本被韦因忽略，或是如"据韦因，在美国仅存五本"，表明在美国代表性图书馆中只剩五本。第二版的第一卷在韦因1972年去世前不久出版，但可惜被重新编号（之后在1982年、1988年、1998年的再版中改正了错误）。尽管此后还有进一步的修订，但总体上已被ESTC取代。

直纹

| WIRE LINES |

直纹纸中紧密的印线，由框架底部的网格托盘形成，现在的造纸专家称之为条纹印痕。直纹有别于和它们形成直角的链线，后者间距较宽且线条较粗。

如有瑕疵，概不退货

| WITH ALL FAULTS (W.A.F.) |

【参阅：不予退货NOT SUBJECT TO RETURN】

木刻，木口木刻

| WOOD-CUT, WOOD-ENGRAVING |

严格来说，木刻是用刀在木板的纵面上刻，而木口木刻则是用雕刻刀在木头的横切面或端面上刻，通常采用黄杨木。黄杨木质地坚硬，所以能刻出非常精致的图案。不管是哪一种刻法，都在表面形成用于印刷的浮雕。但绝大多数编目员以及很多其他人通常不加区别地使用这两个词，仅仅对木质或金属质插画加以区分，的确，二者都常被用来描述由原始木版转成电铸金属版印刷的插画（1860年代之后很常见），电铸版能免于印刷厂的任何意外而完好保存，通常来说，无法从印迹上将它和原始木版区分开来。

木刻字母

| WOOD LETTER |

通常为装饰性的大型字母，用装在缩放仪上的机械刨刀按设计图案在硬木上刻出。这些字母被用于海报和传单，极大地丰富了它们的多样性。

工作本

| WORKING COPY |

在所有描述书籍品相的词汇中，属于等级最低的一档。

蛀洞

| WORMHOLES |

书虫在纸张或封板和皮革上留下的洞眼。这些书虫分别是不同种类的幼虫，但有一致的蚕食习性，尤其喜欢啃食用营养丰富的棉浆纸印制的摇篮本和其他古籍珍本。显然，这个问题引发关注始于胡克（Hooke）1665年出版的《微观图集》（*Micrographia*），书中附有令人毛骨悚然的插图。在威廉·布莱德斯（William Blades）1888年修订版《书的敌人》（*The Enemies of Books*）中，对书虫有长篇描述，该书还列举了昆虫学家给出的起码八种书虫的拉丁文学名。专家告诉我们，书虫“经不起晒”，但这个建议有什么用呢？还不如低温冷冻，不仅能杀死活体幼虫，还能摧毁虫卵。

虫洞只要不是太严重，很多藏家甚至会觉得还没有污垢或褐变那么令人讨厌；而且，由于书虫蚕食通常有迹可循，留下的踪迹有时还能鉴定出拼接本。

布纹纸

| WOVE PAPER |

布纹纸是纹理不匀且呈颗粒状纸张，大部分是在连续运转的密网金属带上制成，由老詹姆斯·沃特曼（James Whatman the elder）于1755年前后发明，自十九世纪初以来一直是普通书籍印刷的常用纸。布纹纸在制造方法上和直纹纸有所不同，通常可以从无链线和直纹这个特征上加以区分。

不过，有些布纹纸会故意做得像直纹纸，用仿制链线等手段乱真，因此现代书籍的藏家就幸运得多，无须为这种差异伤神。

纸封平装，包本

| WRAPPERS, WRAPPERED |

取材于素色纸张、大理石纹湿拓纸或印制纸的纸质书

封。古时所称的纸封包本就是现在的平装本，和护封或书衣不是一回事。

在某些语境中，原装的纸质封面被认为是理所当然的，比如，“硬板简装（原装封板）的《韦弗利》比纸质书封的《阿多尼斯》更为稀有”。但在一般性的目录描述中，除非有目录员的明确表态，否则不应做这样的推断。

和纸质硬板一样，在出版商布面装帧出现（大约1825年前后）之前的一个世纪里，纸质书封也被用作书籍和小册子的临时书封；有关书籍生产中的这个中间阶段的更多讨论【参阅：封板，硬板简装BOARDS，原始状态ORIGINAL STATE，行业装帧TRADE BINDING】。

对于在批量装订普遍化之后出版的书籍而言，有识别能力的藏家对原始纸封平装和原始布面是同等看待的。

字帖

| WRITING-BOOKS |

书法手册，包括了一系列不同的书写方式的雕刻或木刻样本，均旨在宣传相关书写大师的技能。

X

木版印刷，木版画印本

| XYLOGRAPHY, XYLOGRAPHICA |

【参阅：木版书BLOCKBOOKS】

Y

护边装帧

| YAPP, YAPP EDGES |

此词来源于1860年左右发明这种装帧的伦敦书商亚坡（William Yapp），这种风格的装帧通常采用软皮，特点就是书封的三边都有重叠或勒口，因而YAPP EDGES就是折边或护边的意思。护边风格（和十六、十七世纪折叠书口软犊皮纸装帧没有关系）主要用于祈祷书、私下传阅的薄本诗集、“有品位”的《鲁拜集》（*Rubáiyát*）重印本、《激情诗集》（*Poems of Passion*）和《葡萄牙十四行诗》等。据《书商术语》（*The Bookman's Glossary*）的定义，美国把这种风格称为divinity circuit或circuit edges，神学书籍的护边软皮装帧。

廉价书，黄背书

| YELLOW-BACK |

迈克尔·萨德利尔的定义是：“廉价书的外号，特指始于十九世纪中期专门在火车站书摊展示销售的版本。通常是（但不总是）廉价版的小说；通常（但不总是）只要两先令；书封的颜色通常是（但不总是）黄色。”

Z

之字形缝缀

| ZIG-ZAG SEWING |

这是一种节约时间的简化缝缀形式，针脚跳跃着从一个书帖穿入另一个书帖，从而在书背上形成之字形走线图案。

锌版

| ZINCO |

线条凸版或刻制版的通用美国名称。

译后记

Translation postscript

去年8月，在伦敦和恺蒂商定翻译本书后，就把最新的第九版放进了行李箱，飞往北欧。

这是一段漫长旅途的开始，之后半年，自北极圈而下，挪威、芬兰、瑞典、丹麦和冰岛，南欧的西班牙和意大利，地中海的马耳他、塞浦路斯和黎巴嫩，最后进入埃及。之所以不厌其烦地将这些国家一一列出，是因为半年后，这些国家一一陷入疫情，无一幸免，回想旅途中的美好，心里充满痛惜。

不过，这些都是后来的事情了。1月下旬从开罗飞往上海时，因为长久在旅途之中，对这场疫情竟毫无知晓，只是按原计划回国。隔日赶往老家温州，也是按原计划陪独居的老父过个年。坐上高铁的那一刻，武汉正好封了城。

之后的一切，再没有按原计划进行。每天被洪水般泛滥的信息包围，每天不停地刷手机，看着不断增加的确诊病例心惊肉跳。不久，便发现自己身处湖北之外疫情最严重的城市，通往外地的交通和道路慢慢切断，形同封城。很快，城市里的公交也断了，街道设了路障，私家车也基本停开了。每户领到一张通行证，每两天只可出来一人采购生活用品。城市按下了暂停键，全国各地也都差不多。

虽是闭门独居的寂静日子，心中却常有兵荒马乱的纷扰。只有放下手机，坐到电脑前，开始翻译的时候，心情才会安宁下来。这本陪着我游荡了三个洲的书，在旅途中时不时拿出来翻几页，直到现在，才定下心来静阅，竟成了汹涌疫情中的一丝慰藉。

沉浸在珍本善本残本的世界里数月，外面的世界已然发生了翻天覆地的变化，国内的疫情渐渐地控制住了，而国外却暴发了，更为汹涌，更为惨烈，疫病像脱缰的野马，在荒原上肆意奔突，人类一时束手无策。那天，和在埃及认识的一位小朋友聊天，他是开罗大学中文系大二学生，我问他，哈利利关了吗？他说，关了。那可是开了近千年的市场。他又发给我一张照片，熟悉的金字塔灯光秀，但是上面打出了Stay home, be safe的字样。

瘟疫曾经催生了很多著作，《十日谈》就是其中最出名的一部，书的开篇写道："这瘟病太可怕了，健康的人只要一跟病人接触，就染上了病，那情形仿佛干柴靠近烈火那样容易燃烧起来。不，情况还要严重呢，不要说走近病人，跟病人谈话，会招来致死的病症，甚至只要接触到病人穿过的衣服，摸过的东西，也立即会染上了病。"读到这样的文字，只有身在疫情中，才会频频点头，是啊是啊，真是如此，这辈子何曾遇见过，又何曾想到会遇见。

但是，和七百年前薄伽丘时代以及以往任何时代不同的是，眼下的这场疫情如洪水过境，漫卷全世界。行文至此，查看了一下数据，截至今日，全世界已有179个国家陷入疫情，在病毒包围中瑟瑟发抖的只剩14个小国家，确诊病例逼近600万，死亡人数逾35万。在医学发达的今天，这样的局面，超出了所有人的想象，但又似乎合情合理，全球化的时代，病毒的蔓延毫无障碍。

不仅如此，疫情更多地带来了世界格局的深刻改变，每一天，我们都在亲历历史，却完全看不清前方的道路。不过，可以肯定的是，前路虽然迷茫，疫情终究短暂；还可以肯定的是，书籍永存，滋养一代又一代人的心灵。

前人说，书籍是人类进步的阶梯，那么，我们还是有理由相信，这个世界会好起来的。

在本书翻译的过程中，得到虞顺祥和陆灏二位书界资深人士的指点和释疑，在此深表感谢。

余彬

于温州

2020 年 5 月

尼古拉斯·巴克谈藏书

恺蒂

去年10月，在英国书店奎文斋（Bernard Quaritch Ltd）的乔迁酒会上，有幸遇到西方珍本书界的泰斗尼古拉斯·巴克先生。巴克先生曾担任《藏书家》杂志主编五十年，约翰·卡特的这本经典之作在他接手之后，已经出到第九版。他是那个晚会的至重嘉宾，开幕致辞风趣幽默，大家排着队与他握手寒暄。找到机会与他交谈，并问他是否可将《藏书ABC》译成中文，他一口答应，并协助联系了出版社。

此书的主译我早就托付给大学同窗好友余彬，她去年夏天开始欧非之旅前，曾在伦敦小住，我就在她的极简的行囊中塞了一本，让她路上得空看看。今年1月春节前，她结束了从北极圈到撒哈拉六个月的旅行，回温州探望父亲，正逢新冠肺炎疫情防控时期。到了3月，欧洲疫情惨烈暴发，也终于是万城街巷空无一人，全面禁足。那段时间，居家的日子虽平和安宁，伦敦的大街小巷也难得那种没有车水马龙的寂静，但医院如战场，每日看新闻，颇有兵荒马乱之感。从超现实到新常态，前新冠和后新冠，是两个不同的时代。那段时间，从温州到伦敦从A到Z的来往邮件，微信中与虞顺祥及陆灏的四人推敲小群，便成了“乱世”中的那张“书桌”。

去年10月的计划是等书译好之后，我就去巴克先生在伦敦诺丁山的寓所拜访他，顺便做个访谈。但疫情之下，八十八岁的老先生早就回到剑桥乡下的家中读书写作，见面不再可能。幸亏网络会议Zoom盛行，英国被重点保护的祖父母辈都已驾轻就熟，所以，就约了巴克先生做个网络采访，他欣然答应。

恺蒂：首先感谢您允许我们翻译这本《藏书ABC》，并感谢您接受采访。此书的作者是约翰·卡特，我们对他所知甚少。能否请您介绍一下？

巴克：卡特出生于1905年，他是一位非常著名的珍本书商，也是一位很有名的外交官。他在伊顿公学和剑桥大学国王学院接受教育，原本是可以轻而易举进入学术界的，但他选择了书商的行当。他的文笔非常好，在这本《藏书ABC》中，我们就可以看到他的文字风格简洁，优美流畅。这本书是一部杰作。

恺蒂：您在“前言”中介绍他时写道：“尽管他长期是该行业的一员，但却从未真正融入。有些书商前辈不喜欢他的举止态度，感觉他傲气、高冷、不投入，其实了解他的人都知道他把每一档交易都处理得一丝不苟且诚信体面。”能否请您解释一下？

巴克：从三十年代到五十年代中期，卡特一直在从事珍本书的行业，他没有其他职业，他的外交官生涯是那以后的事。所以，他是全心全意尽职于这个行业。但是因为他没有自己的书店，所以，他虽然身在其中，但又不能算是一分子。有些老一辈的书商可能觉得他不是百分之百在这一行里，他们对卡特稍存戒心，觉得他不完全是他们中的一员。

我比他小二十七岁，但与他交往了二十多年，我们是忘年交。他非常优雅，言谈举止衣着都特别讲究，可以说是一位老牌的英国绅士。他自己是位藏书家，收藏的豪斯曼非常可观，他还专门收藏伊顿公学校长兼诗人威廉·科里的作品。他的笔头也很勤快，经常为《藏书家》杂志撰稿，还出版过作品文集。

在他身边，有一个爱书者的小群体，是他组织的，他称之为“小书虫”，biblio-boys，大概有十几位，收藏家、书商、文学界的人士等，包括他自己、迈克尔·萨德利尔、珀西·缪尔、斯坦利·莫里森等。

恺蒂：《藏书ABC》在1952年出版，同年《藏书家》杂志创刊，约翰·海沃德担任主编。这本《藏书ABC》就是题献给他的。对珍本书界来说，这两个出版物可以说是最重要的。在当年，也都算是书界大事吧？

巴克：第二次世界大战之后，英国物资紧张，经济等待复苏，基本生活物品都是限量供应，图书出版销售业也受到很大的限制，一直到1952年才得以放宽。所以，那年是让人们充满希望的，人们充满了创意和新的思想。所以，《藏书ABC》在这一年出版，《藏书家》杂志也在这一年创刊发行，不是偶然的。

恺蒂：1952年，弗莱明写完了他的第一部邦德小说

《皇家赌场》(*Casino Royal*),次年出版,他后来以邦德闻名世界。许多人可能都不知道他是一位重要的藏书家,《藏书家》杂志就是他一手创办的,他是主要股权人。能否请您谈谈他与珍本书界的关系?

巴克:弗莱明的身份很多。他和珀西·缪尔是在1929年春天认识的,正处在大萧条时期。当时,缪尔工作的书店刚刚搬到邦德大街,弗莱明还不到二十一岁,邦德还根本连个影子都没有呢。他路过书店,看到橱窗里在宣传D. H. 劳伦斯的诗集《三色紫罗兰》,就进去问,结果就认识了缪尔,一见如故,他俩都是爱书人,谈到阅读与收藏,非常投机,成为好友。他们的友谊持续了四十五年,一直到1964年弗莱明去世。几年后,弗莱明进入证券市场,成了一名交易员,赚了一笔钱,大约是250英镑,在当时是一个不小的数字。他委托缪尔帮他寻找"里程碑书籍"的初版本,第一本关于各种各样新发明的书,X光、自行车、高尔夫球、青霉素、避孕措施、汽车等等,包括达尔文的《物种起源》,弗洛伊德的书,居里夫人的书,等等,这些大都是十九世纪之后出版的书,当时几镑十几镑就能买到的。后来弗莱明还成了书店的董事。缪尔帮他买到的书,就是弗莱明著名的收藏,也是后来那个重要的"印刷与人类思想"(Printing and the Mind of

Man，简称PMM）大展中一半的书籍，另外一半是凯恩斯的收藏。

1950年，弗莱明搬到了泰晤士河边的卡莱尔公寓，住在顶楼。在同一个公寓里，住着约翰·海沃德和T. S. 艾略特，他俩是七年的室友，有人说海沃德对《四个四重奏》的贡献很大。到了1952年，他们就把原有的一本关于书籍收藏的杂志改版为《藏书家》，弗莱明、缪尔和海沃德都是编委会的成员，海沃德是主编。

恺蒂：《藏书ABC》是献给海沃德的，卡特在原序中写道："但还有一位老朋友，他不仅塑造了这本书的雏形，而且自始至终倾力而为。对此我无以回报，但至少我可以让他的名字独占一页。"这页就是致献页面，而且您在后续的介绍中也写道："我保留了原书的致献人，因为他让我和原作者一样，受益匪浅。"这位海沃德是怎样的一个人物？

巴克：海沃德是一个残障人，患有多发性硬化症，非常痛苦的一种病症，他是一位非常严谨、非常精准的学者和评论家，相当犀利、敏锐，大家对他的评论，都非常敬畏。他坐着轮椅，所以行动不便。我从1958年开始给《藏书家》杂志写稿，经常去看望海沃德，就是在卡莱尔公寓，我非常崇敬他，也很喜欢他。

弗莱明和海沃德是一年之内前后去世的，分别是1964年、1965年，这本杂志就没人管了。在海沃德的追悼会上，可能因为我和他的关系很好，大家都说：你必须得接替他的工作。就这样，我成了主编，而且一做就是五十年。2016年，我退休后，把杂志归还给了弗莱明的两个侄子。

恺蒂：您是如何进入珍本书界的？请您谈谈您自己的经历。

巴克：我出生在剑桥，从小在那里长大，一直到现在，那里都是我的家，对我很重要。我父亲是剑桥大学的政治学教授，我们住在一条小街上，街上总共有十四户人家，其中十户都是剑桥的教授。那是一条非常学术的街。大概从八岁时开始，我就喜欢逛书店。后来我去伦敦上学，书店更多，那是我最爱去的地方。

恺蒂：让您印象最深的书店有哪些？

巴克：我印象最深的书店有两家，一家在剑桥，是Gustav David，是当地爱书人最喜欢去的书店，剑桥大学的学生们都去那里。伦敦的书店，那就是奎文斋了。对我来说，这两家书店就像吸铁石一样。记得第一次，我进了奎文斋，在里面翻书，待了很久，根本没人注意到我进去，后来他们发现了我，很惊诧这个十几岁的孩子怎么会在书店里，因为他们的常客都是上了一定年纪的，这样他们就认识了我。

1952年，《藏书家》杂志创立，《藏书ABC》出版时，我十九岁，正在德国服兵役。兵役结束后，我进入牛津大学新学院，学习古典文学，拉丁语和希腊语。可能因为我从小在剑桥长大，所以想换换风景，就选择了牛津。这个新学院，New College，其实是1389年成立的，是牛津最古老的学院之一，但这个“新”字，永远没有摆脱。

恺蒂：我看到介绍说，您十四岁就出版第一本书了。

巴克：是的，我很幸运找到了一台旧的印刷机，还能用。我先印了一本小书，虽然印得很糟糕，但让我尝到了乐趣。之后，我印了六七本书。最后一本是女诗人科恩福德（Frances Cornford）的诗集《平静的海岸》（*On a Calm Shore*），这本书出版后不久，她就去世了。她的出版社是Cress Press，她希望这本诗集能有插图，但出版社说有插图的书太贵了，他们负担不起。她和我说起此事，我就自告奋勇说我可以帮她印刷。我根本没有想到这个工程是多么巨大，但我最终还是完成了，那是1961年。有一个朋友帮忙，从排字到印刷，都是我们自己做的。印了1 500本，那是我印得最多的书。其他的一般都只印三五百本。虽然没有赚到钱，但那是很好的经验。这台印刷机还在我的储藏室里，但已经几十年没再使用了。

恺蒂：您在出版界工作，也曾在大英图书馆工作过很长时间？

巴克：是的，大学毕业后，我进入印刷出版行业。在那个领域里三十年，曾在五家出版社工作过，出版过各种各样的书籍。最后两家出版社，是牛津大学出版社和麦克米伦。后来，大英图书馆邀请我去主管他们的古籍修复部门。可能因为他们觉得我知道书籍是如何生产的，那么我也应该知道书籍如何被保护和修复。所以，从养家糊口的工作上来说，我花了三十年在出版界，出版书籍，二十年在大英图书馆，修复书籍。这五十年中，我也是《藏书家》的主编，它贯穿始终，但那是我的业余爱好，是没有工资的。当然，还有我的写作。

恺蒂：您是怎样参与到《藏书ABC》的工作的？

巴克：这本书最初的出版社是Rupert Hart-Davies，我受雇于这家出版社。1961年的第三版开始，我就有所参与，到了1972年第五版时，卡特邀请我与他一起进行修订，我就重点参与了。1975年，卡特去世，之后的每次修订，就都是我的责任了。

恺蒂：这本书从出版到现在，从第一到第九版，并且印刷过二十多次，有什么大的变化？

巴克：此书到现在的九个版本，没有本质的变化。但我们试图跟随书籍市场和交易的变化而进行修订。这本书是关于藏书家，关于如何收藏，是从A到Z的词条，所以，每个新的版本，我们都要考虑是不是有新的术语或说法应该被收进来，有些过时的是不是应该去掉。而且，我的原则是希望它的长度不要增加，基本上维持原来的页数，所以，有增有减。当然，这本书不是藏书大全，有许多比这本要完整厚重得多的关于藏书的书。每次修订新版本，我都要考虑到这本书的初衷，它最初的读者群。这本书的受众是那些文学性的爱书人，我们的目的不是给读者一部百科全书，也不是为了提供面面俱到的知识。

恺蒂：那么这七十年来，珍本书和古籍市场有什么变化？

巴克：西方的珍本书古籍市场里的买家卖家、感兴趣的，基本上都是爱书人，他们或者是藏书家，也可能是学者，或在图书馆里工作。大约从1952年开始，有那么二十年，大型的学术图书馆成了主要的收藏者，特别是在美国。相比之下，私人藏书家被比下去了。从七十年代开始，大学机构等学术图书馆的经费开始有问题，不像之前那么充足了，而私人藏书家却越来越富有，昂贵的书籍大多被私人藏家购买。

恺蒂：近年来，艺术品的价格大幅上升，原因之一是它们成了富有者投资资产配置的一部分，许多买家并不一定热爱艺术，买下后就放进银行的保险柜里，看都不看一眼。您觉得在珍本书的世界中有这样的趋势吗？

巴克：谢天谢地，藏书界这种情况非常非常少。藏书家首先是爱书人，很少有人会为了投资而藏书。如果想靠藏书发财，那是选错了赚钱的方法了，他应该去做别的。

恺蒂：对于许多藏书家来说，书品很重要。大家都追求品相完美的书，所以，许多值得收藏的书反而不舍得被人阅读，这也就与书籍本身的功用背道而驰了。我记得您在一次讲演中说："如果你有机会读到1813年的《傲慢与偏见》初版本，你可能会有一种特殊的感觉，体验到奥斯丁当年读者的感受，可能会增加你阅读的快感。"您自己体验过这种穿越的阅读快感吗？

巴克：我没有读过奥斯丁的初版本，因为我根本就买不起。但我能够想象到，阅读某本书刚刚出版时的第一状态，应该是非常有意思的。但这并不是唯一的享受某本书的方式。阅读的快感，享受某本书，欣赏作家的写作，是有多种方式的。阅读奥斯丁的初版本，当然会有许多乐趣，仿佛穿越到作者当初的世界。但是阅读一本现代平装本，同样也能是极大的享受。如果我有幸能够有机会拿到奥斯丁的初版本，我当然会非常乐意阅读，但是，这种可能性不大。

恺蒂：您自己感兴趣或收藏的是什么样的书籍？

巴克：我感兴趣的是关于书的书，关于书籍历史的书。关于印刷、手迹、书写的书籍，这是我喜欢收藏的。我从来没有清点过我的藏书，大约有几千本吧。

恺蒂：您对刚起步的藏书家有什么建议？

巴克：总是收藏你喜欢的书，你喜欢什么书，就收藏什么书。不要因为别人告诉你这本书那本书怎么样而收藏。

恺蒂：最近，《纽约客》发布了一个很有趣的短片，叫作“书籍解剖”，都是关于书籍收藏的术语，许多出自这本《藏书ABC》，不知道您是否看过？许多人谈到他们最喜欢的描写书的词语，有一位说："我喜欢这些术语，这些词汇。它们在一个封闭的系统中，很漂亮。还有它们与人体的关系：书头，书脚，书脊。"《藏书ABC》的众多词条中，您最喜欢的是什么？

巴克：我看到了这个视频。我没有最喜欢的词条。这些词语的存在，是为了表达一个意思，仅此而已，没有什么喜欢或不喜欢的。《纽约客》觉得这很搞笑，我当然不在意他们的嘲笑，但对我来说，并不如此。

恺蒂：您觉得他们在嘲笑您？

巴克：是的，我是这么觉得的。

恺蒂：您的感觉让我惊讶。那您觉得他们是善意的，还是恶意的？

巴克：不管是善意还是恶意，反正不合我意。

恺蒂：我看这个视频时，觉得他们对《藏书ABC》是尊重的，是称赞的，他们觉得这些词条很好玩。

巴克：这也可能是他们的意思，但是我怎么知道。也许是，也许不是，也许他们觉得这就是幽默。

恺蒂：视频中，他们提到了漫画家罗纳德·瑟尔（Ronald Searle）的一幅漫画，很形象地描绘了一位古书商，他全身的每个部位都标上了藏书术语，被描绘成书籍的一部分，例如他的膝盖是“连接处松动”，他的头顶“书顶烫金”，等等，我觉得很是好玩，曾经考虑过是否作为插图放进中文版里。您觉得呢？

巴克：这张漫画是很搞笑，可能是这幅画给了《纽约客》灵感，把古书市场看成搞笑的东西，我并不喜欢。如果你觉得这有助于帮助这本书在中国市场的销售，我不会反对，但这不会是我的选择。

恺蒂：但这本《藏书ABC》也是很有趣的，许多措辞不乏犀利，虽然很委婉，很有礼貌。例如关于初版本这个“烧脑”的话题，还有版本独有特征收藏狂以及伪书志学贩子等词条，书中的解释都是绵里藏针，充满机锋。

巴克：对，这个我同意，《藏书ABC》是很机智的，也有很多幽默，但不是搞笑。这么多年来，我也是想尽了许多办法来让这本书更为完美，但使用瑟尔搞笑的漫画并不是我会选择的方法之一。

恺蒂：谢谢您开诚布公，告诉我您的想法。我们当然会尊重您的意见，不用这幅漫画。我还想问问您是否去过中国？

巴克：我去过香港。我在出版业工作时，我们的书大多在香港地区和韩国印刷，我去过那里的印刷厂，那里印刷工人的技术和创新的精神，给我留下了很深的印象。

恺蒂：请您对中国读者说些什么。

巴克：我不会读中文，所以，我是没有资格发表意见的。相比中国读者，我觉得自己很无知，你们的英文要远远好过我的中文。我希望你们能像我在我有限的英文世界中一样，在阅读与收藏书籍时，得到很大的乐趣。

恺蒂：这几个月来疫情禁足，对您的生活有何影响？

巴克：这段时间，我一直住在剑桥乡下的家中，这里有我的藏书。我读书，写作，每天下午去乡间走路，一切都很好。

2020 年 7 月于伦敦

图书在版编目（CIP）数据

藏书ABC ／（英）约翰·卡特著；余彬，恺蒂译．—
南京：译林出版社，2022.1
书名原文：ABC for Book Collectors
ISBN 978-7-5447-8562-4

I.①藏… II.①约… ②余… ③恺… III.①藏书－
基本知识 IV.①G253

中国版本图书馆 CIP 数据核字（2020）第 270642 号

藏书ABC ［英国］约翰·卡特／著 尼古拉斯·巴克 西姆兰·撒达尼／修订
余 彬 恺 蒂／译

责任编辑 张远帆 张 萍
装帧设计 朱赢椿
校 对 蒋 燕
责任印制 颜 亮

原文出版 Oak Knoll Press, 2016
出版发行 译林出版社
地 址 南京市湖南路 1 号 A 楼
邮 箱 yilin@yilin.com
网 址 www.yilin.com
市场热线 025-86633278
排 版 南京展望文化发展有限公司
印 刷 南京爱德印刷有限公司
开 本 787 毫米 × 1092 毫米 1/32
印 张 18
插 页 4
版 次 2022 年 1 月第 1 版
印 次 2022 年 1 月第 1 次印刷
书 号 ISBN 978-7-5447-8562-4
定 价 128.00 元

ISBN 978-7-5447-8562-4
9 787544 785624 >
凤凰出版传媒网:www.ppm.cn
定价:128.00元